青藏高原的婚姻和土地

——引入兄弟共妻制的分析

下冊

何國強主編・堅贊才旦、許韶明　著

目次

第六章
所曰：橫斷山脈的高原村落

　　從四川省德格縣更慶鎮出發，沿 317 國道向西，跨過金沙江，進入西藏自治區。再西行，來到崗托鎮，現屬昌都地區江達縣。

　　江達縣位於橫斷山脈上段的高山峽谷之間，東經 97° 21'98° 53'，北緯 30° 01'32°，全縣東西總長 286 公里，南北總長 327 公里，人口接近 7 萬，98% 是藏族。

　　全縣分為東部河谷農業區和北、西及南部高原牧場區。前一區域平均海拔 3000 公尺，河谷地帶多分佈一些農業或半農半牧型村落。後一區域平均海拔 3800 公尺，星羅棋佈地分佈著大小不一的純牧業型村莊。

　　江達是民族交匯的樞紐，藏語「江達」意為「江普寺溝口」，表明與藏傳佛教的淵源關係。在該縣選點從事田野調查特別有意義。

一　從游牧生活到定居

　　韶明的田野工作站設在青泥洞鄉所日行政村（見圖 6-1），地理座標為北緯 31°18′，東經 97°59′。鄉政府駐地曲尼多，西南離江達鎮有 32 公里。青泥洞鄉幅員 837.4 平方公里，其中林地 15601 公頃，草場 96.5 萬畝，耕地 369 畝，主要種植元根、青稞、小麥和油菜籽等。所日屬於高原草甸帶，平均海拔 4100 公尺。

　　青泥洞於 1964 年建鄉，1965 年改為人民公社，1984 年恢復小鄉，1988 年將覺攏、熱攏、巴納、所日 4 個小鄉合併為青泥洞鄉，並鄉之前的 4 個小鄉現為 4 個行政村，各村人口、戶數與土地大體相當，均以牧業為主，行政村設村民委員會。川藏北線 317 國道經過鄉境，鄉村公路與國道相接，形成快捷的交通網，鄉政府亦駐紮於此。

　　藏語「青泥洞」指兩河交匯處。兩河就是「熱曲」和「字曲」，集雪山是它們的分水嶺。溫泉是該鄉的一個特色資源。藏語「所日」意為「蒙古人」，指稱第一批拓荒者是蒙古人，後來成為村名，「所日」是村莊及周邊牧區的統稱。195 年解放軍挺進時，此地稱「德爾格特」，意為德格土司的採地，村民即采邑制的佃戶。據說 1959 年以前，所日僅有 30 餘戶，200 多人，全部過著游牧生活。人民公社時期，所日是生產隊，轄 8 個小隊（自然村），現為村民委員會。全村有 67 戶，499 人（男 246 人、女 253 人），過著定居或半定居的游牧生活；住戶主要分佈在熱曲兩岸，少數分佈在 317 國道沿線，鄉政府的建築集中在曲尼多，字曲兩岸也有一點。

　　所日幅員 150 平方公里，其中草場總面積約 25 萬畝。地表除了幾座海拔 4500 多公尺的山峰以外，分佈著數百個坡度平緩、大小不一的山丘，間有寬窄不一的溝壑，較大的溝壑有 8 處，為嘎吉、嘎宗庫、恰貝通、崗囊、擦隆（上）、擦隆（下）、自龍達和果旺達。熱曲

及其支流穿行其間。藏語「熱曲」為「山羊河」，在青泥洞鄉全長約
為 5 公里。溝壑邊緣地勢平坦，因靠近水源，成為理想的聚居地。這
8 處溝壑，連同毗鄰 317 國道的散戶，總共有 67 個家庭，各戶按照
某些規則自然形成聚落（見表 6-1）。

表6-1　所日村民的安居地*

地區	嘎吉	嘎宗庫	恰貝通	崗囊	上擦隆	下擦隆	自龍達	果旺達	曲尼多	總數
戶數	9	6	11	9	12	16	10	4	8	67
%	13.4	9.0	16.4	13.4	17.9	23.9	15.0	6.0	12.0	100

注：「*」表中資料來源於2006-2007 年的田野調查。

　　村民自稱祖先來自青海。說是在四五百年前，4 個蒙古族兄弟移
居於此，打敗了當地的酋長，強娶其女，長兄夫婦在嘎吉山溝附近定
居，二兄夫婦在嘎宗庫溝和恰貝通溝附近定居，三兄夫婦在擦隆溝附
近定居，四弟夫婦在白龍達溝附近定居。他們後來被所日村民奉為
祖先。

　　很多地方都流傳著拓荒先民與當地「美女結婚」[1]的故事，結合
地理與歷史因素考慮，所日村的傳說有一定的可信度。

　　首先，江達毗鄰青海。往北走，無論是溯東邊的金沙江還是西邊
的瀾滄江而上，均可抵達青海省。從青泥洞往北也可抵達毗鄰本縣的
海西蒙古族藏族自治州和玉樹藏族自治州。據聞，從所日村去青海
省，一路地勢平坦，只需翻越數座山峰即可，來回只需半個多月。

　　其次，南宋末年，蒙古勢力在藏族聚居區擴張。青海的蒙古族原
來居住在呼倫貝爾草原，開禧二年（1206），成吉思汗統兵西進時經

1　參見青海省編輯組：《青海省藏族蒙古族社會歷史調查》（西寧：青海人民出版社，
　　1985年），頁2。

過柴達木盆地。翌年班師回朝，順手收拾了積石（今循化縣），攻破西寧，佔領青海湖周圍及柴達木盆地東部的廣大區域。寶祐五年（1257），蒙古軍南進，一部從西北入川，一部到達甘、青南部交界處。明崇禎九年（1636），駐紮在烏魯木齊的蒙古部落，遷徙到青海，並將轄境劃為左右二翼，分給頭人做領地。此後，蒙古部落多次移入青海地區，人口不斷發展壯大，[2]直至遷入江達和貢覺——「以蒙古人游牧至此佔領，與土人混合，變為蒙古種族[3]。」可見所日村民為蒙古人之後的說法並非空穴來風。

近年來，青泥洞鄉的名聲大振，全國最大、亞洲居次的大型礦床坐落在該鄉管轄的覺擁村內。1996 年普查時其儲藏量為 650 萬噸。此後，在南北長約 300 公里、東西寬約 20 公里斑岩銅礦帶中，還陸續發現 8 個礦床和礦點，遠景儲量達 1000 萬噸，這裏還伴生有鉬礦15 萬噸，居國內第 10 位。

隨著「玉龍銅業股份公司」於 2005 年 5 月 28 日掛牌成立，一個新型的工業鎮——玉龍鎮及銅礦加工廠正在建設中，給周邊的村莊帶來就業機會，也造成負面的影響（如環境污染等）。所日村與臨近的村莊正面臨著現代化與工業化的衝擊。

所日的氣候分為濕（寒）季和乾（暑）季。一年之中一月最冷（平均 -2℃），七月最熱（平均 14℃），年平均氣溫 46℃，年降水量500 公釐，無霜期 120 天左右，晝夜溫差大，中午著單衣嫌太熱，晚上穿皮襖不覺暖，有「一日有三季」的說法。暮秋十月，草原進入冰雪季節；入冬草枯河凍，氣候嚴寒，溫度迅速下降至 -10℃ 以下；陽

2　參見青海省編輯組：《青海省藏族蒙古族社會歷史調查》（西寧：青海人民出版社，1985年），頁139-140。

3　劉贊廷編：《貢縣志》，載《中國地方志集成・西藏府縣志輯》（南京：江蘇古籍出版社，1995年），頁401。

春三月，冰雪開始融化，草場發芽，四月草青，五月草長，七八月達到旺盛，九月逐漸枯黃。牲畜有犛牛、山羊、藏係綿羊和馬等。由於草場有限，主要採取定居、半定居式的放牧。一年基本的經濟生產活動見表6-2。

表6-2　所日村年度經濟生產活動（藏曆月）

季節	月份	重要經濟生產活動
濕季	十	背水、宰殺犛牛、將牲畜趕回家裏圈養
	十一	背水、割草、準備牲畜過冬
	十二	背水、割草、準備過藏曆新年
	一 二	背水、過年、跳鍋莊舞、訪親、舉行法會、將牲畜趕回房內圈養
乾季	三	背水、山上放牧、揀牛糞、接生羊羔、編織犛牛繩、製作帳篷
	四	背水、山上放牧、牲畜配種、揀牛糞、準備採集蟲草
	五	採集蟲草
	六	採集蟲草、賣蟲草、前往城鎮消費
	七	背水、揀牛糞、種植元根、擠奶、轉經
	八	背水、山下放牧、揀牛糞、曬乾牛糞、收元根、擠奶、轉經、耍壩子
	九	背水、山下放牧、耍壩子、舉辦賽馬節

十月下旬至翌年二月為濕季，三月至九月為乾季，以往村民多居住在由犛牛繩編制的帳篷內，現在住在用土泥和石頭修築而成的樓房裏，牲畜主要放在樓房一層或在房子的外部圈養。一年中的主要活動，如宰殺牲畜、過年、拜訪親友與舉行祈願法會等活動，大多集中於此。十月初開始把牲畜趕回家中圈養，宰殺犛牛隨後進行；十一月開始外出或割草，準備牲畜過冬用；十二月底與一二月過藏曆新年。

　　乾季為外出放牧的黃金時期。這段時期出現三種草場：三月至五月為春季草場，一般在河谷與聚集地周邊地區放牧，是牲畜保膘、配種和幼畜出生的時期，以恢復過冬後牲畜的體型和活力為主；六月至八月為夏季草場，主要在山丘的兩邊放牧，是牲畜發膘和幼畜發育的時期；九月至十月為秋季牧場，要跑到山丘的深處和邊遠地方放牧，是牲畜上膘的時期，十月底需儲備大量的乾草為牲畜在家過冬做好準備。

　　所日村無集體放牧的習慣，大多以戶為單位實行個人放牧，一個人大約可放牧 1030 頭犛牛。村地水源充足，牧草豐盛，皆自然生長，有 30 多種牧草，其中有禾科的早熟禾、鵝冠草，豆科的野苜蓿、天蘭，薔薇類的人參果等。近年來，所日村的牲畜量上陞較快，給草場很大的壓力，促使放牧的頻率加快，現在幾乎每月就要換一次草場。

　　當地的土特產資源亦相當豐富。野生動物有野狐狸、黃羊、石羊、羚羊、麝獐、狼、旱獺、馬雞、禿鷲和狗熊等。野生藥材有冬蟲夏草、貝母、知母、川母、大黃等。此外，人參果和牛肝菌也有一定的產量。所日村附近還出產一種獨特的菌子，顏色米黃，體積較小，味道鮮美，當地人稱其為「左郭」（美味的菌子之意）。

　　放牧、擠奶是當地主要的農事活動。一如其它的游牧部落，所日村同樣發展出深厚的「犛牛情結」[4]。在村民的眼裏，「犛牛一身是寶」；日常生活中，無不體現出犛牛或犛牛製品的價值。例如，村民日常飲食中的酥油茶（酥油）和奶渣，就是取自母犏牛。據當地有經驗的牧民估計，一頭成年母犏牛每年可生產酥油 10 公斤，奶渣 7 公斤，一頭成年犛牛每年可剪牛毛 0.6 公斤，犛牛皮用來製作成皮條、

4　Netting, R. M. *Cultural Ecolog.* Prospect Heights: Waveland Press, 1986:41-43.

口袋、藏靴或其它皮製品等。放牧與居住用的帳篷由犛牛繩編制而成，俗稱為「犛牛帳篷」。製作一頂中等尺寸的犛牛帳篷，一般需要消耗約 60 公斤的犛牛毛，可用 10 年以上。該工作無一例外均由婦女來完成，犛牛糞是日常生活中的理想燃料，家裏人每天都要外出撿牛糞，冬前更加如此。犛牛成為足值的貨幣，一如海門道夫在民族志──《喜馬拉雅山地部落：從牲畜交換到現金交易》裏的描寫[5]，嫁娶過程的禮物交換，新娘的嫁妝以犛牛為計算單位，一般是 20 頭犛牛，少於此數意味著娘家丟臉，最終會影響到女兒能否順利出嫁。處理民間糾紛時，也是以犛牛來計算賠償金。例如，婚外生子時，需要賠償給女方家庭的犛牛一般在 210 頭之間。若涉及命案，賠償的犛牛數則飆升到 20 至 50 頭之間（合 6 萬 15 萬元）；若被害者是村裏公認的能幹之人或是家裏唯一的子嗣，賠償金將翻倍，但具體數字須由中間人和受害方與殺人方共同協商決定。若殺人方的行為是為了捍衛全村的集體利益，賠償金由全村人集體承當。平時犛牛不能隨意宰殺，村裏人甚至有放生犛牛的習俗，叫做「猜它」，其做法是：在放生的犛牛耳朵上打個孔，穿上彩色犛牛繩（紅色或白色）以示區別，放到山上讓其自生自滅。據說，這樣做可為放生犛牛的主人積下功德，來世將有回報。到了藏曆十月，家裏要殺犛牛作為肉類食品儲備（通常請漢族屠夫），一頭 4 至 15 歲的公犛牛的體重一般在三四百公斤，每戶每年都要殺一兩頭公犛牛，也有殺三五頭的，主要視家庭人數而定。一家人請屠夫殺了犛牛後，村裏的主要親戚都有權利獲得相應的一份。犛牛肉切成四五公分見方、30 公分見長的肉條，陰乾後儲藏於犛牛皮口袋內或弔掛在房梁上。犛牛頭角與頭骨可放在村子的

5　Christoph von Fürer-Hainmendorf. *A Himalayan Tribe; from Cattle to Cash*. Berkeley: University of California Press, 1980.

白塔上，或者刻上瑪尼經文，成為聖物享受供奉與朝拜，同時也是禳災祈福的法物。

除了犛牛以外，藏係綿羊、山羊是村裏人第二看重的牲畜。它們除了提供羊奶、羊肉等營養價值較高的食物以外，還能提供羊毛與羊皮，這些均是製作皮襖和其它諸如毯子、馬墊和腰帶等生活用具的上佳材料。

20世紀80年代以前，所日村的貨運主要靠犛牛，出行以步行或騎馬為主：如果距離較近，則步行；若較遠就騎馬，路程也多以單馬的行程來計算的。所日村每戶都有養馬的習慣，馬具、馬鞍家家齊備。馬除了載人和馱運以外，一般不參加其它的生產勞作。90年代以來，隨著317國道的擴建，村與村之間也修通了小路，村民開始購買摩托車，幾乎每戶都有一二輛，逐漸取代了馬匹。在所日村，當前有兩戶家庭甚至購買瞭解放牌大貨車跑起了運輸。儘管如此，老年人出行仍喜歡騎馬。馬迄今仍然是每戶家庭必須飼養的牲畜之一，數量維持在三五匹之間。

所日村民的祖輩世代為德格土司的屬民，慣於逐水草而居，喜歡住犛牛帳篷，不願修建民居。這種帳篷稱為「班嘎」，由手工編制而成，自產自用，搭建與拆卸極為方便。帳篷的尺寸據人口決定，小號帳篷10餘平方公尺，可住三四人；大號帳篷可達50至60平方公尺以上，可住10人以上。製作帳篷的毛料來自家養的牛、羊。犛牛毛編成的繩子用於支撐帳篷；犛牛角是帳篷樁，用於固定帳篷，也有用羚羊角或木樁來固定的；作為織帳材料的牛毛、羊毛有七八寸寬，長短不定，由所織帳篷的高低來決定，最後將帳篷料縫在一起。搭帳篷首先確定選址，最好是避風、朝陽的一個稍有些坡度的平地，帳篷的門向小坡的低處方向開，這樣可以更為有效地避風，一旦下雨也可以使水順坡流走；其次，搭建帳篷前需預先聘請好喇嘛念經，以確保沒

有冒犯土地神，同時也能保祐家人出入平安、人畜興旺。

　　這兩件事做完以後，才能搭建帳篷。首先將篷布攤開平鋪在一處比較平整的草地上，先用大木杆將中間支起來，再量好帳篷的半徑，釘在地上一圈木頭或金屬橛子，然後幾個人分別將帳篷的下角扯開、拉直，用繩子緊緊地捆紮在橛子上，四周用石頭或草皮將縫隙壓實，一個「家」就算安裝就緒了。

　　搭起的帳篷一般呈長方形，帳脊中央有五六尺高，兩邊傾斜及地，帳門一般按照傳統習慣朝東，帳篷外部四周掛上眾多的經幡和隆達（風馬旗），迎風招展下場面蔚為壯觀。帳篷上部中央位置可以掀開，方便光線直接射入，成為內部天然的照明；一旦逢下雪或下雨天氣，則把該部分的帳篷遮蓋上以防止雨雪進入。帳篷中央用來放置火爐，這裏也是廚房，用來生火做飯，在冬天還兼有取暖的功能；火爐還是男女區分座位與座次的分界線，一般按女左男右入席；正中帳篷壁上供上神龕、佛經、水杯和酥油燈等，並掛上一個具有禳災辟邪作用的「芒卦」；南側可擺放食品、雜貨等日常用品；帳篷內部周邊均可作為座位與床位，男女無固定的鋪位，但各自歸邊（男睡男方，女睡女方），不能出現男女交錯的情況；北側主要擺放棉被、氈毯等家居用品，是家中的「廳堂」，西側與東側用來堆放其它雜物。

　　所日村這種世代逐水草而居的游牧生活，隨著 317 國道的通車開始發生顯著的變化。一方面，政府大力提倡牧民進入定居、半定居式的生活以便集中式管理，因此在修建房屋上給予各方面的政策性補助。另一方面，國道的開通與工程改造，導致來往車輛與旅遊人數逐年增多，一部分人首先看到了商機，陸續遷入曲尼多定居並開始修建樓房，經營一些藏式茶館、小賣部與旅館等。曲尼多也是鄉政府駐地，為所日村的屬地。以上諸多因素，都在促使所日村由游牧向定居發生轉變。

　　當地稱永久性住房為「貢巴」[6]，大多採用土木石結構修建，分為上下兩層：一層由石塊堆砌，一般用於關押牲畜、堆放草料和牛糞等；二層的牆壁由泥土建砌而成，用來住人，無隔間，火塘一般設在中央偏右的位置，四周均可作為床鋪或堆放雜物；若有經堂，一般設在正對門口處的牆壁上。房屋四周還要用泥土構築一道高約 3 尺的圍牆，或者用牛糞堆砌而成，防止牲畜過夜時隨意亂跑，未斷奶的小牲畜連同母畜一起關在一層樓內。建築材料方面，泥土和石料一般就地取材，當地不出產木料，由於交通等問題造成木料的成本過高，很多家庭出於經濟方面的原因僅僅修建了平房，把牲畜關在外面；也有的家庭乾脆就地搭建帳篷居住。

　　比較帳篷與房屋（見圖 6-3），可見二者的空間結構與佈局基本相同，房屋是帳篷的延續。換言之，在所日村，定居生活並不意味著游牧生活的終結，而是其延伸。

　　經過 10 多年的風霜雨雪，多數民房早已破舊不堪，有些甚至成了危房。2006-2007 年，西藏地區正式啟動「安居到家」民房改造工程，無論是力度還是規模均為歷史空前。為實現達標和提前完成任務的目的，江達縣政府提出了優惠：「每戶危房的改建都可獲得 2 萬元的貸款補助，另可免費獲得 200 根椽子，同時設置了條件：所有重建新房的工程均需於 2007 年 7 月之前完工，否則優惠政策自動作廢。」該優惠政策在牧民中造成了巨大的反響。

　　以下是幾位元報導人的敘述，採用第三人稱整理，順便說，第六章中所採用的 37 例個案有 35 例來自韶明於 2007 年 35 月在所日村的田野調查，敘述之前只注明人物、地點，不再注明時間，只有兩例才注明時間。

6　「貢巴」的另一個含義是「村廟」，顧名思義，村廟也是土木結構的永久性建築。

個案一：

訪談對象：仁青拉娜；地點：所日村嘎吉。

仁青拉娜和仁青卓瑪建立一夫一妻制婚姻。20 年前由於家庭經濟拮据，只修建了一幢 30 多平方公尺的平房。這對夫婦共同生育了 4 個兒子。隨著他們長大成人，父母讓他們兄弟合娶一妻，二代婚姻另外又生育了 8 個子女，當前家庭人口總數已達 14 人。村裏人口的增加使得原來的房子相形見絀，一些人不得不在房子外搭建帳篷居住。仁青拉娜一直等待合適的時機修建新房。聽說政府出臺了新的住房政策，仁青拉娜當機立斷，馬上推倒了原來的房子，從鄉政府領回 200 根椽子，組織家人、親戚、朋友搶建了一幢 100 多平方公尺的兩層樓房子。為了家庭的這項重要工程能夠順利完工，仁青拉娜除了從政府那裏領取了 2 萬元的貸款以外，還投入多年積攢下來的 5 萬元錢，同時從親戚好友那裏借了 1 萬多元。

個案二：

訪談對象：車嘎；地點：所日村曲尼多。

車嘎原有三兄弟，車嘎為老三，他們分別娶妻建立了一夫一妻制家庭。車嘎早先在 317 國道旁開設了一家藏式茶館和小商鋪，在此認識了來自德格的曲宗姑娘，兩人結婚。車嘎隨後繼承並擴建了原來家族在此修建的樓房。近 10 年來，車嘎還從事收購蟲草和藥材等行業，生意做得越來越活。雖然當前家裏僅有 5 人，但已在 317 國道邊上建了一幢兩層樓房，一層出租給外人（一家來自青海的回民）做小賣部，二層自己和家人居

住。獲知政府推出的優惠政策，車嘎隨即決定在國道的對面另外新建一幢兩層樓房，準備屆時全家搬遷過去入住，舊房則全部租給那家回民，以賺取更多的租金。除了獲得木料與 2 萬元貸款外，車嘎還投入 8 萬元用於房子的建築。為了房子搶在 6 月前完工，車嘎還從臨近的貢覺縣相皮鄉請來 10 余名婦女做幫工，免費招待伙食，此外每人按 30 元一天計算工錢。

個案三：

訪談對象：次仁俊美；地點：所日村恰貝通。

次仁俊美在本村上門，妻子是加瑪擁措，他雖是贅婿，但已成為家裏當仁不讓的戶主和頂樑柱。夫婦兩人生育了兩個兒子，大兒子 8 歲，在鄉小學上學，二兒子 1 歲，在家由妻子照顧。次仁俊美的房子為一層建築，有 10 多年的歷史，顯得破舊不堪。由於家庭拮据，他無力修建新房，但想把房子翻修一番，為此三番五次來找鄉政府，反覆諮詢可否獲得貸款和木料用於房子的維護。當他獲知必須「專款專用」的答覆時，一副失望的神情溢於言表。

3 個案例說明在政府優惠政策的照顧下，所日村人重修房子的熱情空前高漲。當然，這種熱情是建立在家庭量力而行的基礎之上。儘管如此，所日村還是有接近 1/4 的家庭打算修建新樓房。他們從 2006 年年底前積極備料，到 2007 年 3 月大興土木；一些家庭傾其所有，不惜向銀行（農村信用社）貸款或四處向親戚朋友借錢，目的就是要把房子修建得更加寬敞、牢固、美觀。截至 2007 年年底，無論房子新舊大小，所日村 67 戶家庭都擁有一幢永久性的樓房，基本實現由游牧向定居的轉變。

　　定居方式的轉變，並沒有從本質上改變所日村以游牧為主的傳統生產方式。即使在青草茂盛的季節，牧民也不得不經常性遷徙，因為一個地方的草總是有限的，草的迴圈生長也需要時間。在牛羊只能吃乾草的秋冬季節，牧民才會住在自己的房屋裏。為了處理好定居與游牧的關係，全村一般由老人、家長或妻子住在房屋內操持家務，放牧工作則由年輕人（男性為主）負責。從藏曆三月開始，若需要在住房鄰近的地區放牧，年輕人白天外出，晚上回來入睡；若需轉場至距離較遠地方時，則攜帶小型犛牛帳篷，這時往往需要在外面呆上一兩個月。到了十月底，天氣變冷，將牲畜集中到家裏圈養，所有人均住在室內為入冬和過藏曆年做準備。

　　前面述及村民的祖輩是德格土司的屬民，因為全村頭人的份地屬於土司的世襲領地。德格土司的領地可分為牧場或荒地、耕地和山林三種。[7]所日村的土地主要屬於第一種，即以牧場和荒地為主。這些土地保留了公共的性質，極有可能是公社特徵或部落社會特徵的遺留，所日村的全體村民均可在本村轄區內的草地上放牧。草地既是部落的，又是土司的，從部落內部來看，屬於部落集體所有制；但從部落和土司的關係看，土司擁有最高所有權。以往所日村調和這種矛盾的做法是——通過徭役的形式來表達對土司隸屬關係。徭役主要有兩種：一是按時繳納賦稅（以銀子計算，或進貢一定量的酥油和犛牛、馬等牲畜）；二是承當烏拉（徭役）。[8]「所日」原為一大戶的家名，該戶世代為土司辦理俗務，被其封為頭人，負責處理村民的烏拉事務，後來家名衍變為村名，該戶已絕嗣。1959 年實行民主改革，貴族、寺廟、噶廈的土地收歸國有，再以國家的名義分給勞動人民。20

7　參見張正明：〈甘孜地藏區社會形態的初步考察〉，載《四川省甘孜州藏族社會歷史調查》（成都，四川社會科學院出版社，1985年），頁15。

8　參見〔清〕傅嵩沐著：《西康建省記》（臺北：成文出版社，1912年）。

世紀 80 年代，隨著家庭聯產承包責任制的推行，所有牲畜分配到戶，各戶還擁有自己的土地和牧場。牧場名義上實施了家庭承包責任制，但實質上屬於公共性質，依然遵循以往的歷史傳統劃分。

由於公有性質不同，如圖 6-1 所示，所日與周邊的覺攤、巴納和熱攤三村毗鄰而居。每個村子既有屬於本村內部的草場，也有在交界處屬於雙方共用的草場，一般以石塊為界。不同村子原來各自所佔有草場的界限極其森嚴，相互間不能侵犯，否則將帶來嚴重後果。然而，隨著各村人口、戶數的增長，牲畜的增長量也水漲船高。在自然狀態下放牧，一隻羊約需 8 畝草地[9]；一頭犛牛約需 55 畝草地。則 1 平方公里草地可放牧綿羊 190 只左右，或犛牛 28 頭左右，這些牲畜生產的奶肉能供養一個 6 人的家庭。草場的承載量是有限制的，牲畜的增長必然導致草場的擴大，向村外的草場發展自在情理之中，由此引發了村子之間的糾紛。以近年來的兩起械鬥事件為例，足以說明草場不足的嚴重性。

個案四：

報導人：紮西（副鄉長兼派出所所長）；地點：所日村派出所。

> 200 年夏，覺攤村一戶人家的犛牛走入所日村的草場吃草，引起所日村民的不滿，雙方因言語不合發生了爭執，隨後各自找人評理。雖然兩村世代通婚，多有親戚關係，但草場糾紛由來已久，終於釀成大規模的械鬥，兩村有 100 多人「兵戎」相見，互有傷亡。得知消息後，江達縣政府迅速派出工作小組，連同鄉幹部連夜趕到現場，搭起帳篷，嚴正勸誡，耐心細緻地

9　參見李志龍：《中國養羊學》（北京：農業出版社，1993年），頁373。

做工作，幫助兩村簽訂草場分配協議，處理好賠償問題，終於穩定住了局勢。

個案五：

報導人：絜西；地點：所日村派出所。

2004 年夏，所日村與熱擁村由於草場問題引發糾紛，進而發生了械鬥，為此所日村有 20 餘人受傷；熱擁村也有 10 餘人受傷。儘管縣政府派出的工作組和鄉幹部多方斡旋，雙方依然不肯善罷甘休，械鬥持續了數周。縣政府迫於無奈，只好調來一隊武警駐紮在雙方的交界處，駐防一年之久，最後才促成雙方就草場糾紛問題達成了協定。

　　如前所述，青泥洞鄉維繫傳統畜牧業發展的同時，林業產值也在不斷地攀升，2004 年首次超過牧業。所日村表現得尤為突出。以往全村的林業收入接近於零，從 20 世紀八九十年代開始，發生了兩個重要的轉變：一是牧民在定居點附近種植元根作為牲畜飼料；二是採集冬蟲夏草和藥材（如貝母、大黃等）出售。

　　藏語稱元根為「紐瑪」，是青藏高原特有的一種藥食兩用植物，第三、第四章已提及，生長在海拔 3500 公尺左右的地區，據悉已經有 1000 多年的種植歷史。然而，所日村種植元根的做法卻是 20 世紀 60 年代從鄰縣傳入的。由於當地夏季氣候炎熱乾燥，適合植物生長，在鄉政府的鼓勵與縣林業部門的技術扶持下，村民種植元根形成規模。一般藏曆七月初耕地、播種（當地無耕牛，多用公犛牛取代），八月底就有收穫，無須投入太多的勞力，況且所日村又有較多的空地，因此夏季時每家每戶都種元根，多種多收，少種少收，以一

季計算，平均每戶可收元根 150 至 200 公斤。

　　冬蟲夏草又叫蟲草，生長在海拔 3000 至 5000 公尺的草甸帶，具有補肺益腎、止血化痰和調節機體免疫等功效，向來是國內保健市場的搶手貨，隨著日本、韓國等海外市場的不斷開拓，價格大幅攀升，顯示出全球化趨勢對偏遠藏族聚居區的強勁影響。正因為如此，引起人們過度採集，使蟲草大為減少，售價進一步提升。所日出產的蟲草主要集中在北部的嘎拉神山地區，屬於西藏昌都地區的高原蟲草。1990 年，1 斤蟲草（以 1200 根為例）的收購價格不足 500 元，1995 年為 2000 元，2000 年為 8000 元，2005 年約為 2 萬元，2007 年則接近 4 萬元。近 20 年的價格走勢如圖 6-4 所示：

　　由於蟲草價格高居不下，現已成為重要的年度農事活動之一。每逢藏曆四月底至六月初，所日村除了年邁多病的老人和孱弱瘦小的幼兒，一家大小傾巢出動，在嘎拉神山上搭起帳篷，住上一兩個月。這時學校也要放一個月的蟲草假，讓學生上山採集蟲草。蟲草分佈稀疏，採集極其不易，收穫量按照每戶的投入而不同：最多的每戶投入 10 餘人、兩個月可挖 2000 餘根，晾乾後約 800 克，賣出可獲得 3 萬餘元收入；最少每戶僅有 12 人，投入 1 月僅挖到 100200 根，約 50 克，賣出可獲得約 2000 元收入。如果說畜牧業和種植元根屬於自給自足型經濟，採集蟲草卻是多數村民獲得現金收入的保證，因此被稱為「暴利產業」，一位鄉幹部說：「養犛牛要三五年，搭塑膠棚種蔬菜需要上萬元的前期投入，挖蟲草只需一把小鏟子便足矣！」這一輕鬆的話語表明蟲草因捲入國際市場後所體現的泡沫經濟效應。

　　結果村民不得不面對一個嚴峻的事實──生態環境正在日益地惡化。挖一根蟲草要破壞 30 平方公分的草皮，外加採挖過程中被人隨意踐踏的草苗，地面遺留的一個花盆大小的凹坑，使得草場受損的面積在不斷擴大。

二　親屬稱謂信息庫

親屬稱謂體系包括親屬制度與稱謂款式兩個分支，前者是穩定的、根本的人際關係，反映了人們因婚姻所產生的血緣關係，以及因過繼或收養等行為而產生的社會關係，後者是對前者的稱謂款式，是人類的特殊用語，只能是暫時的，一切習慣用法都不過如此。[10]核心家庭是人類家庭結構中的細胞，內部包括夫妻、父子、父女、母子、母女、兄弟、姊妹和兄妹（姐弟）八種親屬關係。每位與自我或己身（ego）構成基礎親屬稱謂的人又有自己的基本親屬稱謂對象，這些人與自我則構成第二層親屬關係。不僅如此，每位與自我形成第二層親屬關係的人還有自己的基本親屬稱謂對象，這些人與自我形成第三層親屬關係。[11]全部親屬稱謂不外乎這三層親屬關係。

以上是就單偶婚而言，如果是多偶婚——包括兄弟共妻制和姊妹共夫，以及印度某些民族由西藏式的兄弟共妻制發展成的多夫多妻制——那麼親屬稱謂肯定有所不同。保羅・博安南說過：「目前還未發現一種內部包含全部 10 種基本親屬關係（主妻、副妻、主夫、副夫、母親、父親、女兒、兒子、兄弟、姊妹）的血緣群體，而建立在摩爾根傳統上的一個群婚家庭則可能包含上述所有基本的親屬關係。」[12]白雷曼也用他在印度喜馬拉雅山脈西段潔柳薩—白瓦（Janusar Bawar）社區對多偶制家戶的調查資料證明了這一點。[13]

無論是單偶婚還是多偶婚，其所造成的親屬關係都有相應的稱謂

10 參見摩爾根撰，楊東蓀、馬雍、馬巨譯：〈回駁約・弗・麥克倫南先生的〈原始婚姻〉〉，載《古代社會》（下冊）（北京：商務印書館，1995年），頁526。

11 Murdock, G. P. *Social Structure*. New York: The Free Press, 1965:93-94..

12 Bohannan, Paul. *Social Anthropology*. New York: Holt, Rinehart and Winston, 1963:70.

13 Berreman, Gerald D.Himalayan Polyandry and the Domestic Cycle, in *American Ethnologist*, 1975 (1):133.

款式，反映了相互間的權利義務，通過分析可以看到其中的奧秘。由於親屬稱謂和特定的語言習慣有關係，還需要用語言習慣來說明。藏語大體分為三大方言區：衛藏、康、安多。所日村民操安多方言，即牧區方言。除了極個別詞彙以及地區口音的差別以外，所日村與昌都地區臨近牧區的語言基本相通。

所日村的多偶制所佔比例較小，親屬稱謂的款式更多地具有共用性質。為了更有效地分析，有必要參照默多克的觀點，即：①行輩；②性別；③姻親；④旁系；⑤分叉；⑥極性；⑦相對年齡；⑧稱謂人的性別；⑨死亡。[14]這 9 個標準具有實用功效和邏輯基礎，可以囊括人類在語言學分類與區分親屬身份的過程中所採納的準則。

1 行輩標準

所日村家庭一般只存有三代。報導人往上能稱呼父、祖父和曾祖父三代，往下能稱呼子、孫、曾孫三代，由此再往上或往下不是雷同重複，就是無稱謂了。因此，親屬稱謂從自我開始至少可上下各追溯三代，總共形成七代親屬稱謂。[15]與自我同輩的親屬包括兄弟，姐妹，姑表和姨表等。尊一代包括自我的父、自我的母、自我的父之兄弟、自我的父之姊妹、自我的母之兄弟和自我的母之姊妹等。[16]卑一代包括自我的子女、自我的兄弟之子女，自我的姊妹之子女等；尊兩

---

14 Murdock, G. P. *Social Structure*. New York: The Free Press, 1965:101-106.

15 實際還可往上下再各推出一代，即高祖和玄孫，這樣共計九代；高祖與玄孫的稱謂與曾祖和曾孫的稱謂一致。田野工作中由於無實際案例，報導人也不能區分高祖與曾祖、玄孫與曾孫之間的區別，故這裏只採用上下共七代計算。

16 此處凡出現「我的某某某」均按默多克提出的八種核心家庭成員的關係表述，即夫妻、父子、父女、母子、母女、兄弟、姐弟和姊妹。這裏的敘述主體（M.S.）均為男性，如果是女性，有些稱謂又不一樣。參見Murdock, G. P. *Social Structure*. New York: The Free Press, 1965:91-112.

代包括自我的祖父、自我的祖母等行輩；卑兩代包括自我的孫等行輩。尊三代包括自我的曾祖父、自我的曾祖母行輩；卑三代包括自我的曾孫等行輩。稱謂款式在這裏把自我的曾祖父與自我的祖父區分開來，但自我的曾祖父之兄弟與自我的祖父之兄弟卻不加以區分；把自我的曾祖母與自我的祖母區分開來，但自我的曾祖父之姊妹（尊三代）、自我的祖父之姊妹（尊二代）與自我的父親之姊妹（尊一代）一律不加區分；自我的曾祖母之姊妹（尊三代）、自我的祖母之姊妹（尊二代）與自我的母之姊妹（尊一代）也一律不加以區分。尊一代中區分自我的父與自我的父之兄弟；區分自我的父之兄弟與自我的母之兄弟。同輩兄弟與姊妹之間均不區分大小。區分父方平表（堂表）和交表（姑表）；姑表與同輩兄弟或姊妹共用同一稱謂，卻把堂表（同代）與孫輩（卑二代）歸為一類稱謂。子輩（卑一代）與孫輩（卑二代）加以區分，但孫輩以下（包括卑三、四代）歸為一類稱謂。

2 性別標準

　　性別標準也是建立在生物學的基礎之上。例如，屬於男性的專稱有「尼」（自我的曾祖父）、「爸」（自我的父）、「喝」（自我的父之兄弟）、「擁」（自我的母之兄弟）、「波」（自我的兒）、「烏」（自我的孫）等；屬於女性的專稱有「布」（自我的祖母）、「媽」（自我的母）、「涅」（自我的父之姊妹）、「斯」（自我的母之姊妹）、「姆」（自我的女）、「瑪」（自我的媳）等。[17]然而，對於所有卑三代成員（曾孫男或曾孫女），卻不再區分男女的性別差異，一律統稱為「羊拆」。除了性別專稱以外，當地還存有一些中性稱謂，既可用來指稱男性也可指稱女性。例如：「多如」（夫妻）、「年珠」（姻親或旁親）、「阿妞」（小孩子）等。

---

17 這些稱謂均為詞素，屬於專稱，不能獨立使用。

3 姻親標準

　　由於亂倫禁忌的存在，姻親關係一般不能在直系（血親）成員之間發生。因此，姻親是相對於直系、旁系而言。所有親屬稱謂中，不管親戚關係親疏程度如何，總要分出一組成員與自我建立生物學（血緣）的聯繫，另一組成員屬於旁親，無論成員本身是否與自我無血緣關係或關係已經異常地疏遠，與自我所建立起來的聯繫至少要追溯發生了一次或以上的姻親關聯。所日村表示姻親關係的親屬稱謂有：「拿瑪」（自我的兒媳）、「瑪巴」（自我的婿）、「多如」（自我的夫或自我的妻）、「年珠」、「帕亞」（自我的繼父）和「瑪亞」（自我的繼母）等。另外一個顯著特徵是：男方對妻子父母無專門稱謂，妻子卻要跟隨丈夫稱呼男方父母，反映了父系居住原則所帶來的影響。

4 旁系標準

　　旁系同樣是建立在生物學基礎之上的事實，即同輩、同性別具有血緣關係的親屬成員中，某些人與自我的關係要比另外一些人更為親近一些。例如，生父和生母要比自我的姑表或姨表更為親近；直系後裔要比姑表或姨表的後裔更為親近等。所日村採用雙係論血統，嚴禁父方交表、平表婚，也不太提倡母方交表、平表婚。事實上有利於當地流行兄弟型一妻多夫制，反過來說，兄弟共妻制也有利於上述禁律的推行。

5 分叉標準

　　分叉標準僅適用於第二層親屬或更遠的親屬成員，所建立的生物學事實是：他（她）們與自我所建立的聯繫，要麼通過一位女性親屬，要麼通過一位男性親屬。這裏所指的女方與男方，是就敘述主體

而言的，由於性別和對象不同，導致其親屬稱謂有所差異。然而，所日村的實際情況不能反映這種差異的存在。事實上，不管需要通過他（她）才能與自我建立親屬聯繫的性別和對象是誰，只存在一個泛稱——「年珠」[18]，該稱謂把一切關係較為疏遠或未能歸類的親屬關係置於同一認知的範疇之內，由此最大限度地擴充具有親屬關係的成員。

6 極性標準

極性標準來自這樣一個社會學事實：構建社會關係至少需要兩位元成員。從語言認知角度，該標準產生兩套術語用來相互稱呼對方的親屬關係。極性標準的消失將導致雙方的關係成為一個整體，即雙方均採用同一的類別式稱謂用來稱呼對方。所日村的親屬稱謂表明，平輩並無極性現象，異輩成員之間存在極性現象，最為典型的是「甥舅」關係：外甥稱呼舅父為「阿擁」，舅父稱呼外甥為「達烏」。然而，在兄弟共妻婚姻下，若自我的父親之兄弟與自我的年齡相當或差別不是很大時，則有可能發生不同輩分成員之間也不存在著極性現象，即自我不喊父親的兄弟為「阿喝」（叔叔）卻呼為「門波」（哥哥），自我的父親之兄弟也不稱呼哥哥的兒子為「擦烏」，而稱之為「門波」（弟弟），反映出父方居住對行輩稱謂的影響。

7 相對年齡標準

相對年齡標準反映了生物學的事實：同輩親屬的年齡甚少出現完全一致的情形，而異輩成員之間，總有一方比另一方年齡大一些。就

---

18 「年珠」泛指由姻親所建立起來的親屬關係或無法適當歸類的親屬關係，屬於間接稱謂。

同一性別的兄弟或姊妹之間，一般在稱謂後添加形容詞「切波」（大的）和「群瓊」（小的）來加以區分，且多數場合下用於間稱。

8 稱謂人的性別標準

稱謂人的性別標準建立在生物學事實上：親屬稱謂的使用者，正如所稱呼的親屬一樣，必須是男方和女方中的任何一方。認同稱謂人的性別標準，將對同一位親屬採用兩套術語，一套由男性成員專用，一套由女性成員專用。從所日村實際情況判斷，該標準並不存在。

9 死亡標準

死亡是一種生物學現象。死亡標準與分叉標準相仿，不同的是後者需通過一位男性或女性親屬與自我建立聯繫，而前者與自我建立聯繫，取決於所通過的這位親屬是否在世。例如，在一個流行夫兄弟婚的社區，長兄的去世使其弟弟有義務承襲嫂子，嫂子對小叔的稱謂由於丈夫的去世而發生變化。轉房制可能導致兄弟共妻制的產生。[19]所日村流行的兄弟共妻制包含著轉房現象，因此，死亡標準是存在的。

所日村類似於一個婚姻拼盤，多數村民行單偶婚，少數人行多偶婚，後者又以兄弟共妻為主，姊妹共夫的情形不多，並且任何一種家庭都是不純粹的，某一代人行單偶婚，某一代人又改行多偶婚，在共用一套親屬稱謂制度的情形下，這套親屬稱謂的信息庫包容量較大，否則就適應不了諸多婚姻形態造成的種種親屬關係。下面依據田野調查材料將所日村的親屬稱謂圖示出來（見圖 6-5），以利直觀。

細查各項對應的稱謂，可以發現五點情況：

第一，從語言學角度視之，所日村親屬稱謂可分為兩類基本語言

---

19 Murdock, G. P. *Social Structure*. New York: The Free Press, 1965:29.

單位：詞素與單詞。詞素具有實際含義，但不能獨立使用；單詞具有實際含義，可以獨立使用。詞素又可分為兩種層次：初級和次級。初級詞素指該詞素可以共用，但需與其它專有詞素組合成為單詞。例如，初級詞素有「阿」、「容」、「擦」、「瑪」等。次級詞素屬於專有，但需與初級詞素組合。例如，次級詞素有「布」、「媽」、「爸」、「涅」、「斯」等。此外，當地不存在合成詞稱謂（即單詞與單詞的組合）。

第二，從默多克提出的六種基本親屬關係類型視之，所日村的親屬稱謂類似於夏威夷類型，即所有的交表與平表的稱謂均與兄弟姊妹的稱謂相同。[20]該親屬稱謂的特色是對所有的血緣，同代且同性別的親屬都使用同一稱謂，一律不分遠近親疏而歸入父母、子女、祖父母、孫兒女、兄弟姊妹等類別之中，如父母的兄弟姊妹均屬自我的親屬群，不僅父母的兄弟的子女與自我的同胞同稱，而且父母的姊妹的子女亦與自我的同胞同稱。把交表與平表的稱謂與自己的兄弟姊妹等同起來，這樣就擴大了自己的通婚禁忌，因此，本地不存在優先考慮交表與平表的婚配情況。

第三，從雙係親屬脈線的觀點視之，父方親戚有多少稱謂，母方親戚相應地就有多少稱謂，整個親屬稱謂體系呈現出對稱的結構。[21]當地區分父方的平表（堂表）和交表（姑表），姑表與同輩兄弟或姊妹共用同一稱謂。旁系標準中母方交表與平表和父方的交表的親緣程度在伯仲之間。

第四，從本尼迪克特引用摩爾根提出的類別式和說明式[22]兩大類

---

20 Murdock, G. P. *Social Structure*. New York: The Free Press, 1965:223-224..

21 參見堅贊才旦：〈真曲河谷親屬稱謂制度探微〉，見《西藏研究》2001年第4期，頁17。

22 Benedict, P. K. Tibetan and Chinese Kinship Terms. *Harvard Journal of Asiatic Studies*, 1942（6）:313

親屬稱謂體系視之，當地既有類別式又有說明式，但類別式的親屬稱謂遠遠大於屬於說明式的親屬稱謂。在一個以雙系論血緣的社區內，類別式並不意味著使用該稱謂的民族原始和落後，[23]相反，它既可以有效地簡化複雜的親屬關係，[24]又能最大限度地擴充家庭成員的人數。

第五，從兄弟共妻制對當地親屬稱謂庫的影響視之。首先，當地雖然存有範圍非常狹窄的母方交表婚和平表婚，但不存在父方交表婚和平表婚。兄弟共妻制家庭中，即幾個兄弟共娶一妻，共同撫育家庭中所出生的子女，孩子一般為兄弟或姊妹關係，因此造成父方平表親的缺失。其次，把自我的兄弟之子（卑一代）與自己的孫輩（卑二代）歸入統一範疇，這種情況由於兄弟共妻制的存在而異常地罕見（兄弟分家時除外）。當然，若兄弟分家並各自娶妻則造成與自我輩分的疏遠，因此將兄弟之子（隔兩層親屬關係）與自己的孫輩（隔兩代親屬關係）等同起來的做法也就情有可原了。最後，存在「阿喝」（自我的父之兄）的稱謂，而該稱謂明顯與兄弟共妻制有直接的關聯。在兄弟共妻制婚姻中，眾父親中區分長兄（阿爸）與幼弟（阿喝），從而突出父親作為家長的支配性地位。[25]

三 手足情深

在圖 6-5 的虛線圈內，行共妻婚的兄弟之間的關係十分緊密，假如這個家庭是先行後及的，理論上將其看成一個複合家庭，即某女先

---

23 Murdock, G. P. *Social Structure*. New York: The Free Press, 1965:100..

24 Murdock, G. P. *Social Structure*. New York: The Free Press, 1965:99.

25 採用兄弟共妻制使得父親之兄弟同時成為母親的丈夫，在家庭中承擔起重要職責，接替了許多原來屬於母親之兄弟（在交表親中同時也是岳父）的職責。因此，從「母親之兄弟」到「父親之兄弟」，可視作社會功能的轉移。參見Benedict, P. K. Tibetan and Chinese Kinship Terms. Harvard Journal of Asiatic Studies, 1942 (6):317-318.

與某兄形成夫妻關係，繼而又與另一兄形成夫妻關係，每次都為他們
生兒育女，於是積纍成若干個平行的核心家庭，要是加上兄弟的父
母，即主干上層的一個核心家庭，更加似複合家庭。實際上這種復合
是虛的，因為若干個平等的核心家庭由於共用一位妻子而不能成立。
兄弟共妻制家庭採取父方居住、主幹或擴大家庭的形式，通常的情形
是丈夫無須離開養育自己的家庭，妻子行從夫居、從其它家庭加入
進來。

　　可以說核心家庭彰顯出的是夫妻之間的關係，主幹家庭彰顯出的
是父母與子女之間的關係，兄弟共妻婚制家庭所彰顯出的則是兄弟之
間的關係。所日村乃至附近的鄰近地區流傳著一個帶有悲情色彩的
傳說：

個案六：
報導人：縶西群培等老人；地點：所日村恰貝通。

　　很久以前，有一戶人家，家裏只有一個老母親，丈夫早年去
世，好不容易才把兩個兒子拉扯成人。兄弟倆從小一起長大，
手足情深。後來，老母親又給兩兄弟合娶一妻，三人生育了一
子一女。一天，老母親突發重病，請來喇嘛打卦，認為家裏人
應當外出轉經一趟。
　　於是，兄弟倆偕同妻兒，前去朝覲神山。中途竄出一位凶神截
住去路。凶神提出了苛刻的要求：只有獻出一位成員做人牲才
能放行。兄弟倆經過商量，決定把女兒交出，畢竟兒子要比女
兒重要。
　　繼續前行，又冒出了一位凶神，提出同樣苛刻的要求。兄弟倆
經過商量，決定把兒子交出去，畢竟他們還可以再生育孩子。

還是往前走，另一位凶神又跳將出來，仍然提出同樣苛刻的要
求。兄弟再商量，決定把妻子交出去，畢竟兄弟間的感情是最
深的。至於妻子，還可以再娶。

終於完成了轉經任務，等到兄弟倆安全回到家中時，母親大病
痊癒。

兄弟合娶一妻的婚俗在昌都地區相當普遍，據報導，這一習俗在
怒江峽谷個別村莊的比例更高。[26]

至於所日村為何流行兄弟共妻婚，韶明曾求教於當地人，沒有獲
得一致的答案。多數人對這個問題不屑一顧，反而提高了警惕：「為
何要這樣問？居心何在？」靦腆一點的人多沉默不語，明顯不願作
答。由此看來，在公眾場合下探討當地的共妻制婚姻並不是件十分恰
當的，在生人面前尤其如此。

經過一段時間的相處，比較熟絡的人願意開口講話。有人說「它
是一種傳統風俗，世代如此」；有人說「兄弟不分家，是父母的要
求」；更多的人則認為「兄弟團結不分家，家庭勢力大，外人不敢欺
負」。

從以上回答和那則傳說似乎可看出：當地兄弟間手足情深的感情
已被強化到無以復加的地步。造成這種情況的原因是什麼呢？這一問
題引人深思。從該村族源的傳說中，至少能看出三點：第一，其祖先
是親兄弟，血脈相通、骨肉相連。這種認同感成為維繫村內政治與經
濟關係和調節家庭內部人際關係的核心；第二，出現了搶婚的情形，
表明可婚婦女數量曾存在不足；第三，最初的婚姻形態為一夫一妻
制，後來受到外來因素的碰撞，才朝著一妻多夫制的方向轉化，說明

---

26 參見呂昌林：〈昌都地區一夫多妻、一妻多夫婚姻陋習的現狀、成因及對策〉，載
　《西藏研究》，1999年第4期，頁54-58。

鄰近地區的文化傳播在發揮著作用。

希臘和丹麥的彼德王子曾於 20 世紀三四十年代在印度、斯里蘭卡和西藏西部等地做田野工作，他是首位從文化比較和結合實地考察來研究一妻多夫制的人類學家。他說：「一妻多夫制可看作是種潛在的男性同性戀和近似於亂倫的婚制，與居住在惡劣的自然或社會環境下的核心家庭所承受的過度的經濟和社會壓力有關聯性，前提是沒有受到特別的文化模式的反對；它要麼在歷史傳統下持續下去，要麼是對『民族性』防禦體系反作用的結果。」[27]此言表達了兩層意思：①一妻多夫制是「潛在的男性同性戀和近似於亂倫的婚制」，由於嚴峻的生態或經濟等原因，導致兄弟夥的團結不斷地加強，反過來壓抑住兄弟間的進取心，由此產生一種被壓制的亂倫式的渴望，通過共妻可以得到部分實現。這一說法某種程度上印證了列維—斯特勞斯提出的一個假設：「具有亂倫傾向性質的需求，來源於家庭成員要求團結的一致性渴望」[28]；②「對『民族性』防禦體系反作用的結果」，表明一妻多夫制（兄弟共妻制）是與當地社會所表現出來的「侵略性」（aggression）有聯繫的一種形式。

這種具有自我保護性質的侵略性，又與藏族的民族性格和文化傳統有著直接的關聯性。一方面，就藏族的民族性格而言，彼德王子信口開河地說：「內在的堅毅性，甚至於封建時代的虐待狂，表面上都成為藏族性格的組成部分。」[29]具有侵略性的性格在一個以游牧為主、流動性很強的社會中表現得尤其明顯。對於從事畜牧生產方式的

---

27 Prince Peter of Greece and Denmark, H. R. H. *A Study of Polyandry*. The Hague: Mouton, 1963: 552-568, 569.

28 Levi-Strauss, C. *The Elementary Structure of Kinship*. London: Eyre, 1969.

29 Prince Peter of Greece and Denmark, H. R. H. *A Study of Polyandry*. The Hague: Mouton, 1963:457

民族而言，擁有穩定數量的牲畜雖然使得生活品質獲得了一定的保障，但所面臨的危險依然存在。例如，他們在草原上放牧，牲畜自動繁殖，他們會把自然賜予的一切看成都是自己的，沒有什麼力量能夠阻止；他們要防止野獸襲擊，預防敵人的突襲與掠奪，需要經常性外出尋找丟失的牲畜，等等。

另一方面，在遷徙或轉場的過程中，個人除了為自己的行為負責外，還需當機立斷做出種種抉擇，如遷往何處、何時啟程、如何在規定時間內抵達目的地等等，稍有差錯便將引發嚴重的後果。所有這些，都是培養剛強果敢、桀驁不馴與富於進取心（侵略性）的民族性格的前提條件。以下的例子較好地說明了牧區藏族所表現出的「侵略性」。

個案七：
訪談對象：紮西；地點：所日村派出所。

2006 年年初，所日村發生了一件轟動全國的刑事案件。事情的來龍去脈大致如下：

317 國道昌都至德格路段，多年來一直不好。為了改善該地段的交通狀況，有關部門與昌都地區決定啟動 317、214 國道三級路面的改造工程。

昌都至江達地段的工程於 2006 年開始動工，工程承包給不同的施工隊分路段同時進行。

有一個施工隊在青泥洞所日村地段動工時，徵用了一塊私人用地，一位村民「挺身而出」，質疑這種佔地的做法。他宣稱這裏是他們祖宗世居的地方，不能隨意動用，要求賠償。施工隊的負責人是一位來自內地的李姓工程師，30 多歲，身強體

壯、性格耿直。他反駁說土地是屬於國家的，這是國家徵地修
公路，理直氣壯地拒絕了賠償的要求。兩人言語不合，開始爭
執起來。

事情意想不到地朝著悲慘的結局發展。工程師倚仗己方人多，
推搡了老鄉一把，後者臉面丟盡，離開時氣憤地只扔下一句
話：「好，走著瞧。現在給我再多的錢也不要了！」

當晚，便傳出工程師被槍殺的消息。據說兇手是兩個人，正是
那位老鄉和他兄弟，兇器是一支 56 式衝鋒槍。地區公安局隨
即展開刑偵工作，但兩人早已出逃，迄今仍未逮捕歸案。

民族問題的敏感性使這起案件變得撲朔迷離，地方政府意識到當
地治安狀況欠佳，會對國家開發玉龍銅礦造成隱患，為此採取了兩個
措施：一是從昌都行署派遣幹部來江達縣主管治安工作，收繳民槍；
二是在玉龍銅礦新建一個派出所，直屬昌都行署公安處管轄。

以上案例，有一條鮮為人知的消息：兩人除了是同胞以外，還實
行兄弟共妻婚。他們持槍殺人，在不同人的眼裏有著不同的解讀：政
府官員認為他們目無法紀、膽大包天；城鎮居民認為他們愚昧落後、
野蠻不化；村裏人認為他們是「英雄」；田野調查員——許韶明則看
到他倆血脈相連、手足情深。

此外，與「侵略性」性格相一致的，還有牧區內部衍生的同仇敵
愾，一榮俱榮、一損俱損的「我族」（we-group）心理。它極易演化
成為暴力行為，特別是在涉及社會、家庭和個人利益的時候。

個案八：
訪談對象：青海馬氏叔侄等三人；地點：所日村曲尼多。

2007 年 4 月，青海回民三人（一叔兩侄）專程開車來所日收購犛牛皮。他們採用以物易物的做法，用熱水瓶、鍋、碗和盆子等牧區極需的生活用品置換牧民家中存儲的犛牛皮。這種做法在當地頗受歡迎，前來交易的村民很快就聚集成群。

在討價還價的過程中，許多小孩陸續加入進來並圍攏成團。在好奇心的驅使下，他們不是對車子和貨物評首論足，就是摸來摸去。叔侄三人中有一人看不過眼，推搡開這群小孩，弄哭了一位兩歲左右的小女孩。其它成年男人見狀，馬上拉住三人「評理」，儘管有人充當起「和事佬」試圖調節爭端，還是有些暴躁的人對三人拳打腳踢，更多的人則趁機將貨物一搶而空，然後一哄而散。叔侄三人面面相覷，敢怒不敢言。

　　個案八生動展現當地牧民的「侵略性」風氣。必須指出一點：以現代法律度量，這樣的公開搶劫明顯屬於犯罪行為，而以習慣法和風俗度量，這樣的做法並無不妥；相反，它是一種受到社會認可與鼓勵的集體性行為，是為捍衛集體利益所採取的必要性行動。

　　習慣法雖不禁止公開和集體性的搶劫行為，但是盜竊行為（無論來自內部還是外部）卻為眾人所不齒。家教中有「從小偷犛牛繩，長大就會偷犛牛」的說法，因此偷竊行為是嚴厲禁止的。韶明在村子中感受到當地確實存在「路不拾遺」和「夜不閉戶」的現象，本村人內部的盜竊行為異常罕見。村子內部若發現偷竊，會受到習慣法的嚴厲懲罰。若小偷來自外部，更會引發械鬥。械鬥中若有人員死亡，還可導致血仇的產生。血仇在當地稱為「蝦涅勒」，家庭男性成員均有義務承擔，親屬成員則有義務輔助。家庭成員中若有兄弟，必須首先承擔起復仇的職責；若無兄弟，兒子負有義不容辭的責任。若兒子尚未成年，親屬（年珠）有義務將其撫養成人，並時刻對其灌輸復仇的職

責。一個家庭若有血仇義務而不去復仇，不僅會被別人瞧不起，而且還會喪失相應的社會地位，家庭成員日後也難以在當地社會立足。

個案九：
訪談對象：桼西拉姆；地點：所日村曲尼多。

> 民主改革以前，三岩宗（後為貢覺縣三岩區）有一個人來所日村偷犛牛，事發後被抓了起來，村民群情激憤，把這個偷牛賊拉到覺擁村附近弔打，活活折磨致死。這個偷牛賊家裏還有兩兄弟，他們是三兄弟合娶一妻的，還有一些窮親戚，人多勢眾，三岩是個帕措（父系血族）社會，被打死的那人屬於雄松芒果帕措。該帕措得知消息率眾前來論理，要求賠償命價。死者的兩兄弟則表示要復仇，儘管偷牛為習慣法所禁止，但三岩帕措以偷盜搶劫為榮，遠近聞名，搞死一個人，如不賠償，還會不斷來糾纏，得罪不起。雙方各自請巴巴協商，最後決定由所日村這戶人家賠償 5 頭犛牛了事，芒果帕措表示從此放棄追究「血仇」的權利。

由此可見，就藏族的文化傳統而言，在一個以強調安全與家庭團結為價值取向的文化模式下，實行兄弟共妻婚的家庭能夠最大限度地團結家庭內部成員，以應付畜牧生產方式中經常發生的諸如盜竊、搶劫、械鬥等突發事件。與這種「侵略性」性格相對應的，正是每家每戶必須發展出來的「防禦性」策略。

由此可將兄弟型一妻多夫制視為一種家庭策略，在一個外部懷有敵意、家庭成員經常外出（如放牧、轉經、做生意等）的社會，它確保至少有一名男性成員長期在家。擁有多個成年男子的家庭可以很好

地增強安全感，同時還有助於維護它在與其它家庭共處和生活競爭中的地位。一個兄弟團結的家庭，不僅會受到別人的尊敬，也是別人不敢輕易欺侮的。

在所日村及周邊地區，兄弟關係被賦予更多的內容。「兄弟」在當地藏語中讀作「蝦尼」，是一個飽含感情色彩的詞彙。

就語素而言，該詞涉及了三層含義：①父系血緣群體；②居住形態；③婚姻與家庭形式。試比較阿吉茲指出的定日藏族的兩個基本特徵（血脈體系和居住形態），結合圖 6-6 的直觀，可作如下分析：[30]

就血脈體系而言，所日村存在著骨系的說法。骨系在藏語中稱為「如巴」，即以父方論血統，以父方居住為基本準則。與骨系相對的是「蝦」，即把姻親關係的母方血緣關係稱為「肉」。按傳統的看法，骨系是「以人身上從頂骨到踝骨的骨頭起名，一個骨頭的名字，即算是一個血脈系統的傳統名字，故稱骨系。」[31]

關於「骨」與「肉」的關係，本尼迪克特援引了 18 世紀梵蒂岡派遣到藏族聚居區的傳教士——德西德里的記錄：

> 藏族人民認同兩種親屬分類。第一種為「如巴」關係，即同一根骨頭；第二種為「蝦」關係，即同一血肉。就「如巴」關係或同一根骨頭而言，他們認為自己同屬一位先祖的後裔，不管關係有多麼的疏遠，即使若干代以後被分為不同的階層。「蝦」關係或血肉關係產生於合法的姻親關係。第一種關係，儘管可能已經異常地疏遠，但都被認為是彼此之間絕對不能通

---

30 參見〔美〕巴伯若・尼姆裏・阿吉茲著，翟勝德譯：《藏邊人家——關於三代定日人的真實記錄》（拉薩：拉薩人民出版社，1987年），頁125。

31 中國社會科學院民族研究所西藏少數民族社會歷史調查組：《黑河縣桑雄地區阿巴部落調查報告》（中國社會科學院民族研究所油印本，1964年）頁158。

婚，同屬一根骨頭的「如巴」成員間若發生性行為，則被認為亂倫而受到眾人的規避與厭惡。第二種關係在直親成員之間同樣不能通婚；因此舅舅不能與侄女通婚，然而與母方的第一表親通婚不僅得到了認可，而且經常性地發生。[32]

從所日村民的口傳可知，其先祖原是兄弟，即同屬於「一根骨頭的人」。換言之，骨係代表了一個共同祖先的繼嗣群。骨係對當地的影響，不僅體現在同一骨系成員之間的親密性與認同感，更多體現在通婚禁忌當中：同一骨系內男女成員間嚴禁通婚，否則要遭受嚴厲的懲罰。與此相對的是母系血緣繼承，母系血緣被稱為「肉」，在當地同樣具有重要的作用。母系血緣是父系血緣的有力補充，通過雙系血緣，每戶人家都能夠最大限度地擴充自己的親屬成員，必要時獲得他們的支持與協助，在游牧地區的經濟和生產生活中這無疑具有重大的意義。[33]

居住方面，所日村同樣呈現出雙系繼承的情況。儘管如此，從父居仍然是當地的主流。兄弟共妻制強化了從父居的原則，兄弟無需分家，成為家庭的終身成員。

兄弟共用一妻，生兒育女，家庭勞動合理分配，應付社會分工，共妻、共子和共同搞好家庭經濟的紐帶強化了兄弟間原有的「骨肉」聯繫。可見，「兄弟」一詞在當地的實質含義，已經超越了尋常的理解。

---

32 Benedict, P. K. Tibetan and Chinese Kinship Terms. *Harvard Journal of Asiatic Studies*, 1942 (6):328.

33 所日村民將姻親關係稱為「年珠」，臨近的貢覺縣則稱為「果巴」，名異而實同。

四　婚姻與家庭的重合

根據 2006 至 2007 年的資料，所日村有 67 戶、499 人，其中男 246 人、女 253 人，平均每戶約 7.45 人，男女比例為 97:100。下面把人口、年齡、性別等情況加以量化，詳見表 6-3。可以清楚地看到，所日村 26.5% 的人口處於前生育年齡階段（015 歲），50.9% 的人口處於生育年齡階段（16-45 歲），22.4% 的人口處於後生育年齡階段（46 歲以上）。

表6-3　所日村人口的年齡級與性別構成（2007年）

年齡	男	女	合計	年齡	男	女	合計
75~75	10	11	21	31~35	13	13	26
66~70	7	10	17	26~30	19	25	44
61~65	6	1	7	21~25	30	24	54
56~60	12	10	22	16~20	43	37	80
51~55	8	10	20	11~15	19	19	38
46~50	11	8	19	6~10	19	29	48
41~45	12	8	20	0~5	20	26	46
36~40	17	13	30	總數	246	253	499

當前所日村主要存在一夫一妻制和兄弟共妻制兩種婚姻家庭形式。經過縝密的田野工作，收集材料，量化為數位，把全部婚姻分類成表 6-4。[34]

67 戶當中，除掉 18 個殘缺家庭[35]（占總戶數 26.9%），還剩 59

---

34 這裏的總戶數以鄉政府登記在冊的戶數統計為主，個別家庭人數存在誤差。

35 殘缺家庭包括單身、喪偶、離異和未婚生子等情況，其婚姻形態是不完備的，故不進入統計。

個家庭。它們分為多偶與單偶兩類，兄弟共妻家庭 23 戶（占總戶數 34.3%），其中共妻者最多為 6 兄弟，最少為 2 兄弟；一夫一妻家庭有 26 戶（占總戶數的 38.8%）。

扣除殘缺家庭之外有 66 例婚姻，其中一夫一妻婚 41 例（占婚姻總數的 62.1%），兄弟共妻婚 25 例（占婚姻總數的 37.9%），後者多為一代共妻家庭（23 例），極少數為兩代共妻家庭（2 例，即 26 號和 55 號），本村無一夫多妻（姊妹共夫）現象，也無非兄弟（父子、叔侄、舅甥、朋友）共妻的現象，同樣沒有多夫多妻的現象。

婚姻與家庭有重合，但不周延。稱呼上，家庭以「戶」為單位，婚姻以「例」為單位，一個獨立家庭可以發生若干次婚姻。例如，一個主幹家庭可能有兩個婚例，表 6-4 中的數字以戶口本為基礎，若戶口本登記在家，人即使外出打工或讀書均按戶內人口計算，出家人無論在家與否均按戶內人口計算，從編號為 1、6、14、17、20、26、27、28、31、32、33、38、41、42、45、55 和 59 號的家庭中可以看到他們各有兩例婚姻（父輩一例、子輩一例），有的均為一夫一妻婚，有的均為兩代兄弟共妻婚（各代共各代），有的各代行不同的婚俗。

表6-4 所日村家庭與婚姻分類統計（2007年單位：戶、起）

家庭編號	婚姻形態	家庭編號	婚姻形態	家庭編號	婚姻形態	家庭編號	婚姻形態
1	一夫一妻 一夫一妻	18	一妻二夫	33	一夫一妻 一妻六夫	49	殘缺家庭
		19	一夫一妻			50	一夫一妻
2	一妻四夫	20	一夫一妻 一夫一妻	34	殘缺家庭	51	一夫一妻
3	殘缺家庭			35	殘缺家庭	52	殘缺家庭
4	殘缺家庭	21	一妻四夫	36	一夫一妻	53	一夫一妻
5	殘缺家庭	22	殘缺家庭	37	一夫一妻	54	殘缺家庭
6	一夫一妻 一妻四夫	23	殘缺家庭	38	一夫一妻 一妻二夫	55	一妻二夫 一妻三夫
		24	一妻二夫				

家庭編號	婚姻形態	家庭編號	婚姻形態	家庭編號	婚姻形態	家庭編號	婚姻形態
7	一夫一妻	25	殘缺家庭	39	一妻二夫	56	一夫一妻
8	一夫一妻	26	一妻三夫	40	一妻二夫	57	一夫一妻
9	一妻二夫	26	一妻三夫	41	一夫一妻	58	殘缺家庭
10	殘缺家庭	27	一夫一妻	42	一妻四夫	59	一夫一妻
11	一夫一妻	27	一妻二夫	42	一夫一妻	59	一妻二夫
12	殘缺家庭	28	一夫一妻	43	一妻六夫	60	一夫一妻
13	殘缺家庭	28	一妻四夫	43	一夫一妻	61	一夫一妻
14	一夫一妻	29	一夫一妻	44	殘缺家庭	62	一夫一妻
14	一妻三夫	30	一夫一妻	44	一夫一妻	63	一妻二夫
15	殘缺家庭	31	一夫一妻	45	一妻二夫	64	一夫一妻
16	殘缺家庭	31	一夫一妻	46	一夫一妻	65	一夫一妻
17	一夫一妻	32	一夫一妻	47	一夫一妻	66	一妻二夫
17	一妻二夫	32	一夫一妻	49	一夫一妻	67	一夫一妻

　　默多克用統計學方法分析婚姻時提出一個標準：一種文化中多夫家庭比例為 1% 至 19% 時，該文化屬於限制性一妻多夫婚姻形態；如為 20% 至 100% 時，就屬於流行性一妻多夫婚姻形態。[36]據此，所日村的兄弟共妻當屬流行性一妻多夫制。

　　問題在於所日村這一婚制的具體圖景如何？它與社會的、政治的和經濟的文化要素怎麼發生互動？以下就婚姻的締結、家庭結構、家庭成員關係、家庭經濟與性別分工和家庭的延續與破裂等五個方面進行闡述。

（一）婚姻的締結

　　婚姻的締結必須遵從兩條習慣法：第一，禁止同一骨係的所有成員通婚，包括姑表婚；第二，禁止同一肉係的第一旁系親屬通婚，即

---

36 Murdock, G. P. *Ethnographic Atlas*. University of Pittsburgh Press, 1967: 47.

禁姨（舅）表婚。第一條習慣法效應大，通行於整個藏族聚居區，第二條與地方特點糅合在一起，做法有所不同（有些地方青睞於母方平表和交表婚）。所日村的通婚原則帶有雙系成分，禁婚範圍亦然，而不局限於父方或者母方單獨一邊，說明人們在日常生活中既要考慮父方親屬關係也要考慮母方親屬關係。

上述兩條風俗是可以變通的。有人提到骨系（氏族）的禁婚期限為 7 代。[37] 所日村的長者表示無論父方血緣還是母方血緣，禁婚通則在 5 代外便可自動取消。如無遵守限期就打破通則，據說後代的「腦袋會開花」，其引申含義與之前的解釋相符[38]。除此以外，其餘人員均可互相通婚。田野材料表明當地通婚圈異常狹窄，主要集中在本村和相鄰的幾個村落，韶明隨機訪問了 76 人次，在嫁出的 28 人中，本村 21 人（75%），本鄉鄰村 5 人（17.9%），省外 1 人（3.8%）；在娶入的 48 人中，本村 21 人（45.7%）[39]，本鄉鄰村 21 人（43.7%），本縣 2 人（4.2%），省外 4 人（8.4%）。

從上述數字可以看出，娶入的婦女，本村和本鄉鄰村人數相當，均在 43.7%以上，二者相加接近 90%。世代通婚，使各家各戶交織著雙系血緣關係，沒有通婚禁律是不行的，但嚴格地執行上述兩條通婚禁律，又會受到現實的抵抗，它會造成一部分人找不到配偶，因此會出現鑽空子、打擦邊球的行為。

在所日村中，一般認為具有血緣關係的人只需隔三代以上就可通

---

37 參見〔法〕石泰安著，耿昇譯：《西藏的文明》（北京：中國藏學出版社，2005年），頁85。

38 若發生父方平表或交表婚，據說當事人的頭骨將被刺，導致後代頭骨不純，與「將不得好死」近義。參見Benedict, P. K. Tibetan and Chinese Kinship Terms.Harvard Journal of Asiatic Studies, 1942 (6):326.

39 本村的嫁娶數計算了兩次，即同一起婚例中，從嫁出或入贅的角度計算一次，又從娶入的角度計算一次。

婚。計算方法是自己一代不算，向上追溯三代，父母雙方都要追溯。事實上，近半個世紀以來，就連這條基本的原則都沒能得到遵守。早在 30 多年前，所日村就曾發生兩例近親通婚的個案，剛開始這種做法讓全村人都覺得蒙羞，然而近 10 年來，所日村及臨近村落近親通婚有增無減，時至今日，村裏人對於打破通婚禁忌所表現出來的反感程度，已經沒有以往那樣地強烈。

所日村傾向於同輩通婚、同族同婚和同階層通婚，講究「門當戶對」是當地的一個特色。民主改革前存在等級差異，不同階層之間嚴禁通婚，現在這種「等級內婚」的做法隨著等級差異的消亡已經取消。男女通婚，男方以家境殷實、能說會道、誠實可靠者為佳；女方則以才貌出眾、勤勞樸素、善理家務者為佳。

有人提到藏北牧區中青年男女婚前戀愛的交友方式的多樣性。[40]不可否認，康區與此大同小異。所日村沒有所謂「乞董」（打狗）的說法，但是男女在放牧時互生愛慕的情況時有發生。這種你情我願的男女婚前交往，一般不會受到來自家裏人太多的阻力，婚前性行為也無多大的不妥。儘管如此，男女從相識到相戀，更多的時候是在秘而不宣的狀態下，甚至連家裏人都被蒙在鼓裏。

個案十：

訪談對象：紮西拉姆、彭措多傑等；地點：所日村曲尼多。

群措放牧時與同村次稱交好，由於時機尚未成熟，兩人的戀情沒有公開。除了在放牧時候相互約會以外，群措還多次邀請次稱到家裏幽會。群措的父親早逝，除了母親外還有一個哥哥紮

---

40 參見見格勒、劉一民、張建世、安才旦編著：《藏北牧民──西藏那曲地區社會歷史調查》（北京：中國藏學出版社，1993年），頁182-183。

西。每次次稱到群措家過夜都是夜半三更進來，天亮以前離開，因此家裏人都不知情。不巧的是，一次次稱來到群措家過夜時，一群狼於三更時分前來侵犯群措家門前圈養過夜的羊群。這天紫西恰巧在家，被狗吠聲驚醒後，馬上起身拔刀出門與狼群周旋。與群措同床的次稱同樣被嘈雜聲所驚醒，眼見紫西一人與群狼奮戰體力不支，便拔刀加入了戰鬥。在兩人合力搏鬥之下，狼群被擊退了，牲畜得以保全。此時紫西也發覺了次稱與妹妹私通的戀情。對於次稱的援助，紫西不僅沒有心存感激，反而要求與其決鬥。原來，當地男人發生打鬥事件，如果受到別人的援助會被認為是「窩囊廢」的表現，紫西必須為捍衛自己的榮譽而戰。次稱自忖並非紫西的對手，權量之下於是擲刀跪地求饒。紫西見狀一言不語，進門將自己的刀擱置在妹妹的床頭，讓她自己思量著辦。妹妹自知闖下禍根，此後自動終止與次稱的交往。

除了從事放牧等一般性生產勞動以外，每逢藏曆新年、祈願法會，夏天舉行的賽馬節以及夏秋季節舉行的「耍壩子」遊藝活動，均為青年男女的正常交往提供了機會。另外，隨著 317 國道的開通，所日村與外部的聯繫更加緊密，一定程度上也促使了年輕人有更多的機會結識外來人口，從而使得通婚圈從村內、村外向縣內、縣外乃至外省擴大。以下三個例子，分別說明了青年男女婚前自由交往的情況。

個案十一：
訪談對象：布真；地點：所日村恰貝通。

每年藏曆七月十五，所日村要在恰貝通舉辦賽馬節，當地稱其

為「達左」，一個盛大的節日，持續時間長達 1015 天。參加比賽的馬匹按照三個等級（好、中、差）舉行，期間還要舉辦摔跤、馬術表演、射箭和歌舞等活動，歡迎外村人前來參加。車加家的布真就是在賽馬節期間認識了從附近交擁村過來玩耍的索南卓瑪。兩人感情發展良好。布真上有父母和一個哥哥，全家人商議後決定由兩兄弟共同迎娶索南卓瑪。

個案十二：

訪談對象：紮西拉姆、彭措多傑；地點：所日村曲尼多。

20 世紀 80 年代中期，317 國道剛通到青泥洞鄉不久，大紮西一家決定在曲尼多的公路邊開設一家藏式茶館。大紮西有 3 子 2 女，他叫了三兒子車嘎與大女兒紮西拉姆來茶館幫忙，大兒子和二兒子留在家裏放牧。車嘎由此結識了來自德格的曲宗姑娘，兩人很快結婚；紮西拉姆也認識了從青海來做小本生意的彭措多傑，兩人暗生情愫，最後彭措多傑成為上門女婿，兩人另外組建一個家庭。

個案十三：

訪談對象：車拉左倫；地點：所日村曲尼多。

阿紮家有 2 子 1 女，大兒子車拉左倫經常外出打工，2004 年在昌城打工時認識了當地姑娘央宗，兩人決定結婚。2005 年，他們一起回到青泥洞鄉，在 317 國道旁開了一家藏式茶館，同時經營客棧，不久他們的兒子出生了。隨著店裏的生意日漸起色，車拉左倫特意叫上妹妹群松過來幫忙。

　　自主選擇配偶，一般需要雙方兩廂情願，回家各自將想法和盤托出，徵得雙親的同意後才能舉行婚禮，除非對方條件極差或口碑不好，父母大多會尊重兒女的選擇。倘若子女的選擇沒有受到父母的理會，當地還存在一種風俗，名為「冷娘多」，即私奔。雙方生育子女後才回來，父母無可奈何，只好接受事實。「冷娘多」在當地還有「分家」的含義。

　　儘管當地青年男女允許自由戀愛並有相當程度的自主性，但並不意味著他們最後都能走向婚姻。相反，所曰村在配偶的習慣選擇上大多以家長意願為主，父母包辦婚姻依然是目前所曰村選擇配偶的主要形式。

　　至於選擇配偶，若從年輕人自身角度考慮，多以對方條件為主，父母意願為次，家庭經濟為最次；若從父母的角度考慮，則多以家庭經濟條件為主，對方條件為次，兒女意願為最次。至於對方條件，男方以本事為重，主要表現在放牧、轉場、口才、品德以及在打獵、做生意等方面表現出來的能力；女方以操持家務的能力為重，主要表現在撚犛牛繩、擠奶、背水、洗衣服、編制犛牛帳篷、撿牛糞、打優酪乳等方面。

　　婚姻，不僅關係到子女的終身幸福，而且涉及姻親兩家的政治經濟關係，需要認真對待。所曰村的結婚禮儀，從提親—訂親—送親—完婚等，有一套繁瑣的過程。以上提到兩種締結婚姻的形式——自由戀愛婚姻和家長包辦婚姻，由於類型的不同導致男女雙方家庭在婚禮的交往上有所不同。

　　上面說過自由戀愛的婚姻須徵求家長的同意，男女兩人的交往才能得到社會的認可。如果兩家人原先沒有接觸，這時候也開始來往了。男女可常去對方家裏玩耍，幫忙幹活。可帶些小禮物給對方，或帶些食物送給對方家庭。雙方的父母也會在節日期間互相串門，互贈

禮物，這些活動具有定親的性質。過半年到一年的交往，就可擇吉日
為子女舉行婚禮，同時邀請親戚、朋友和同村人來參加。

　　然而，先自由戀愛，後成婚的例子在所日村並不多見。當地仍以
父母包辦婚姻為主。造成這種局面的一個重要的原因是家中若有諸位
兄弟，父母往往希望兄弟不分家，因此需要尋找一位合適於眾兄弟的
「共同的妻子」。這種妻子不僅口碑好，能力強，而且年齡也能照顧
到眾兄弟不同的年齡情況。

　　前人提到貢覺縣兄弟共妻的相關程序：「其平民歷行多夫之制，
如兄弟四五人共娶一婦為妻，知其某某家有女賢淑，請媒往說，或兄
前弟後登門求婚。待女家允可，由親友將女送至男家，禮物相贈。而
主人留一酒，醉後歌舞通宵達旦，以為尊敬。」[41]鑒於鄰近關係的生
活方式與文化特質相同，故其記載適用於與貢覺縣接壤的青泥洞鄉。

　　青泥洞鄉的女孩談婚論嫁的最佳年齡在 16 至 25 歲之間，男孩則
要偏大一些（以長兄為準），一般在 20 至 30 歲，有遲至 40 多歲結婚
的，這時可能就不是以長兄的年齡為準了。兒子到一定年齡，父母便
為其操心。若發現合適的人選，便託人向女家提親。男家會派遣 13 人
（可以是親戚或朋友，男女均可）到女方家，提親時無需授禮。雙方
需核對彼此的生辰八字和屬相，看是否配對。[42]若雙方均無異議，就
可商議婚期和嫁妝。新郎無需向新娘家支付聘禮，反需新娘家向新郎
家支付一定的嫁妝，這點可看作當地的一個風俗。嫁妝的數量多寡不
一，一般根據新娘的家庭狀況而定，社會認可的標準應該包括 20 頭

---

41 劉贊廷編：《貢縣志》，載《中國地方志集成‧西藏府縣志輯》（南京：江蘇古籍出
　版社，1995年），頁401。

42 若兄弟共同娶妻，一般以大哥的生辰和屬相為主。當地多位老人熟悉屬相的配對，
　看雙方是否有相沖、相刑或相害，若無則合適。另可諮詢當地寺廟的喇嘛以打卦、
　占卜為斷。

犛牛、1 套新衣服和一些隨身的珠寶飾品（如綠松石、珊瑚石和天眼珠等），少於此數意味著女家將丟失臉面。女家應允婚事以後，一般事先向女兒透露男家的情況，若是新郎為幾位兄弟，也會婉轉告知。

婚禮宜在上半年（如藏曆十一二月或一月）舉行，人們相信在下半年成婚會導致牧區的奶牛減產或生病。此時行婚還有三個考慮：第一，秋、冬季宰殺牲畜後，有比較充裕的肉類儲備；第二，處於冬季牧場與春季牧場的過渡期間，賦閒較多，家人一般留在家裏或於附近地區放牧；第三，節日比較多，村裏外出讀書、打工或經商的人多數都會回來與家人團聚。

到了迎娶的日期，新郎家派遣 5 名能說會道、擅長唱歌的男子（必須為父母俱全的已婚男士）前往女方家迎接新娘，近則走路，遠則騎馬。這 5 人要帶上青稞酒和犛牛肉，進入女方家門時便拉開嗓門唱起《獻哈達歌》。女方的家人和親戚好友早已聚在女方的家裏，雙方對唱起來。唱完《獻哈達歌》歌，新娘在哥弟的攙扶下出來迎客。歌手將哈達掛在新娘的脖子上，每一位家庭成員都要過來對她說幾句祝福話語，同時獻上哈達。數番敬酒、唱和以後，女家才派出 810 名男性親戚、朋友護送新娘出門，其中至少包括一名新娘的兄弟。

送親最好黎明出發，正午前到達，男方可在中途派人迎接。送親與迎親的人碰頭後又要對唱，歌曲的內容並無太多的講究，一般是借景抒情，要唱出吉祥喜慶的氣氛來。

送親隊伍來到男方的家門，雙方開始新一輪對唱。進入家門之前，新娘要接受來自新郎家親友獻上的哈達。門口早已放置一張犛牛繩編製的地毯，用青稞麵撒成「卍」徽標，新娘需在地毯上踩著符號踩幾腳，表示踢走了一路沾上的邪氣。進房前需揭開新娘的蓋頭布。必須特別注意的是：不能從前方揭開，表示新娘家的福氣全部到了新郎家；也不能從後面揭開，表示新郎家福氣全部到了新娘家；必須要

從身子側面揭開，這樣兩家的福氣都不會跑掉。

新娘入門坐下後要喝三碗鮮牛奶，意為敬天敬地敬父母。新娘要在新郎家住三天三夜（送親者要在新郎家留宿一晚，剩下新娘的兄弟留下陪同）。此間，男方家裏張燈結綵，白天盛情邀客，晚上舉辦歌舞，一派喜氣洋洋的氣氛。婚禮期間新郎衣著隨意，並無太多禮節上的拘束。若屬兄弟共妻，無需兄弟盡悉在場，惟大哥必須留在家中款待賓客。晚上新娘睡在門口之處，新郎亦可過來要求與其同房，新娘不能藉故拒絕。

3天以後，男方要把新娘送回娘家，其中一位須為丈夫（如兄弟共妻，一般以大哥為主），這時新娘家同樣要求親朋好友過來慶賀。之後，新郎家會選擇一個佳期（短至一兩周，長至一兩年），由新郎另帶一兩名男士來迎接新娘；這時女方會送來嫁妝，新娘回到男方家才算完婚。經過這些程序，新人才告正式同房，揭開共同生活的新一頁。

（二）家庭結構

所日村中，「家庭」一詞稱為「親載」，指「在一個帳篷裏的人」，與藏北邊牧民認為一個帳篷為一個家庭（「親姆」）的理解基本相同參見格勒、劉一民、張建世、安才旦編著《藏北牧民——西藏那曲地區社會歷史調查》，中國藏學出版社 1993 年版，第 189 頁。，「新載」為同居共爨的一個親屬單位，不僅囊括具有血緣關係的家庭成員，同時也包括不具備血緣關係但長期生活在一起的家庭成員。

說到家庭結構，先看口數，此乃考察家庭規模的基本指標。所日村 67 戶家庭，總計人口 499 人，平均每戶 7.45 人，最少者 1 人，最多者 15 人，其中又以 5 口、11 口之家為多，各 8 戶，各占總數的11.94%，表明一妻一夫制和一妻多夫制是所日村家庭結構的典型。

　　可將所日村的 67 戶家庭分為單人戶、核心家庭、主幹家庭和其它家庭四類，其數量和比例依次為：4 戶（5.97%）、23 戶（34.32%）、26 戶（38.81%）和 14 戶（20.90%）。家庭結構的特徵如下：

1 核心家庭和主幹家庭構成所日村家戶總數的兩大集合

　　核心家庭與一夫一妻制、主幹家庭與一妻多夫制，它們是兩對關係密切的事物。

　　所日的主幹家庭占全村總戶數的 38.81%，略低於昌都其它地方42% 至 48% 的比例。[43]這類家庭是由父母、未婚子女以及一個或幾個已婚兒子連同其妻子所構成，是一種兩代雙核心家庭，因親子關係而結合。主幹家庭突出的是親子軸心關係，父母雙全與否並非充分必要條件，但至少有一人在世（父親或母親），不然就不能算是「主幹家庭」。

　　贍養父母是藏族人的天職，主幹家庭能夠較好地承擔責任。父母和已婚的兒子需要互相依靠，兩三代人住在一起，田地或牲畜一起統籌規劃、妥善管理，所有農牧活大家一起分擔、同甘共苦；父母年邁時則把管理家庭的重擔傳遞給下一代，自己也需要依靠子女的贍養，同時肩負起照看自己孫輩的職責，並把自己豐富的生活和生產知識傳授下去。由此可見，採取主幹家庭的結構不僅符合藏族傳統的倫理觀，而且家庭內部分工有其合理的一面，能夠提高生產效益，增進家庭收入。

　　核心家庭占總戶數的 34.32%。這類家庭是一個妻子、一個或數個丈夫和她們共同的子女所構成的生活單位。與主幹家庭相同的是，它也因親子關係而結合，但只有一代的核心家庭，即父母與子女的親

---

43 參見見李廣文、楊松、格勒主編：《西藏昌都——歷史‧傳統‧現代性》（重慶：重慶出版社，2000年），頁357。

子軸心關係。另一個典型的特徵是家庭成員要比主幹家庭少，不僅關係簡單，結構也更趨於經濟和穩定。

主幹家庭和核心家庭兩者合計 49 戶，占全村家戶總數的 3/4 弱（73.13%），構成家庭類型的絕對多數。剩餘 1/4 強（26.87%）為單身家庭與其它家庭。目前所日村有 4 戶單身家庭，1 男 3 女，都是 60 歲以上的孤寡老人，其中 1 男 1 女由於喪偶而成為單身戶。4 人現均為鄉里的五保戶，每月都能獲得鄉政府的生活補貼。其它家庭，包括喪偶、離異以及未婚生子等家庭，未計入主幹家庭或核心家庭。

所日村的主幹家庭和核心家庭包括若干帶「衛星」的亞型，所謂「衛星」即依附於這個家庭的親屬，前面已作介紹，此處就不展開了。

核心家庭中有 4 戶行一妻多夫制，占行共妻家庭總數的 17.39%，占核心家庭總數的 17.39%；行一夫一妻制的有 19 戶，占核心家庭總數的 82.61%。相比之下，所日村主幹家庭中，共有 19 戶行一妻多夫制，占行共妻家庭總數的 82.61%，占主幹家庭總數的 73.08%；一夫一妻制的有 7 戶，占主幹家庭總數的 26.92%。兩組數字表明：核心家庭似乎與一夫一妻制有著更為密切的關聯性，而主幹家庭則與一妻多夫制有著更為密切的關聯性。

2 一個家庭的同代成員中，只能存在一種單一的婚姻形式

所日村中行兄弟共妻婚的比例相當高；若以現存完整的家庭總數來計算（即排除單身家庭和其它家庭），其比例高達 46.93%，遠遠高出近 40 年來藏族聚居區行該婚姻的比例。[44]對此當地人籠統地回答：一個家庭有幾兄弟，通常他們必須共娶一妻。經過入戶調查，發現每戶家庭的同一代成員，只能建立一個正式的婚盟，又有 6 種情況：①

---

44 參見堅贊才旦〈論兄弟型限制性一妻多夫家庭組織與生態動因──以真曲河谷為案例的實證研究〉，載《西藏研究》2000年第3期，頁19。

獨子娶妻。②獨女招婿。③幾個兄弟則共娶一妻。④如果兄弟數量眾多，則可能出現兄弟離家的情況（包括出家、入贅和外出打工等）。留在家中兄弟如果只有一人，則行一夫一妻制婚姻；若為多人，則行共妻制婚姻。⑤如無男丁而有多個女兒，其中一人招婿，其餘不是出嫁就是出家（一般為住家覺嫫），不存在姊妹共夫的情況。⑥若有多個兒女的家庭，男丁留在家中娶妻，女兒不是出嫁就是出家。由此可見，所日村內部嚴格遵守著一代人只能建立一個家庭的原則。還有一條世代恪守的附屬性原則：在一個家庭中，若上一代人仍未停止生育，下一代人絕不允許結婚生子。這條規則杜絕了家中兩代可能發生的人口生產相衝突的現象。

　　戈爾斯坦最早研究了這種同代家庭成員只能存在單一的婚姻形式，認為 1959 年以前差巴階層的婚姻家庭體系遵從「單一婚則」，他在一年半內對北印度難民營調查了幾次，獲得一些訪談材料。戈氏的報導人來自西藏的江孜縣，調查內容涉及社會分層、一妻多夫與家庭結構三者之間的動態聯繫。戈氏的「單一婚則」，即「認為在一個差巴階層中，每一代人只能有一個婚姻協議，生育的孩子才能獲得全體家庭成員的認同，並擁有完整的法律權利[45]。」換言之「如果在這一代中有許多兒子，他們只能共同娶一個妻子，其它女兒仍出嫁；如果只有一個兒子，那麼他就只能娶一個妻子，如有其它女兒則出嫁；如果沒有兒子而只有一個女兒，她將招贅一個丈夫；如果沒有兒子但有許多女兒，她們只能共同嫁給一個入贅的丈夫。」[46]

　　共妻制家庭中的同代成員中只存在一例多偶婚，江雄河谷也存在

45 Goldstein, M. C. Stratification, Polyandry, and Family Structure in Central Tibet. *Southwestern Journal of Anthropology*, 1971 (27):68.

46 參見馬戎：〈試論藏族的「一妻多夫」婚姻〉，載《民族研究》2000年第6期，頁 3344。

這一現象，堅贊將其稱之謂「同代單一的兄弟共妻制」；他還將同一代成員中存在二例或以上的多偶制婚姻稱為「同代並列的兄弟共妻制」；他的個案中沒有第二種例子。[47]還有人用左貢縣軍擁村的田野材料說明同代單一婚姻原則的運用範圍較大，印證了戈爾斯坦所提出的「單一婚則」，但包含著差異。[48]

較之於前人的研究成果，可以發現所日村的一些既有重合又有差異的趣處。首先，所日村的家庭中一代人只能存在一個婚姻協議的原則得到了嚴格的遵守。所日村沒有發現一例所謂的「聯闔家庭」或「兩代合偶家庭」，沒有一例「同代並列的兄弟共妻制」。其次，所日村中既有一夫一妻制婚姻，也有一妻多夫制婚姻，但不存在一夫多妻制婚姻。最後，所日村所有一妻多夫制婚姻中，均為具有血緣關係成員的人共妻，不存在非血緣關係下的共妻現象（如朋友共妻）；在這些具有血緣關係的共妻成員中，全部為兄弟，不存在父子共妻、叔侄共妻或者甥舅共妻等亞型。

解釋其中的差異，主要存在兩個方面的原因：一是牧區中異常強調家庭團結，認為行一夫多妻制不好，幾個妻子由於各有利益中心容易吵架，即使她們是姊妹也一樣；二是當地對兄弟血緣所呈現出的強烈認同感，有效地排斥了其它形式的共妻制婚姻的存在。

3 普遍存在「兄弟不分家」的原則，但無需嚴格遵守，家庭中有數位同胞兄弟姊妹，他們各自在家庭中的地位不一樣

藏族崇尚大家庭，認為多子女是家庭幸福的象徵，婦女的生育期

---

47 參見堅贊才旦：〈論兄弟型限制性一妻多夫家庭組織與生態動因——以真曲河谷為案例的實證研究〉，載《西藏研究》2000年第3期，頁14。

48 參見張建世、土呷〈軍擁村藏族家庭調查〉（下），載《中國藏學》2005年第4期，頁114。

長（從十五六歲延續到 50 多歲）是生育率高的一個主要特徵。[49]所日村共有 23 戶核心家庭，若排除一代家庭成員不計，二代家庭成員共計有 120 人，其中男人 64、女人 56，平均每戶約為 5.22 人；這一組數字能從側面支持以上的說法。分析生育率宜採用完整的家庭為統計單位。鑒於主幹家庭中第一代成員由於分家或去世等原因者無法精確計算，此處姑且以核心家庭為統計單位。子女多必然同胞兄弟或姊妹也多；隨著家庭週期的發展，這些兄弟或姊妹長大成人以後，一個可能性是他們選擇呆在同一個家庭裏面。以有同胞兄弟的家庭為例，擁有兩個兄弟以上的家庭共計 26 戶，其中有 6 戶出現兩代均有兄弟存在的情況，占總戶數的 38.81%。

韶明抽樣調查了 20 戶，占總戶數 29.95%，相對於戶主而言，按共居於家中的單純為兄弟、單純為姊妹和兄弟姊妹混合三類排比，其數量和比例依次為：11 戶（16.41%）、6 戶（8.96%）和 3 戶（4.481%）。可知，較之於姊妹，兄弟共居於一個家庭的比例較高，占出現同胞總數的 70%。這一現象的一個重要原因是由於兄弟共妻制的存在。現以兩兄共妻的一個家庭（9 號家庭）來說明問題。

個案十四：

訪談對象：俄沙；地點：所日村嘎吉。

俄沙現年 50 歲，弟弟仁青則嘎現年 47 歲，20 年前兩兄弟在父母的主張下共同迎娶來自交擁村的群擁，現年 45 歲。父親已經去世，母親 75 歲。妻子群擁聰明能幹，把兩兄弟緊密圍

---

49 參見陳長平、陳勝利主編：《中國少數民族生育文化》（上）（北京：中國人口出版社，2004年），頁212。

結在一起，三人共同生育了 4 男 2 女，大兒子貢噶羅布今年已經 20 歲，二兒子拉旺次仁也已 18 歲，他們都是家裏幹活的好幫手；另外兩個兒子索朗群措和丹真拉娜分別為 12 歲和 10 歲，仍然在村小學讀書。俄沙兄弟與妻子決定再過三五年要給四個兒子說上一門親事，讓他們合娶一妻，希望四子永不分家。

兄弟不分家是當地的基本原則，讓兄弟共娶一妻則是實現兄弟不分家的基本手段。這種做法成為一種文化習俗，在藏族聚居區俯拾即是。所日村現有兄弟共妻婚姻家庭 23 戶，共發生婚姻事實 25 起（其中兩戶出現兩代同偶的情況），其中最少的丈夫數為 2 人，最多達到 6 人，如 33 號 B 和 43 號 B。現以 33 號家庭來說明一妻六夫的情況。

個案十五：
訪談對象：日多；地點：所日村上擦隆組。

戶主日多為獨子，與妻子才嘎生育了6子1女。6個兒子分別為彭措、車噶、羅松、鄧加、歐吉和紫登，年齡依次為40歲、30歲、23歲、20歲、19歲和16歲；女兒紫西擁措現年13歲。日多希望6個兒子合娶一妻，2004 年從臨近的交擁村為兒子們娶來30歲的加擁伯姆。最小的兒子紫登剛剛成年，也加入了丈夫的行列，最終形成一妻六夫的事實。現在加擁伯姆生有1子1女，分別為2歲和1歲。這樣，日多家庭組成一個典型的主幹家庭。孩子們在這樣的家庭中不區分自己的生父是誰，一般喊第一個丈夫（一般為長兄）為阿爸，其餘的丈夫則稱呼為阿喝（叔叔）。

　　需要指出的是：雖然藏族聚居區崇尚大家庭與兄弟不分家的原則，兄弟眾多的家庭並非意味著他們必須實行共妻制，其實出家或另外成家（即另外組建一個一夫一妻家庭）也是一個男性成員可能面臨的選擇。

　　所日村有 1 寺 1 庵，均屬薩加派：寺為旺公，庵為日出。村中多數人選擇在這裏出家；也有少數人去其它的地方出家。男性出家一般需要居住在寺廟內修行，戶口依然保留在家裏。女性出家既可選擇在庵內修行，也可選擇留在家裏幫忙操持家務和農活。現以 14 號家庭來說明兄弟中有人出家的情況。

個案十六：

訪談對象：曲登；地點：所日村嘎宗庫。

> 曲登一家都是虔誠的藏傳佛教信徒，家族中有多人出家的記錄。曲登原有三兄弟，現哥哥已經去世，弟弟次稱現在旺公寺出家，剩下曲登與妻子嘎拉組成一夫一妻家庭。他們共同養育了 4 個兒子和 2 個女兒。4 個兒子，大兒子跟隨叔叔在旺公寺出家，其它三兄弟共娶一妻。妻子成林為本村人，現已生育 1 子（2 歲）。2 個女兒，大女兒當覺嫫，在家中幫忙幹活，二女兒阿依瑪 2006 年嫁給本村 66 號阿擁家的 2 個兒子，另外組成一個一妻二夫的家庭。

　　除了出家以外，兄弟中有人去別家上門也能避免與兄弟共用一妻的情況。入贅婚在當地一般為一夫一妻制。入贅的人被稱為「瑪

巴」，該詞並無貶義，[50]成為瑪巴不是一件讓人難為情的事。如果家中成員眾多，父母往往樂意讓兒子上門，特別是兒子與對方屬於自由戀愛、感情發展得頗為深厚的情況之下。現以 26 號和 41 號家庭來說明兄弟中有人入贅並另外成家的情況。

個案十七：
訪談對象：車拉等人；地點：所日村恰貝通。

> 26 號家庭原有五兄弟，分別為車拉、旁鄧、安就、紫次和土鄧，年齡依次為 65 歲、63 歲、58 歲、55 歲和 48 歲。老大車拉 30 多年前與本村姑娘車旺自由戀愛，選擇上門當瑪巴，組建了一個核心家庭並生育了 2 子 4 女。老四紫次在拉薩礦務局當工人，也單獨成家。其餘三兄弟組建共妻制家庭，但老三在拉薩做生意，甚少回家，家裏只剩兩兄弟，老二、老五和妻子總共生育了 4 子 1 女，二代男性成員中除了幼子去旺公寺出家以外，剩餘三兄弟遵循父輩的做法行兄弟共妻制婚姻，現已生育 1 女。

兄弟分家，若事先經過家人同意，兄弟可均分家財。現以 15 號和 47 號家庭來說明兄弟分家的情形。

個案十八：
訪談對象：阿紮；地點：所日村恰貝通。

---

50 P. K. 本迪尼克曾猜測「瑪巴」的詞源來自「立下誓言的人」。參見Benedict, P. K. Tibetan and Chinese Kinship Terms. *Harvard Journal of Asiatic Studies*, 1942 (6):322.

阿絮一直未婚，30 年前因未婚生子，被家裏人趕出家門，她帶著大兒子車拉左輪另立門戶，家裏只分給她一些生活必需品和一些牲畜。隨後她又生育了 1 子 1 女，即二兒子車仁那加和群松，幾經艱苦才把 3 個子女拉扯成人。在 2 個兒子中，車拉左輪平日遊手好閒，經常外出打工和遊玩，在昌都地區認識了昌都縣的央宗。央宗後來懷上了車左輪的孩子，兩人決定結婚，於 2006 年回到所日村，在曲尼多鄉政府旁邊開了一家藏式茶館，組建起一夫一妻制的家庭。

兄弟姊妹在家中承擔的角色和成婚的可能性上，兄弟優於姊妹，姊妹大多是作為家庭的附屬或衛星成員出現的。隨著父母去世或者逐漸淡出家政，長兄開始成為家長；姊妹更加面臨被邊緣化的處境。兄長成家以後，無論行的是一夫一妻婚還是一妻多夫婚，姊妹伴隨著兄長的子女逐漸成長，她們在家中的位置反而尷尬了。如果她們願意留在家中，幫忙操持家務和放牧等，在缺乏勞力的牧區是很受歡迎的事情。

另有一個原因：當地廣泛流行的嫁妝制，使婦女面臨婚配市場的激烈競爭，直接或間接導致了大多數婦女無法成功嫁出，因此只能留守閨房。這些婦女如果錯過最佳的婚配年齡，往往就對外宣佈自己成為覺嫫，今後終身不嫁。現以 18 號家庭說明同胞姊妹成為家庭附屬或衛星成員的情形。

個案十九：

訪談對象：車加；地點：所日村恰貝通。

車加今年 38 歲，弟弟 28 歲，兩兄弟合娶了來自覺擁村的索朗

卓瑪，已生育 3 子 1 女。車加還有一個妹妹阿吉，今年 32 歲。阿吉一直未嫁，很早就宣佈當覺嫫，留在家中幫助索朗卓瑪操持家務、照看小孩，孩子們都親切地稱其為「阿涅」（姑媽）。

兄弟共妻制的代價之一就是要求作出犧牲，而首當其衝的就是這些兄弟們的姊妹。同胞姊妹成為家庭附屬或衛星成員的情形，不僅可在一代中出現，甚至可以延伸到兩代甚至三代。例如，20 號家庭就出現了兩代均有同胞姊妹居家當覺嫫的情況。

個案二十：
訪談對象：斯朗旺修等；地點：所日村恰貝通。

斯朗旺修今年 58 歲，妻子阿宗 60 歲，兩人行一夫一妻制婚。斯朗旺修有一個 50 歲的妹妹次極，當住家覺嫫。斯朗旺修夫婦生育了 1 子 6 女。兒子次稱已成家，妻子索南群措來自臨近的巴納村。斯朗旺修的 6 個女兒中，大女、四女和五女與「阿涅」次極一樣選擇當住家覺嫫，二女和三女出嫁到本村，目前 18 歲的六女覺美的歸屬尚未明朗。

俗語「過了這個村就沒有那個店」，姊妹如果在芳齡時有人提親就要抓住機會，如果左顧右盼，即使仍在韶華階段，也不容易連續碰到有人上門提親之事，因此居家當覺嫫似乎是情理中的事，兄弟大多尊重姊妹的選擇，要是她們能幹，還奉其為戶主，即使條件一般，也都視為家庭成員，終其一生。

如果這些家庭衛星未婚先孕，情形就有些不同。通常，家人會要

求她（們）離開，另立新居並分給她（們）一些家產，她（們）不再承擔任何義務。據悉，當這些家庭衛星有了骨肉，就會形成利益中心，如果繼續呆在家中，會與兄長的子女爭奪有限的家庭資源。因此，戶主希望她們離開，自食其力。39 號和 40 號家庭是例。

個案二十一：
訪談對象：普巴等人；地點：所日村上擦隆組。

> 普巴（50 歲）和布瓊（45 歲）兩兄弟在 20 多年前合娶一妻，組成一個核心家庭（39 號），現生育 4 子 3 女。普巴兄弟原來還有一個 42 歲的妹妹阿吉。阿吉年輕時候未婚生育了一個兒子。父母均去世以後，家人要求阿吉另立新居，在原來的房子附近搭建了一個小房子，同時分給她一些生活必需品和一些牲畜。後來阿吉又生育了兩個兒子（均為私生子），三兄弟年齡分別為 25 歲、20 歲和 10 歲。最近三兄弟剛剛迎娶了來自覺擁村的 20 歲的年輕媳婦卓瑪，組建成一個主幹家庭（40 號）。

（三）家庭成員的關係

前面說過，默多克提到核心家庭中存在 8 種人際關係（見本章第二部分第一自然段）。結合所日村的實際，突出一妻多夫家庭中成員在性關係上的組織原則，這 8 種人際關係只有 3 種值得討論，分別是：①性生活的實施——夫妻關係；②性生活的結果——父母和子女關係；③性關係之外的家庭成員的合作與衝突——兄弟姊妹之間的關係。

1 夫妻關係

　　主要包括以下內容：同居與性生活，夫妻之間的經濟合作與分工，共同撫養子女，關於財產、離婚和家庭地位等方面雙方各自明確的權利與義務，等等。其中的一些關係（如經濟合作與分工，財產、離婚和家庭地位等），另有專門介紹，此處不論，只是探討一妻多夫婚制對夫妻同居和性生活可能造成的影響。

　　說到一妻多夫家庭的性生活，誠如舒勒所指出的：「（一妻多夫的）同房安排，如誰同誰睡、在何地點睡、在何時間睡等，都將引發人們的一些好奇之心。」[51]因此，有的人覺得這是個頗為有趣的話題。

　　就夫妻關係而言，一妻多夫制與一夫一妻制有很大的不同。一夫一妻家庭中丈夫與妻子是一對一的關係，多偶制則是關係的複合體。依法國人格拉丘納斯構建的模型，任何單位，當人員按算術級數增加時，關係數量依幾何級數增加[52]。格氏的經典理論不僅對管理學有效，對家庭同樣有效。假設一個家庭，A，B，C，……，n 分別代表夫妻，當其有一夫一妻時，只有兩種平行關係（A→B、B→A）；當其有一夫二妻（或一妻二夫）時，則產生 12 種平行關係，其中 6 種為交叉關係（A→B、A→C、B→A、B→C、C→A、C→B），6 種為直接的組合關係（A→BC、A→CB、B→AC、B→CA、C→AB、C→BA）。隨著家中每增加一個配偶，夫妻的關係數就會像滾雪球似地增長一圈，夫妻的關係愈加複雜，相互之間的應對也就愈加謹慎，要求妻子顧及的問題愈多。

---

51 Schuler, S. R. *The Other Side of Polyandry: Property, Stratification and Nonmarriage in the Nepal Himalaya*. Westview Press, 1987:3.

52 Graicunas, V. A. Relationship in Organization. *Bulletin of the International Management Institute*, 1933 (3):39-42.

　　韶明搜集了 25 起兄弟共妻婚例，每例的丈夫數目不等，平均每位元妻子擁有 3.04 個丈夫。這一比例相對於其它行共妻婚的地區的比值而言略為偏高[53]。通常每個婚例中丈夫的人數為 2 至 3 人，表明丈夫的數目越少，家庭結構愈加穩定。

　　在兄弟共妻婚中，夫妻的實際年齡如何？也是一個很有意義的問題。據 25 起婚例做成表格（見表 6-5），妻子的平均年齡為 31.63 歲，丈夫的平均年齡為 31.70 歲，兩者數字基本接近。由於共妻的丈夫數目偏多，為了照顧到兄弟們的共同需要，同時也為了女方利用她的優勢在諸夫中間維護其核心作用，一般會注意尋找年齡合適的婦女做「納瑪」（妻子）。

表6-5　所日村兄弟共妻婚姻形態中夫妻年齡平均值

（2007 年單位：歲）

婚姻形態	例數	妻子	夫I	夫II	夫III	夫IV	夫V	夫VI	諸夫平均年齡
一妻二夫	13	36.30	39.61	34.46					37.04
一妻三夫	3	33.50	41.50	37.50	32.00				37.00
一妻四夫	7	29.71	39.14	34.29	26.71	19.14			29.82
一妻五夫	0	—	—	—	—	—			—
一妻六夫	2	27.00	33.00	27.50	23.00	20.00	18.50	15.50	22.92
平均值	5	31.63	38.31	33.44	27.24	19.57	18.50	15.50	31.70

　　至於兩性問題，普遍認為無論丈夫有多少個，妻子對諸夫均應一視同仁。能把諸夫團結在一起的妻子，往往受到輿論的稱讚。相反，妻子對某位丈夫橫加挑剔，或者偏愛某位丈夫，就將滋生家庭矛盾，

---

53 Smith E. A. Is Tibetan Polyandry Adaptive? Methodology and Metatheoretical Analyses. *Human Nature*, 1998 (3):229..

最終導致家庭分裂，這位妻子也將受到輿論的譴責。在這種文化氛圍下，多夫的妻子往往力圖使自己成為社會稱道的賢妻，盡力避免丈夫們因自己的緣故發生內訌。

妻子做到「一碗水端平」，兄弟之間也要發揚謙愛、忍讓的精神。

以往某些文獻講到兄弟同房時有以訛傳訛之嫌，如說到信物的重要性。假如說這是托達人的風俗，可能如此，與妻子相會的丈夫會把自己的棍子和外套放在房子外面，告誡其它兄弟「非請勿擾」[54]；納爾亞民兵的做法大體相同，不過他們擱置在門口的卻是自己隨身攜帶的武器。[55]

所日村的兄弟共妻者不需要什麼「信物」。這是否證明以上的說法都是虛構的呢？當然也不一定。很有可能的是事情起於一點，消息在傳播中離開了時間、地點和條件，像肥皂泡般地被吹大了。如果說這種虛構確實存在著什麼樣的功能，也許它反映了共妻的兄弟要求尊重隱私的心理。

就同房的空間佈局而言，正如前文敘述的，村民無論是住在帳篷中（放牧時）還是房子裏（一般為平房），都只有一個寬敞的廳房，裏面沒有隔間。這種房間佈局和以上的說法（如妻子都有獨立的房間）又有很大的不同。所日村中男人和女人是分開就寢的，男女都有專門的「鋪位」。就寢時，老人和孩子睡在火塘的旁邊，妻子睡在最裏面，丈夫並排睡在一起，一般位於妻子與老人、孩子的中間。

每個共妻戶都會採取迴避原則來解決房事問題，因放牧需要較多幫手，故一定時節家裏有人需要遷徙到某個草場從事放牧，這項活計

---

54 Queen, S. A, Habenstein, R. W, Quadagno, J. S. *The Family in Various Cultures.* New York: Harper & Row, 1985:19.

55 Gough, E. K.The Nayars and the Definition of Marriage. *Journal of the Royal Anthropological Institute of Great Britain and Ireland*, 1952 (1):27.

便由兄弟承擔（當地鮮有外出做生意的習慣），家長和妻子除外，於
是長兄就和妻子留在家中，無形中減少了丈夫的數目。另據報導人陳
述，家中的兄弟如果想去與妻子同房，通常是在深夜造訪，避免驚擾
老人和孩子。據悉，既是為了照顧妻子，也是丈夫間彼此錯開，通常
每晚只能有一位丈夫前去造訪妻子。這就意味著丈夫之間存在著默
契。如果留在家中的丈夫深夜時分發現身旁少了某位仁兄弟，則代表
他可能去了妻子那裏同房，自己就不能再去了。如果外出放牧一個月
之久的某位仁兄回到家中，家裏的兄弟就要自覺，把與妻子同房的機
會讓給他。

2 父母與子女關係

　　主要包括以下內容：父母撫養年幼子女的義務，父母對孩子的關
愛和言傳身教，年幼子女對父母的經濟依賴，成年子女贍養年邁父母
的義務，家庭經濟合作，等等。

　　若把父母放置在一方，子女放置在另一方，實際可產生 9 種關
係：①父親與子女；②母親與子女；③父親與兒子；④母親與兒子；
⑤父親與女兒；⑥母親與女兒；⑦父母與子女；⑧父母與兒子；⑨父
母與女兒。[56]如果說「一妻多夫制中，男人所面臨的問題不是享有妻
子的性生活問題，而是共同享有子女」[57]種關係中，父親與子女（特
別是兒子）的關係無疑將是本文的核心，因為它是一妻多夫家庭得以
持續存在的基石。

　　「羊有跪乳之思，鴉有反哺之義。」父母承擔起撫養年幼子女的

---

56 Fox, R. *Kinship and Marriage: An Anthropological Perspective*. Cambridge: Cambridge University Press, 1983:p. 141.

57 Levine, N. E. Fathers and Sons: Kinship Value and Validation in Tibetan Polyandry. *Man*, 1987, 22(2):268, 9.

義務，子女長大成人後，應承擔起贍養年邁父母的義務。當地有一句諺語：「尊敬你的父母，因為你也是要老的……」，可見這是一件再自然不過的事情。在所日村調查期間，詔明從未聽說過有父母虐待或遺棄子女（私生子除外）的事情發生，也從未發生子女遺棄老人的現象。

回顧表 6-3 和圖 6-7，可以瞭解到所日村 60 歲以上的老人計 45 人，約占村總人口數的 9.1%，男 23 人，女 22 人。45 人當中除了 4 人屬孤寡老人（1 男 3 女，均為五保戶）以外，其餘 41 人均與子女住在一起。雖然他們中間依然有部分人參加一般性的生產勞動，但已經逐步退出家庭的經濟和管理事務，並隨著年齡的增長逐漸依賴於子女（主要是兒子）的贍養。這 41 人中間屬於喪偶的有 16 人，其中 7 男 8 女，分別來自 15 個家庭，占村家庭總數的 22.39%。多數的鰥夫寡婦不能依靠自己的經濟維生，但沒有成為嚴重的社會問題，因為他們都有子女贍養。從這個意義上講，孩子（特別是男孩）成為老年人生活的保障。

養育子女為的是老有所終，所日村的情形並非像伊娃・穆勒所說，回報率低得簡直讓人無法接受[58]。兄弟共妻家庭的所有子女出自同母，她對子女自然一視同仁；然而，異父親對待同一個家庭中的子女，其態度是否也會相同呢？這是一個很大的疑問。

在夫妻的性關係上，當男人不能平等地分享妻子的性愛時，會導致他們的關係趨於緊張；由於男人可從子女那裏獲得回報，因而更嚴重的問題是如何在丈夫間分配妻子生育的能力與權利。在此問題上，不同的社會有不同的解決方式，相應地產生一種特殊的家庭秩序：在第一種社會中，生父對親生子女負有特殊的義務；在第二種社會中，

---

58 Mueller, E. The Economic Value of Children in Peasant Agriculture, in Ronald G. Ridker (ed.) *Population and Development*. Baltimore: John Hopkins University Press, 1976:98-153.

家族強調男人應關心所有子女的共同利益；在第三種社會中，長兄對子女負有主要責任，婚姻實體所產生的子女都歸他所有，他被假想為所有子女的「生父」。[59]

所日村基本屬於第三種社會。全村兄弟共妻家庭中，家長均為呆在家裏的長兄（長兄出家除外），他理所當然地成為家庭中所有子女的「阿爸」，他的兄弟則被子女稱為「阿喝」（叔叔），最小的兄弟若年紀與下一代子女相差無幾，甚至有被他們稱呼為「門波」（哥哥）的情況。這些在親屬稱謂表和家譜術語中均有反映。換言之，婚姻中所有的子女都歸到長兄的名下，長兄對子女的一切事情負有主要責任，成為實際上的父親；相反，年輕的兄弟們不是第一父親，也就是說，在父權這塊「蛋糕」的分配中，兄長切去了一大塊，剩下的一小塊才歸年輕的兄弟們分配，說得嚴重一點，他們從不被正式承認為子女的父親。

長兄扮演「社會父親」的角色，在當地社會是十分確定、不容置疑的。儘管如此，這不必然意味著由此剝奪了其它兄弟的生育權利，也並不意味家庭乃至社會中不會區分孩子的「生父」是誰。

南茜・萊文曾對尼泊爾北部的藏族移民地做過多年的田野調查，發現當地不僅存在區分孩子「生父」的情況，而且父親身份的分配遵循一套固定的模式。[60]由於家庭規模所限，兄弟共妻家庭有許多是二兄共一妻的，而且這兩位丈夫不會經常呆在家裏，於是妻子只須記住與丈夫同房的次數和可能受孕的時間，誰是孩子的生父便能夠說得八九不離十。此外，婦女們在一起時會談天說地，這就不可避免地把某

59 Levine, N. E. Fathers and Sons: Kinship Value and Validation in Tibetan Polyandry. *Man*, 1987 (2):268.

60 Levine, N. E. Nyinba Polyandry and the Allocation of Paternity. *Journal of Comparative Family Studies*, 1980: 283-298.

些特定的知識傳播開來，她們普遍認為從「行經」的第 5 至 15 天是
受孕期，如果這時候同房懷孕的可能性較大。[61]

　　當然，實際生活中也存在父母不能有把握地區分出孩子生父的情
況，這時就需要根據孩子的長相、身高或性格等大致地判斷。參見堅
贊才旦《西藏真曲河谷一妻多夫家庭組織探微》，載《西藏研究》200
年第 3 期，第 32 頁。即使家裏人不想這麼判斷，村裏的其它人也會
根據這些特徵，在私底下討論並猜測孩子的生父是誰，並以此為樂。

　　南茜・萊文的田野個案證明了這一現象的存在。曾在江雄河谷做
過田野工作的堅贊認為「輪流同房與平均得子」有密切的聯繫，他的
研究個案同樣指出一妻多夫家庭中會區分出生父的現象，因為輪流同
房不僅使丈夫獲得均等的接觸妻子的機會，從而獲得生理與心理的滿
足，還在於儘量使得每位丈夫都能獲得自己的親生子女，從而使得家
庭的穩定性變得更為牢固。堅贊對自己調查的 38 個共妻家庭做出統
計：妻子們一共養育了 173 個孩子，只有 9 個孩子的生父不能確定，
有 4 個孩子的生父妻子不願說。[62]

　　雖然在對待孩子的問題上某些家庭願意弄清親子關係，某些家庭
則不願意這麼做，但是在兩種情形下，結果都是父親一視同仁對待孩
子，沒有導致偏私，心理上肯定是有微妙差異的。根據遺傳學定律，
基因是「自私」的[63]，第一種情形下，人們既然敢去捅破那層薄紙，
也就做好了思想準備去迎接可能出現的問題，說到底不外乎：父親要
以社會責任去克服自私的基因。在第二種情形下，人們不敢想像從生

---

61 Levine, N. E. Fathers and Sons: Kinship Value and Validation in Tibetan Polyandry. *Man*,
　 1987 (2):274.

62 參見堅贊才旦：〈西藏真曲河谷一妻多夫家庭組織探微〉，載《西藏研究》2001年第
　 3期，頁3132。

63 參見〔美〕R. 道金斯著，盧允中、張岱雲譯：《自私的基因》（北京：科學出版社，
　 1981年），頁90-120。

物學意義上把孩子跟某個兄弟聯繫起來的後果，說穿了是擔心這樣做可能會影響父愛的公平性。

有時家庭內部也會分成兩派，有的傾向於弄清親子關係，有的則不想那麼多。婦女可以根據生理反應，以及孩子的長相、性格與某位丈夫作比較，不過所有一切究竟有多大的準確性呢？換言之，科學在多大程度上支持人們日常生活中的判斷？幸運的是，醫學技術早已提供了驗證的條件。排除隱私與倫理方面的考慮，所涉及的不過是一個技術問題而已。下面談到的檢測對象不是所日村的，而是三岩的，但對所日村以及其它地方具有同樣的意義。

在中山大學生命科學院水生經濟動物研究所楊廷寶教授、中山大學醫學院法醫學系法醫物證學教研室陸惠玲教授的支持下，堅贊和韶明有幸做了一次親子鑒定的醫學實驗（見圖 6-7）。兩人於 2006 年 4 月前往三岩採樣。他們的背包裏裝著棉花簽、鑷子、紗布和塑膠離心管，還有一本醫書，介紹了用酒精保存樣品和陰乾保存等方法。他們在徵得同意後，用棉花簽伸入取樣人嘴巴，摩擦口腔兩壁，汲取脫落細胞，也採用了鑷子夾紗布刮左右口腔內壁的辦法。據醫書講，做 DNA 鑒定，血液分析最為可靠，但調查員唯恐引起村民和政府的不安情緒，沒有採集血液，只採集唾液。

首次採集在雄松鄉察拉寺後山的崗托村，鄉黨委書記周後貴等人隨行，採集到 4 戶家庭的父母和子女樣本。從崗托村返回雄松鄉政府，兩位調查員把採來的樣品攤開在房間窗臺上，利用走廊流動的空氣陰乾。一位前來三岩收購土雞的縣政府官員多喝了幾杯，來房間聊天，夜晚堅贊和韶明睡下了，醉鬼又來找人（那是個套房，他要找的人住在內間），醉鬼不敲門，從窗戶伸手進來扭門鎖，無意中把墊樣品的紙掀翻，樣品散落一地，標籤全混淆了，只有 1 戶人家的樣品可以辨認。勞動幾乎白費，調查員心裏很惱火，卻不能表露出來，那是

民族地區啊，應注意態度！除了寄希望於能夠重新採到樣品，又能說些什麼呢！

兩天後第二次採集，地點在敏都鄉的拉多村，晚上在星光的照耀下，喜繞尼瑪鄉長帶著調查員來到一戶兄弟共妻家庭。採樣進行得順利。這次吸取教訓，把濕漉漉的棉花團放在臥室裏面的窗臺上陰乾，因為如不徹底陰乾，再放入塑膠採樣瓶，棉花團就會生黴，到時鑒別的有可能是細菌的基因，不是人的基因。翌日上午調查員鎖上門，到金沙江邊測量阿尼弔橋。禍不單行，屋頂一扇玻璃碎了，風很大，待下午歸來，調查員發現半數樣品吹散了。兩人對視，默默無言，當晚又去補採。田野實證來之不易，這些樣品像糖塊，含在口裏怕融化，放開手去怕丟失。最後調查員找到房間管理人，請她打開庫房，把DNA 樣品攤在桌面上陰乾，總算無虞。

兩戶兄弟共妻制家庭（個案二十一、二十二）的唾液樣本交由陸惠玲教授安排檢驗，檢驗員為陳勇。由於難以完整地採到父母和子女的樣本（採集時總會有一兩人不在家），也因鑒定所需費用超出本項研究的承受能力，故沒有擴展樣本。考慮到保護隱私的必要，與樣本有關的人名、村名均為虛擬。圖 6-8 和圖 6-9 中的羅馬數字「I」指原來家中區分親子的結果（此由報導人提供），「II」指法醫檢驗的結果，孩子與父親生物學上的親子關係就以科學的鑒定為準，至於原來的家人陳述和親子鑒定結果之間的差異，應加上一些文化因素去理解：調查員突然造訪（若無鄉政府官員帶領，肯定不會被接納）未免使報導人有點手足無措，加之人家有事情要做，調查員不想佔用人家過多時間，詢問簡短倉促，這樣就會讓報導人有意無意地隱瞞一些情節。三岩是貢覺縣的一個區域，而貢覺又是江達的鄰縣，有公路通青泥洞，距離所日村較近。因此，可用這兩個樣本的檢驗結果來說明醫學技術對文化判定親子關係的支持度（見圖 6-9），或者說，檢驗民間

區別親子在多大程度上是正確的。下面是兩個樣本的敘述（見圖 6-8
和圖 6-9）。

個案二十二：

訪談對象：邊巴等人；地點：三岩敏都鄉拉多村；時間：2006
年 4 月下旬。

> 此乃一戶三兄共妻的家庭。全家共 12 口人，除了三兄弟的姊
> 妹阿擁（32 歲）之外，兄弟仨和妻子共育了 7 個孩子，組成
> 核心家庭。兄邊巴（1）為戶主，43 歲；二弟阿噶（2），33
> 歲；三弟拉瑪紮西（3），24 歲；妻子紮西措，37 歲。孩子為
> 三子四女，分別為：長子阿貢，9 歲；次子貢珠，8 歲；三子
> 白瑪次仁，7 歲；長女桑珠拉姆，17 歲；次女阿嘎，15 歲；
> 三女阿吉，11 歲；四女白瑪曲珍，3 歲。家庭訪談得知，7 個
> 子女中，阿貢、貢珠、桑珠拉姆和阿嘎的生父是邊巴，阿吉和
> 白瑪次仁的生父是阿噶，白瑪曲珍的生父是拉瑪紮西。

個案二十二的陳述原來不是這樣，報導人隱瞞了一個丈夫，2007
年夏天，堅贊又去了敏都鄉，專程拜訪了去年（2006）他和韶明採樣
的那家人。當堅贊告訴主人，除了一個孩子（桑珠拉姆）沒有取到樣
本，父母仨人和 6 個孩子都有樣本，根據醫學檢驗的結果，有個孩子
的基因可能出現突變（見圖 6-7 中「備註」一欄），不可能是這個家
庭的孩子。主人慚愧地笑了，這才告之實情：「我們原是三兄弟共一
妻的，二弟與妻子同房不久就離家另行組合，三弟年幼，我和妻子苦
苦支持這個家，待三弟成人後參加進來，大家一起過日子。」現在看
來當時採樣太倉促，他故意編了一段故事哄人。

個案二十三：

訪談對象：阿仁、阿加等人；地點：三岩敏都鄉阿壩村；時間：
2006 年 4 月。

> 這是一戶典型的兩兄共妻的核心家庭，全家有 9 口人。兄阿仁
> （1），51 歲；弟阿加（2）為戶主，40 歲；妻布魯，40 歲。
> 阿加年輕時追求進步，被選到今雄松鄉的七所村當幹部，遂認
> 識了該村姑娘布魯，兩人私訂終身，阿加的父母聞之，希望他
> 倆吸收老實憨厚的阿仁進來，阿加和布魯同意了。夫婦仁人生
> 育了 4 子 1 女，分別為：長子斯多，11 歲；次子松吉，8 歲；
> 三子貢措，3 歲；四子白瑪才旺，1 歲；女兒卓瑪群措，5
> 歲。家庭訪問獲知，5 個子女中，長子、次子的生父是阿加，
> 三子、四子和長女的生父是阿仁。

上述兩例表明人們對親子關係的臆測只能大體與實際相符，指驢
為馬的事例經常發生，有些緣於生活常識的局限，有些是刻意向外人
隱瞞，有些則是無意識的錯誤。

不管怎麼說，家庭成員的團結高於一切，任何不利的言行都會受
到抑制，公開討論孩子的生父自然屬於此類，敢於這麼做的家庭屈指
可數，絕大多數的情況下家裏人如果被問及該問題，不是含糊其詞、
沉默不語，就是統一口徑認為「子女是大家的，父母對待子女的態度
都是一樣的」。當地的價值觀不允許父親對待子女有不同的態度，事
實上無論是傳授生存技術，還是給他們買衣服、禮物，父親們也都能
做到真心實意，像照顧自己親生子女那樣來照顧好自己兄弟的子女。
如果想更加寵愛自己的親生子女，那也只能在私底下表示。

由此看來，在父親與子女的微妙關係中，父親並不強調子女與己

身的血緣親近度，他們注重的是擁有某位子女，以此獲得自己在家中的「合法」地位與身份。為此，韶明同意南茜在討論藏族一妻多夫制的父子親屬關係的價值及其確認等問題時所提出的觀點：「男人不急於從他們親生子女身上尋求好處；確切地說，他們最為關心的是社會承認的父親地位，尤其看重『某個子女屬於某人名下』的權利和子女對他們的社會價值。」[64]

還有一個問題：父母對待兒女的態度是否有所不同呢？南茜根據自己的調查資料總結出「所有社會中父親與女兒的關係都處於次要的關係，父親的利益是以兒子為中心的。」[65]如果說父親的義務主要是關心親屬關係的永恆，那麼子女的存在就擴大了父母雙方親屬關係的範圍，並使其永存，具體表現在子女可使家名持續下去。對於男人而言，兒子可使父系繼續存在，這正是人們更寵愛兒子的原因之一，並且子女給其父母帶來了政治、經濟方面的利益，但兒子帶來的利益比女兒更大。[66]

這種心理必將給父母撫養子女帶來深刻的影響。田野調查員經常聽到父母的坦誠相告，說女兒沒有兒子重要，因而他們給予女兒的關愛比兒子少些。因此，南茜在同一頁繼續寫道，從子女一出世就有這種差別，當母親發現她的產期被縮短了，而且不給她提供可口而有營養的食物，她不會感到奇怪，因為誰叫她生下的是女嬰呢。反之，如果她生了男嬰，她就會得到這些食物。女嬰的母親不能像男嬰的母親那樣頻繁地餵奶；當孩子生病時，家人也不鼓勵她停止勞動去照顧孩

64 Levine, N. E. Fathers and Sons: Kinship Value and Validation in Tibetan Polyandry. *Man*, 1987 (2):267-286.

65 Levine, N .E. Fathers and Sons: Kinship Value and Validation in Tibetan Polyandry. *Man*, 1987, 22(2):286.

66 Levine, N. E. Fathers and Sons: Kinship Value and Validation in Tibetan Polyandry. *Man*, 1987, 22(2):282.

子。相對於男孩而言，給女兒喂的是低質的穀類食物、極少有肉食和牛奶。孩子生病時，如果家人認為她的生存價值不高，就會讓她獨自呆在家中，因為母親為了她而耽誤一天的工作是不值得的；相反，若是一個非常渴望擁有男孩的家庭，則母親隨時隨地都要把他帶在身邊小心呵護。一個家庭如果誕生男孩，鄰居往往會帶來禮物祝賀；若生下的是女孩，則什麼禮物也沒有。如果要為家裏的孩子舉行宗教儀式，無一例外都是給男孩子準備的，女孩子一般不在考慮之內。[67]

必須承認，南茜所觀察到的這種「重男輕女」現象，在所日村同樣存在，只是程度沒有那麼嚴重而已，儘管一些報導人曾信誓旦旦地表示「生男與生女一個樣」，甚至還有人認為「生女更好，因為女孩比男孩聽話」。父母（特別是父親）在撫育子女方面存在性別差異。例如，較之於女嬰，男嬰的哺乳期更長，韶明不只一次地看見男孩到了三四歲時候仍未斷奶的現象，而女孩則甚少享受這種待遇。另外，父親在送給子女禮物的態度上也存在著差別。例如，一位經濟拮据的父親來鄉政府辦事，順便看望在學校就讀的子女，當他發現兒子的鞋子穿了一個孔，猶豫再三終於下決心給兒子買了一雙新球鞋；可是他的女兒同樣在小學就讀，鞋子也是破舊不堪的，卻沒有得到父親應有的關心。有些家庭由於頭幾胎生下的都是女嬰，還會繼續生孩子，直到生出男嬰；如若接連生下的都是男嬰，更是錦上添花。持續生育的行為將極大地增加家庭的人口，甚至超出了原有的生育預期。

為何人們會以不平等的態度對待男孩和女孩？有位報導人道出了實情：「當地只有嫁妝而無聘禮之說，生女兒最終是件賠本的買賣。給一位女兒添置嫁妝，至少要 20 頭犛牛、幾套新衣服，外加一些首飾等，這對任何一個家庭都是沉重的負擔。為了讓女兒順利出嫁，人

---

67 Levine, N. E. Differential Child Care in Three Tibetan Communities: Beyond Son Preference. *Population and Development Review*, 1987 (2):292-293.

們不得不提前準備。如果女兒多，只能顧此失彼。然而，如果生下的是男孩，情況就大不相同了。這可是對方給你帶來嫁妝啊！如果兄弟眾多，家庭勢力大，不怕外人欺侮，還能受到別人的稱讚，獲得較高的社會聲譽。」

考察所日村的年齡表，還可發現，在 16-40 歲的年齡組中，男女分別為 122 人和 112 人；處於 115 歲年齡組的孩子中，男 58 人和女 74 人。兩組數字是矛盾的，在 115 歲的年齡組中，女孩人數要比男孩多 16 人，暗示出與愛斯基摩人和托達人的做法不同，當地並不存在弒嬰的習俗，女孩多而男孩少，襯托出男孩的珍貴，在一定程度上也助長了當地重男輕女的現象。但在 1640 歲的年齡組中，男性比女性多 11 人，與原來相比，差額為 27 人（16+11），那些婦女去哪裏了？只有一種可能，即外嫁了。

3 兄弟姊妹之間的關係

兄弟姊妹關係主要包括自幼在一起玩耍，同享悲歡；兄（姊）對弟（妹）的關照、榜樣的作用；家庭經濟合作，等等。

一如本章第三部分「手足情深」的陳述。這種兄弟之情建立在三種核心關係的基礎之上：

①血緣系統；②居住形態；③婚姻與家庭形式。三種關係可以簡單地概括為：以父系（骨係）概念強化了兄弟之間的血脈關係，以從父居的居住方式維繫著兄弟不分家的文化傳統，以兄弟共妻制為原則組建家庭鞏固了兄弟間團結合作的價值觀念。

兄弟間的深厚感情，還與家庭的撫養和教育方式有著莫大的關聯。所日村的家庭，雖然或多或少表現出重男輕女或重長子輕其它兒子的現象，但孩提時代往往不分男女，且彼此都是很好的玩伴。如果弟妹年齡尚幼，哥姐會自願承擔起照看他們的任務。父母也願意讓大

孩子部分地承擔起「父母」的職責，以便騰出手來從事其它工作。由照看和被照看、一起遊玩、娛樂到相互學習、幫助，兄弟姊妹的感情自然淳厚無比。

每個家庭都要有個主心骨，通常長兄被寄予厚望，他所獲得的家庭資源比其它兄弟姊妹要多。多數場合下，父母都會注重培養長子的能力，如很早就要求他在家裏幫忙，平時除了承擔起照看弟妹的任務以外，還從事放牧、撿牛糞、割草和採集（挖蟲草）等工作，以培養其刻苦耐勞和獨立自主的能力，同時也為弟妹樹立榜樣；在條件成熟的情況下，父母盡早讓長子加入到家庭的主要經濟決策當中，以逐步培養家庭權威；等父母告老時，就會把家庭的重任移交給長子，順利地實現家長角色的交替。

弟妹很早就意識到父母對長兄的期望以及自己所處的地位。父母要求他們學會如何與長兄和睦相處，共同生活。之所以如此，大概有兩個原因：首先，兄弟既要在性生活中共用一妻，又要共同撫育家庭子女，還需從事各種經濟生產勞動等，這些不僅要求兄弟間學會團結合作，而且需要有人做出忍讓和犧牲。有時候弟弟必須屈服兄長（長兄）的權威，哥哥也要照顧到弟弟的情感。部分兄弟甚至可能要犧牲自己的「授精權」，即無法擁有屬於自己的親生子女。即使在這樣的情況下，這些兄弟也必須做到：將其它兄弟的子女當作自己的子女來看待。其次，關於兄弟與姊妹之間的感情，許多姊妹寧願放棄自己出嫁的權利，作為家庭的附屬成員留在家中，不僅積極參與家庭的生產勞動，而且有義務照顧並撫育自己的侄子侄女；許多人甚至放棄生育的權利，終身到老沒有生育養育。

必須承認，無論在文化觀念、血緣、居住方式上，還是在婚姻和家庭的組織原則、家庭撫養方式上，兄弟姊妹（特別是兄弟）之間的情感不僅真實，而且有著共同經歷和家庭利益的保證。事實上，他們能夠做到相互幫助、共同進退，為了家庭的發展暫時犧牲個人的利益。

（四）性別分工與家庭經濟

　　曲尼多設有鄉政府辦公室、招待所、鄉小學、衛生院、派出所、小賣部、飯館、藏式茶館和民居等，初步構成一個小熱鬧的聚落。韶明曾在招待所住了一段時間。

　　附近有幾座三四百公尺高的小山丘，是本地居民共同放牧之所。韶明不止一次登上一座名為「曲讓」的山丘頂，鳥瞰整個鄉（鎮），他一邊饒有情趣地觀察「所日村人究竟如何生活」，一邊認真細緻地做田野日記。他寫下這樣一頁珍貴的文字：

> 　　拂曉來臨之前，天空還是灰濛濛的，男人大多沉睡在夢鄉，婦女卻已經披衣起身，來到火塘旁邊，點起爐火，添置牛糞，為家人一天的伙食忙碌。村莊上空升起嬝嬝的炊煙，所日村的早晨開始煥發出活力。
>
> 　　男人也起身了，他們下樓推開畜圈大門，把牲畜放將出來。個頭較大的犛牛，一般拴在房子外面的牛圈裏，以免它們踩壞矮小的綿羊和山羊。當大小牲口聚集在一起時，裏面不僅有犛牛、山羊，還有藏式綿羊和馬匹，男人開始檢查牲畜的健康狀況，決定哪些牲畜適合去放牧。這時候，小夥子也走出家來，他們承擔起日間放牧的重任。旭日初升，天空溢滿光彩，年輕人踏上路程，吆喝著牲畜，驅趕著它們走向遠方的草場。村裏越來越多的牲畜踏上了征途，黑色和白色的身影沿著山間小路蔓延開來，在碧綠泛青、鋪滿蕎麥花的大地上點綴出一幅動態的景象。不久，它們的身影逐漸地變小，牲畜所發出的嗚咽聲也開始模糊起來，村子恢復了平靜。
>
> 　　太陽逐漸升高，光線變得猛烈起來，一些孩子三三兩兩地結伴上學。不久，年輕的姑娘走出家門，徑直來到畜圈內，把昨晚

犛牛排泄的糞便收集起來，放在陽光下暴曬。又過了好一會，成年男人也陸續出門了：他們有的去當幫工，有的到鄉政府獲取信息，有的來曲尼多的小店鋪添置生活用品。

這時，家裏的女主人才算擁有一段屬於自己的閒暇，有的走出家門到鄰近的地方閒逛，有的去親戚那裏串門。快到中午時分，女主人慢悠悠地轉回家中，開始做午飯。午飯過後，太陽的照射更為強烈，女主人剛剛收拾完餐具，又要背起汲水桶，帶上家裏的髒衣服、棉被外套來到熱曲河邊。河邊早已聚集了幾位婦女。她們一邊浣洗衣服，一邊說笑、相互嬉鬧。女主人還要背一桶水回家。回到家中，她趕緊晾衣服，不忘催促女兒把正在晾曬的牛糞拿進屋來，招呼著在外邊玩耍的小孩子趕快回家。

夕陽漸漸西沉，女主人回到火塘前忙碌起來，這時男人已從外邊回來，放牧的年輕人也把牲畜趕到了家門。男人們一起合作，把大牲畜一一拴緊，把幼畜和母畜趕進圈裏過夜。隨後點起了太陽能節能燈，一家人共進晚餐。這時候，一些親戚或鄰居會不期而至，男主人隨即與客人聊起了家常，女主人則負責為客人添碗加筷，或者把糌粑、酥油茶或青稞酒不斷地往桌子上擺放，保證客人盡興而來，滿意而歸。到了就寢時間，節能燈依次地熄滅掉了，人們各自到屬於自己的床位上，很快就進入了夢鄉。

一天既是那麼平淡無奇、按部就班，又是那麼井然有序、周而復始。

所日村存在著「女主內，男主外」的傳統（見表 6-6）。男人的工作集中在牲畜管理（主要是犛牛）上，很多都是一些戶外型工作，如

放牧、切割牛皮、做氂牛繩、搭建帳篷、修建牛圈和閹割牲畜等；婦女的工作集中在住房內部或臨近住房的地方：做飯、背水、洗衣服、帶小孩、撿牛糞、餵牲口、擠奶、做氂牛繩帳篷，以及照料在家裏過夜的牲畜幼崽等。

男人的工作大多與力量和速度有關，甚至播種元根的工作也由男人來完成，這些都與當地認為男人「更具活力」（生殖力）的價值觀念相吻合。

男牧民還需承擔起更多的職責：為了防止夜間野獸的襲擊，需要增強個人的體質；為了尋找丟失的牲畜，需要立刻動身、沿途仔細尋訪；為了預防敵人的突襲與掠奪，還需展現出智慧與勇氣。牧區生活也對男人的行事風格提出了特別的要求。例如，由於經常隨季節轉場，在遷徙的過程中男人需要當機立斷作出準確的判斷，如遷往何處、何時啟程、如何在規定時間內抵達目的地等等，稍有遲疑便會引發嚴重的後果。

表6-6　所日村性別分工概覽

分工項目	男性	男女共同參與	女性
農業	（粗放式）耕地和種植元根	收割元根	田間管理
採集	（長途）砍伐木料	挖蟲草	採集人參果、菌子和貝母
牧業	牲畜閹割和配種 剝皮、切割牲畜、加工和陰乾氂牛肉（屠宰除外） 剪羊毛和氂牛毛 病畜管理和治療 搭建氂牛帳篷	製作奶製食品 擠奶 割草（準備牲畜過冬）	餵牲口（夜間） 撿牛糞 曬乾牛糞 照料和管理幼畜，洗刷羊毛或氂牛毛

項目＼分工	男性	男女共同參與	女性
家庭生產	編製犛牛繩 製作犛牛皮靴以及其它皮革製品 搬運石塊、木料 縫製衣服	修葺房屋 打牆	搬運泥土（用來修葺房屋） 製作犛牛繩帳篷 釀製青稞酒 儲備糧食（大米和青稞等） 打酥油茶
家庭經濟和管理	長途貿易 賣蟲草 以物易物交易 購買馬匹或交通工具 購置家庭食品 添置生產工具 去礦山就業	帶工薪性質的短期性雇工（如修路、修房子等）	嬰兒哺乳 照看小孩 背水 洗菜做飯 洗碗、碟子和衣服等

相比之下，女人更為強調耐力與細心。無論是餵牲口，撿牛糞，梳理羊毛、犛牛毛，還是採集人參果、菌子和貝母等，都講究時間的持續性和工作的持久性。照看孩子和幼畜是女人的天職，她們比男人更細心和耐心。至於在戶內和房子附近從事背水、洗衣、做飯、釀製青稞酒、儲備糧食和打酥油茶等工作，一定程度上與婦女履行嬰兒哺乳、照看子女的任務有關，因此需要她們留守在家；女人從事這些工作也被認為更加符合女人的天性，她們自己也願意承擔。

有些工作是不分男女的，譬如，擠奶、製作乳製品、割草、收穫元根、採集蟲草、修房子以及從事帶雇傭性質的散工等。如果說這些工作能夠反映出什麼共性，那就是：要求短期完成的工作勞動強度大、任務重。除了從事擠奶、製作乳製品、割草等傳統的牧業生產活

動以外，其它需要男女共同參與的工作，基本反映出生產方式對當地勞動力集中使用的要求。例如，從游牧到定居，出現了打牆、修房子等周期長，強度大，需要趕工（一般在春季融雪之後、夏天的雨季之前）的工作，因此集中家庭勞力協調運作是必須的；種植元根是新近傳入的技術，由於收穫時任務重，也需要男女共同參加；至於採集蟲草和從事授薪性質的雇工，是短期內實現家庭經濟邊際效率最大化的捷徑，具有「立竿見影」的作用，也是不分男女的，只要有空，大家一起幹。

以上男女分工的內容，表明牧區的生產方式的特殊性。有趣的是，當地婦女與女孩中流行一種帶有娛樂性質的民間體育活動──接梭。「接梭」為藏語，土話，意為「賺錢」，它是一種傳統遊戲。玩耍時分兩三人乃至數人不等，隨地選取 5 個或 10 個小石子依次進行。開始前先確定順序，然後每個人依次完成規定程序，最先完成任務者勝出。若一個回合內完成不了任務，可重新再來，直到決出勝負為止。

為了說明遊戲與生產、生活、性別分工的天然聯繫，茲簡介玩耍接梭的步驟與意蘊（包括名稱）：若以五個石子與右手為拋手，其方法是將 5 個石子同時撒於地上，看石子圖形任意拾起一子，作為拋子。擲時右手將拋子拋於空中，再用右手從地上迅速抓起其它石子，然後接住空中正在下墜的拋子，或按程序要求使用左手進行配合。隨著需要揀起石子數目的增加以及相應動作要求的加大，其難度也在逐步增加。

揀石副程序共有 28 種之多：一為「解多」（一個），每次抓起一子，接住拋子後將其放入左手掌心，四次抓完。二為「泥多」（二個），每次抓起二子，接住拋子後將其放入左手掌心，兩次抓完。三為「松多」（三個），第一次先抓起三子，接住拋子後將其放入左手中；第二次再抓起第四子，接住拋子後將其放入左手中。四為「甲

通」（喝茶），步驟與「解多」基本一致，但所抓石子要求一一拋給左手來接。五為「阿偌」（吃糌粑），先拋拋子，一次將地上四子全部抓起。六為「籠果」（正反手），拋一子後抓起一子，拋兩子抓起第三子，拋三子抓起第四子，如此五子最後全部抓起。七為「接梭」（賺錢），拋起一子，抓一子於手中，接住拋子後再拋拋子，抓第二子於手中，如此最後五子全部抓起。八為「比大」（拴犛牛），手拿拋子，剩餘四子一字排開，依次抓起地上諸子，要求在拿下一子時將前子置於地上，四子全部歸地後再一次抓起。九為「曲通」（喝水），拋起一子，依次將地上四子一一拋入左手。十為「所大」（洗鍋），方法與「解多」一致，要求抓子時該手同時要作洗鍋的動作。十一為「班得」（打鼓），方法與「解多」一致，要求抓子後做出敲鼓的動作。十二為「拿得」（打掃），方法與「解多」一致，但要求將石子掃進另一隻手中。十三為「拿吉」（撚犛牛線），方法與「解多」一致，要求抓子時做一下撚犛牛線的動作。十四為「許吉」（撚羊毛線），方法與「解多」一致，要求抓子時做一下撚羊毛線的動作。十五為「趙大」（編製犛牛帳篷），方法與「解多」一致，要求抓子時同時做出編製犛牛帳篷的動作。十六為「多喇」（小便），手抓五子，拋一子於空中，從右手底部放一子於地後接住拋子，再拋拋子，放兩子於地後接住拋子，最後四子落地，拋起拋子後全部抓起。十七為「羅喇」（大便），方法與「多喇」一致，但每次只能放一子於地。十八為「提大」（生娃娃），方法與「羅喇」一致，要求放子需從手掌的上部而非底部落地。十九為「哭瓊」（娃娃睡覺），拋起一子，左手用食指與拇指做成門狀，分四次將四子趕入門中，最後一次五子抓起。二十為「則更」（修房子），拋起一子，左手用拇指與小拇指做成房子大門狀，分兩次將四子趕入門內，然後五子抓起。二十一為「嘎葉」（挖蟲草），方法與「解多」一致，要求抓子時用右手的食指與中指夾起。二十二

為「左登」（賣蟲草），右手拿拋子，另外四子放入左手，要求右手拋
給左手的同時，左手給一子於右手，如此五子迴圈一周。二十三為
「布夾」（甩石頭），方法與「多唰」一致，要求接拋子時做出甩石頭
的動作。二十四為「拉若羅用」（擠牛奶），先左手持三子，右手持兩
子，連續拋右手兩子後接住，再與左手三子交換，連續拋起三子再依
次接住。二十五為「布貢」（洗小腸），選兩子在地上一字排開，兩子
以拳頭為距，拋起一子後，同時抓起地上兩子。二十六為「托貢」
（洗中腸），方法與「布貢」一致，但兩子以拇指與食指的最大長度
為距。二十七為「子貢」（洗大腸），方法與「布貢」一致，但兩子以
肘長為距。二十八為「子讓」（最後程序），方法以「布貢」一致，但
兩子以臂長為距。

可見「解梭」玩起來不僅精彩紛呈，而且起到了娛樂身心的作
用。特別需要指出的是，它更多地與性別分工相連。從各個環節的命
名來看，「解梭」拎出牧民家庭的日常生活和勞作的鏈條，突出了女
人操持的家務與生計。孩子從小玩耍遊戲的過程，同時也是認知自身
性別與社會地位的涵化過程。除了娛樂功能以外，「解梭」還維繫著
一個社會價值觀念：當前男女的分工天經地義，無須質疑其合理性。

婦女的社會分工與她們的社會地位密切相關。以前有人認為西藏
婦女地位比較高，如「西藏地區歷史悠久的『一妻多夫』婚姻，在一
定程度上反映出藏族婦女較高的社會地位」[68]；認為地位低，如「在
任何形式的家中，婦女都屬於從屬地位」[69]。有人綜合分析了婦女在
經濟、工作、法律方面的劣勢狀況後指出：「將『婦女地位』分為
『高』或『低』，是對婦女擁有相應社會地位的原因的概括性歸納；

---

68 參見馬戎：〈試論藏族的「一妻多夫」婚姻〉，載《民族研究》2000年第6期，頁43。
69 參見吳從眾：〈民族改革前西藏藏族的婚姻與家庭——兼論農奴制度下存在群婚殘
　　餘的原因〉，載《民族研究》，1981年第4期，頁30。

而在社會生活的複雜現實運用中，必然會導致失敗。婦女有很多不同的地位，確實很難對她們進行簡要的概述以及評價這一綜合分析的思維之產物，從而通過一個或一個以上的變數來解釋它。」[70]

　　審查所日村的家庭經濟和家政還可發現：重要的生產活動均屬於男人的「專利」，女人似乎被排斥到中心之外。村婦的從屬地位還可以從以下幾點事實得到印證：當地的繼嗣以父系血脈為主，財產在男性成員之間平均分配；從夫居為主要居住形式，妻子來自另一個血緣群體，同時必須為新家庭帶來不菲的嫁妝；家長一般由男性成員承擔（只有家裏未出現成年男性時，婦女才任家長）。村裏存在招婿（瑪巴婚）的情況，但例數不太多，他們都將成為新家庭的家長；佔據家庭經濟中心地位的，反而是「外來人」，而非原戶主的女兒。

　　所日村的家庭經濟基本圍繞著放牧活動為中心開展。放養一定數量的牲畜，就能維繫起一個家庭每日攝取蛋白質的基本需求；如果擁有額外的牲畜量，則可成為社會上讓人羨慕的財富（表6-7）。

表6-7　所日村共妻家庭的牲畜佔有概況

（2007年單位：頭、匹、只）

類別	戶數	%	人口			牲畜					戶均	人均
			男	女	合計	牛	羊	馬	合計	%		
總計	67	100	246	253	499	2910	1944	186	5040	100	75.22	10.10
0	14	20.90	14	27	41	0	0	0	0	0	0	0
31~60	4	5.67	8	10	18	47	9	5	61	1.21	15.25	3.39
60~100	12	19.91	47	39	86	420	83	32	537	10.65	44.75	6.24

70　〔美〕南茜・列維尼，玉珠措姆譯：〈在尼泊爾寧巴社會中，藏族婦女在法律、工作和經濟上沒有保障的狀況〉，載《國外藏學研究譯文集》第十三集（拉薩：西藏人民出版社，1997年）頁285。

類別	戶數	%	人口			牲畜					戶均	人均
			男	女	合計	牛	羊	馬	合計	%		
100~200	18	26.87	80	75	155	839	348	50	1237	25.26	68.72	7.98
200 以上	15	37.31	70	84	154	1148	894	66	2108	41.82	76.53	8.03
共妻戶→	23	33.33	128	109	237	1503	1302	106	2911	57.76	126.56	12.28

由表 6-7 可知，所日村牲畜總數在 5040 頭（只），犛牛、羊、馬的總數分別為 2910/944/186 的家庭資產。當前青泥洞鄉共有 96.5 萬畝草場，所日村的草場面積約為 24 萬畝，約占總數的 1/4。

三者比例約為 15.65/10.45/1。如本章第一部分末尾所述，在自然放牧狀態下一隻羊約需 8 畝草地、一匹馬約需 15 畝草地、一頭犛牛約需 55 畝草地計算，所日村總共需要 17.6532 萬畝的草場。理論上村裏尚存 6 萬餘畝的草場載畜空間，可以增加放養 1100 多頭犛牛或者 8000 多隻山羊或綿羊。實際上未必如此，否則怎麼會有層出不窮的草場糾紛呢？

閒置的草場，部分原因是村民中 14 戶家庭並未養畜群（不排除他們飼養少量牲畜，這裏只是忽略不計罷了）。他們當中 4 戶為孤寡老人，5 戶為人口 24 人的貧困戶，這 9 戶家庭大多屬於離異或殘缺家庭，由於家庭人口有限、年齡過高，或者家庭經濟狀況極度拮据，由此放棄了在村裏飼養牲畜的權利。此外，尚有 5 戶完整家庭也沒有飼養牲畜，這是因為 5 戶家庭聚居在鄉政府以及公路（317 國道）沿線修建了樓房，他們通過出租店鋪給外鄉人經營小賣部、飯館和旅館，能夠獲得穩定的現金收入（此外，每年採集和出售蟲草也能獲得一定的收入），基本實現了由牧業向服務業的轉型。

多出來的草場載畜量，還能說明一個重要的問題：放養牲畜的牧業活動，往往需要家庭擁有充足的勞動力作為保障，才能維持其周期

性運作。如前所述，所日村有一半是人口較多、勞力充裕的家庭。村中 23 個共妻戶，有 237 人，其中男 128 人，女 109 人，牛、羊、馬牲畜折合總量為 2911 頭，平均每戶 126.56 頭，平均每人 12.28 頭，兩者數字均高於全村戶均和人均值；共妻家庭總人口不足村總人口的半數，卻佔有全村總牲畜量的 57.76%。換言之，兄弟共妻家庭保證有足夠多的勞力用於牧業，從而有能力放養更多的牲畜，更有效地適應了畜牧生產方式的要求。兄弟共妻家庭所擁有的牲畜多，受到的稱頌也多，反過來又鞏固了兄弟共妻制的實行，儘管也有一些村民因妒嫉而有怨言。

所日村勞動力的不足，還可從小孩子接受「普九」的問題上得到些反映。村民對「義務」教育並不認同。國家的文化教育政策與村民的生計問題形成了衝突。村裏人大多不願意送孩子去上學，認為還不如讓小孩子放牧和割草為家庭收入作出的貢獻大；況且，小孩讀完書後基本沒有可靠的就業出路，終究要回到家中放牧，因此從小培養和鍛鍊他（她）們在牧區的生活經驗顯得更為重要。由於這種觀念根深蒂固，當地實現「普九」的任務十分艱巨。據悉，青泥洞鄉政府公開推行的做法是：學校開學後 10 天內如果登記入學的孩子不來上學，家庭就要承擔每人每天 10 元的罰款；此後再不來上學，每天罰款隨即翻倍（20 元）。如果無錢繳納，就要收繳家裏的牲畜用作抵押。在政策的高壓下，不少家庭「被迫」遣送孩子去學校。據悉，也有少量家境比較殷實的農戶，寧願冒著罰款的危險也要讓孩子留在家幫忙幹活。這種情景與堅贊在宗西鄉的所見所聞大抵相同。

此外，採集蟲草這一「雷打不動」的林業活動與家庭勞力密切關聯；一個家庭人口數愈多，在採集蟲草的數量上就愈顯優勢。這種依靠人力取得的經濟利益，反過來又鞏固了一妻多夫家庭在放牧活動中所建立起來的優勢。

（五）婚姻的破裂與家庭的延續

婚姻的破裂主要有兩種原因：死亡與離婚。當夫妻有人去世，家庭便不再完整。倘若配偶一方亡故，另一方孑然一身，或者子女尚未完婚，此類家庭可歸為殘缺家庭。所日村有 18 戶殘缺家庭（見表 6-8），其中有 4 戶為單人戶，均為孤寡老人，1 男 3 女。4 戶家庭雖同為單人戶，但各自的境遇不盡相同。

表6-8　所日村殘缺家庭構成（2007年）

家庭類型	單人戶	喪偶	離婚	私生子	總數
戶數	4	9	1	5	18
%	22.2	50	5.6	22.2	100

個案二十四：

訪談對象：宗擁等人；地點：所日村恰貝通。

16 號家庭的宗擁，女，80 歲，是村裏為數不多的高齡老人之一。她的房子就修在恰貝通溝佛塔和佛堂的旁邊，這裏也是所日村公共活動的場所。每到藏曆新年，旺公寺都要在此為所日村民舉辦新年祈願法會，屆時整村的人都要過來參加。宗擁年輕時就皈依了佛教，成為一名虔誠的覺嫫，義務承擔起維護佛塔和佛堂的日常管理工作。她數十年如一日，把佛塔和佛堂管理得井井有條，深受村民的尊敬與愛戴，村裏人經常性接濟她一些食物以維持生活。

個案二十五：

訪談對象：阿多；地點：所日村恰貝通。

22 號家庭的阿多，女，62 歲，在恰貝通溝修建了一所狹小的斗室。阿多早年因為未婚生子（私生子）而獨立成戶，不過孩子最後夭折了，阿多孑然一身獨自生活。長期作為五保戶由生產隊供養，現在除了每月領取 450 元的「低保」以外，還能自己釀製一些青稞酒出售，偶而也參加每年的挖蟲草活動，賺一些外快換取生活必需品。

個案二十六：

訪談對象：達布；地點：所日村曲尼多。

44 號家庭的達布，女，67 歲，曾行過一夫一妻婚，因丈夫早年病逝，膝下無子女，加入到所日村孤寡老人的行列。達布將房子搬遷到曲尼洞居住，她年邁體弱，喪失了勞動能力，迫於生存，經常在就餐時到鄰里造訪，大家鄉里鄉親，礙於情面，常給她添加食物。達佈在解決生計問題的同時，也給鄰里增添了負擔，大家對她頗有微辭，卻也無可奈何。

個案二十七：

訪談對象：雪加；地點：所日村曲尼多。

52 號家庭的雪加，男，68 歲，早年與同村人結婚，建立了一夫一妻家庭，夫妻養育過兩個兒子，不過都夭折。兩年前妻子去世，他成了孤寡老人。10 年前，雪加就來到 317 國道旁

邊修建了一幢小房，並將此租賃給一對四川夫婦經營飯館，每月能獲得 500 元的租金，加上從鄉里獲得的低保收入，生活基本無虞。

18 戶殘缺家庭排除 4 戶孤寡老人，剩餘的 14 戶，其中有 9 戶是配偶一方或雙方去世引起家庭結構的斷裂。出現這樣的情況主要有以下三種情形：①配偶中丈夫去世；②配偶中妻子去世；③配偶雙方均去世。餘下的 5 戶家庭中，1 戶屬於離婚家庭，4 戶屬於私生子家庭。下面用三個案例來說明。

個案二十八：

訪談對象：布瑞；地點：所日村嘎宗庫。

13 號家庭是村裏的五保戶，戶主布瑞的母親日布今年 70 歲，早年在自由戀愛的基礎上建立一夫一妻制家庭。丈夫早年去世，日布一人將女兒布瑞拉扯成人，現年 30 歲，但家裏一貧如洗，沒有嫁妝，女兒嫁不出去，自誓當「覺嫫」。母女倆相依為命，每年依靠採集一些蟲草或幫其它家庭放養一些牲畜，以換取一些生活必需品來維持生計。

個案二十九：

訪談對象：紮西頓珠；地點：所日村白龍達。

54 號家庭的情況與 13 號家庭的情況恰巧相反。現年 78 歲的戶主紮西頓珠曾建立了一個一夫一妻制家庭，妻子於 5 年前去世了。紮西頓珠有 2 子 1 女，均已長大成人，但兩個兒子仍未

結婚，女兒也未出嫁，因此也歸入了殘缺家庭。現在縈西頓珠的家裏一共飼養了 40 多頭犛牛，以此為基礎，為家庭的日常所需提供了基本的保障。

個案三十：
訪談對象：格列巴姆等人；地點：所日村嘎宗庫。

10 號家庭由於父母雙亡，現在名義上的戶主是 20 歲的男人仁青曲姆。仁青曲姆有二姊二妹，四人年齡依次為 34 歲、22 歲、18 歲和 15 歲，均未出嫁。兩年前仁青曲姆決定去旺公寺出家。兩個姐姐已自誓當覺嫫，在家中參加生產勞動。因無男勞力，家裏只養了幾頭牲畜。該家庭是鄉里的貧困戶和五保戶之一。

死亡對任何家庭都會產生破壞作用，不過有時候結果是不同的。例如，在行兄弟共妻婚的家庭中，若妻子去世，就破壞了家庭結構的完整，打亂了正常的家庭生活，直到重新吸收新的成員（如再娶）加入到家庭當中。這種情形是和一夫一妻制家庭一模一樣的。若丈夫一方中有人去世，情形就有所不同，因為妻子不會立刻守寡，她的地位比較堅實。所日村 67 戶家庭中，有不少家庭屬於這種情形；有報導人私底下向韶明透露至少有 10 戶這樣的家庭。因藏族忌諱提及死者，未獲得準確的數字。如此看來，若非流行兄弟共妻制家庭，當地屬於殘缺家庭的數位還要增加。相反，若兄弟共妻制家庭中的妻子先於丈夫去世，且家庭所生育的孩子尚未結婚，這裏也將其歸於殘缺家庭。所日村當前有 3 戶這樣的家庭。下面的例子可能有助於說明這種情況。

個案三十一：

訪談對象：羅嘎等人；地點：所日村恰貝通。

25 號家庭戶主羅嘎原是三兄弟共妻，三兄弟年齡分別為 45 歲、43 歲和 35 歲，夫妻四人一共生育了 2 子 3 女，兩個兒子年齡分別為 20 歲、19 歲，三個女兒年齡分別為 23 歲、16 歲、14 歲。兩年前妻子意外去世，羅嘎三兄弟正醞釀再娶之事。大女兒擁嘎為此推遲了自己的婚期，留在家中承擔起以往母親的工作職責，負責洗碗做飯，同時照顧弟妹。羅嘎自己的兩位父親，原來也是行三兄弟共妻婚的，不過大爸和母親均已去世，剩下另外兩個老人留在家中，每日以念經拜佛度日。

應該指出，雖然這些家庭歸入殘缺家庭，但是由於家庭成員眾多，特別是當兒女長大以後能夠在很多方面填補丈夫或妻子原來的角色，這樣的家庭與完整的家庭相比併無太大的實際區別；這是一夫一妻家庭不能比擬的。由此可見，牧區的兄弟共妻制的生命力多麼頑強。從這個意義上講，似乎充當起某類「抗震減壓」的功能，能夠相對有效地緩衝由於自然、疾病或意外等原因造成的家庭災難。

另一種導致家庭發生破裂的情況是離婚。申請離婚比較自由，男女雙方均可提出。男方提出離婚的理由主要是女方不能生育或者不會操持家務。女方提出離婚的理由亦主要有兩點：一是男方未能盡到為夫的職責；二是男方經常打罵女方。離婚的過程十分簡單，丈夫遣送妻子回家，但允許她帶走從娘家帶來的嫁妝；如果是妻子主動要求離婚，並索取屬於自己的財產時，通常是男方有錯。事實上，女方因不能生育而離婚的情況甚少發生。村裏有夫妻雙方一生未能生育也沒有離婚的例子。如果妻子實在不能生育，折衷的辦法是另娶。村民認

為，如果家中出現來自兩個家庭的妻子往往會引起糾紛，因此最好是娶原配的姊妹，調查中未見這樣的實例。至於女方不懂操持家務的例子亦十分罕見，因為藏族婦女向來以勤勞儉樸著稱，牧區的婦女尤其如此。離婚後夫妻生育的子女，屬於夫方的財產，由夫方親屬來撫養。若由女方來撫養，女方可要求分得部分財產，通常以犛牛來折算。

田野工作只獲得兩例離婚案，均與丈夫自願出家、未能盡到職責有關。

個案三十二：

訪談對象：車拉等人；地點：所日村嘎龍。

35 號家庭的布瓊現在成了戶主。她現年 38 歲，已生育 1 男 2 女（年齡依次為 11 歲、8 歲和 3 歲）。布瓊的丈夫兩年前去旺公寺出家，使原已十分拮据的家庭生活更加困難。布瓊又氣又惱，為了報復夫家，對外宣稱已經與他離婚。布瓊家裏可用「一貧如洗」來形容，沒有一頭牲畜，3 個子女均未成年。她平時依靠親戚接濟一點，鄉政府將其列為五保戶，這樣才勉強支撐下來。

個案三十三：

訪談對象：普措；地點：所日村自龍達。

58 號家庭的戶主普措 70 歲了，行一夫一妻婚，丈夫已經過世。普措生育了 1 子 3 女。兒子旺達 10 年前迎娶了交擺村的曲宗，且生育了 1 子，現年 9 歲的嘎宗。5 年前旺達突然宣佈要去旺公寺出家，妻子曲宗強烈反對，家裏人誰都沒有吭氣。

曲宗雖以回娘家和離婚相要脅，無奈旺達心意已決，無法更
改。隨著旺達步入空門，曲宗果然宣佈與他離婚，孤身回到娘
家，兒子依然留在夫家，因為按照當地傳統兒子屬於夫方的財
產，妻子無權帶走。旺達有二姐一妹，妹妹嫁到交擁村，兩個
姐姐均未出嫁，但都宣佈皈依佛門，當住家覺嫫。照顧侄子嘎
宗的職責落在了兩個姐姐的肩上。

剛才說過，田野工作中只獲得兩例離婚案例，而一位熟悉情況的
女報導人透露：村中離婚現象相當頻繁，至少有 8 例之多。為何在數
字上會有如此巨大的偏差？原來是村民衡量離婚的尺度不同。兒子多
的家庭，父母會讓一人出家，一人入贅，餘眾再行共妻婚，甚至可分
成兩三組，各自共一妻。這樣的案例村裏總共發生了五六起。當地人
也將其歸入離婚的範疇。以下 21 號和 17 號家庭的個案，能夠說明行
兄弟共妻婚的家庭中有人另外成家（分家）。

個案三十四：

訪談對象：玉西、旺青等人；地點：所日村自龍達。

21 號家庭的玉西有 5 兄弟，父母原本希望 5 兄弟同娶一妻，
15 年前為兄弟 5 人共同迎娶了本村姑娘次巴姆，婚後她生育
了 4 男 4 女。玉西五兄弟中，老三旺青現年 32 歲，早在 10 年
前另外結識了 17 號家庭安培夫婦的大女兒、現年 33 歲的卓瑪
擁措。卓瑪擁措還有一個 29 歲的妹妹，是個殘疾人，迄今仍
未出嫁。安培夫婦希望旺青能夠入贅才同意卓瑪擁措與旺青兩
人結合。玉西一家因為兄弟眾多，家裏也支持旺青入贅到安
培家。

　　與婚姻的破裂相併立的，是家庭如何實現延續和發展。一些家庭未能生育出男嗣或者有男嗣但未能養育成人，為了保持家庭的延續及家名的流傳，可招贅婿（瑪巴）。實行瑪巴婚（入贅婚）的女方家庭條件比較好，男方大多是幾個兄弟的家庭，需要調整出多餘的人口；另一個好處是贅婿無須帶走自己那份家產，卻可獲得岳父的家產，於是保證了老家財產的完整性。兄弟各娶一妻，理論上有均分家產的權利，實際上難以履行，如果把家中牲畜按人頭數均分，父母最不想看到這一幕。

　　瑪巴婚必然是從母居（matrilocal）。瑪巴不帶有貶義，是當地認可的一種婚姻（雖然並不提倡）。瑪巴可以成為家長，在家庭經濟生活中發揮重要的作用，憑藉自身能力獲得村民的認可。全村當前有 5 例瑪巴婚。就居住形態而言，4 例是夫婿入住女家，1 例另建新居（neolocal）。

　　例如，在本章個案十二中，青海青年彭措多傑邂逅了當地姑娘紮西拉姆而自願上門，另立新居組建家庭。瑪巴婚深受當地人的歡迎，因為女兒找對象競爭激烈。紮西拉姆雖然獨立成家，同樣享受到嫁妝的待遇，從家裏獲得一定數目的牲畜。

　　此外，當地對待婚外生子現象不太寬容。女子若未婚生育，就要被家裏人「攛走」。通常的做法是：她被迫要求分家並可獲得一份相應的家產，或者另蓋新房，構成另建新居的一種形式；家人在撫養問題上不承擔任何義務。18 戶殘缺家庭中，有 5 戶屬於未婚生育的家庭。私生子從誕生伊始便屬於破裂家庭，待到他們長大成人，也能通過招納新成員組建成一個完整的家庭，進而實現從破裂家庭回歸到完整家庭的周期性轉變。關於私生子與婚外情等問題，下面再來討論。

五　情人制及其後果

微觀分析兄弟共妻制，要求我們改變以往的思維習慣，採用不同的視角看問題。

導論第二部分在介紹一妻多夫制的理論模型時，提到林頓和白雷曼的觀點和證據。白雷曼的結論是：「本研究表明，在喜馬拉雅山脈的巴哈裏地區，兄弟共妻婚的做法除了與兩性比例失調相關聯外，當前再沒其它簡單的功能性因素了。」[71]

我們知道，上述原因在西藏是不成立的，西藏的兄弟共妻制另有自己的一套原因系統，這裏就不重複了。這裏只談單身婦女之所以未能找到丈夫的原因。有一種觀點認為主要是她們的社會地位極其低下，往往是情人制和私生子的產物。[72]雖然藏族社區不一定貶低或譴責私生子現象，然而私生子通常被排斥在家產繼承之外。

由表 6-3 可知村中兩性比例，97:100 與常規數值基本符合[73]。進一步考察所日村 16 至 45 歲處於生育年齡段內的男女比例，該比例卻成為了 112:100；儘管男多女少，該比例仍屬正常。單純地看男女比例，不能準確說明行兄弟共妻婚的實際情況，還需要把情人制和私生子等社會現象所造成的連鎖反應考慮在內。

所日村的兄弟共妻制與未婚婦女構成了一個有機的生態系統；這一系統能否實現良性迴圈，一個關節點是社會能否為多餘出來的失婚婦女提供有效的出路。情人制是一個解決辦法。有些民族一直如此，

---

71 Berreman, G. D.Pahari Polyandry: A Comparison. *American Anthropology*, 1962 (1):71-72

72 Schuler, S. R. *The Other Side of Polyandry: Property, Stratification and Nonmarriage in the Nepal Himalaya*, Westview Press, 1987.

73 男女比例常規的數字為100:105（或95:100）。參見Russell, J. C. *Late Ancient and Medieval opulation*. Philadelphia, 1958:XLVIII, 3, 13-14.

例如，托達人除了兄弟共妻制為其典型的婚姻制度以外，還有換妻制與情人製作為該婚制的有效補充；[74]納爾亞社會中也默許情人制的存在，屬於社會高層的婆羅門貴族男子（長子以外）由於被排除在社會成員正常的婚姻資格和家庭財產繼承權之外，往往去尋找亞種性的女子為情人或妻子。[75]戈爾斯坦在利米的田野調查中指出審慎的婚外情是允許的，實際上利米有半數的未婚女性擁有一個或多個孩子。[76]

作為川、青、滇、藏交界區「頂天立地」的康巴漢子，所日村男人不僅塑造出強健的體魄、剛毅自強的精神，而且天生具有一種豪邁奔放、放浪形骸的個性。兩性關係上的率真是他們生活中不可或缺的內容。村中流行一句俗語：「康巴漢子可終生無妻，絕不可一日無情人。」雖然是一句玩笑話，但成為口頭禪以後，確實有不少忠實的擁躉。當一個男人直稱或間稱一個女人為「嘎如」（情人）時，表示他已和她發生過關係。

村中的青年男女或者朋友之間，只要不存著輩分差異和血親（骨系）禁忌，大家一起戲耍打鬧、相互調侃的情況可謂屢見不鮮。一個可能的解釋是，這些男女自幼一起長大，關係十分親密。若是夫妻關係，雙方對話中所使用的「詞彙」反而不敢隨意，豈能張口就是庸俗不雅的語言，很多與性愛或者性器官有關。如果說男人以擁有多個「嘎如」為榮，在女方看來，能被男人「相中」同樣是件頗有臉面的事情；儘管她們往往表現得略為靦腆。

---

74 Queen, S. A, Habenstein, R. W, Quadagno, J. S. *The Family in Various Cultures*. New York: Harper & Row, 1985:19-21.

75 Gough, E. K. The Nayars and the Definition of Marriage. *Journal of the Royal Anthropological Institute of Great Britain and Ireland*, 1952 (1):29-31.

76 Goldstein, M. C.When Brothers Share a Wife: Among Tibetans, the Good Life Relegates Many Women to Spinsterhood. *Anthropology*・03/04.Guilford: McGraw. Hill/Dushkin, 2003:92. 還可參見戈爾斯坦撰，堅贊才旦譯：〈利米半農半牧的藏語族群對喜馬拉雅山區的適應策略〉，載《西藏研究》2000年第2期。

　　這種認為「性是自然的屬性」和「人是天生的情種」的觀點，對情人制的流行產生了深遠的影響。一方面，意識形態為情人制的實施創造出相對寬鬆的人文氛圍；另一方面，當地不厭其煩地推行情人制，儘量使其制度化，使其成為兄弟共妻制的補充。

　　當前所日村有 7 戶家庭生育了私生子，約占村總戶數的 1/10 強。這 7 戶家庭中，除 1 戶家庭屬無男嗣因此未婚女兒與私生子均可留在家中以外（見個案三十五），其餘 6 戶無一例外地將懷孕或生育後的女方攆出家門。

個案三十五：
訪談對象：鄧傑等人；地點：所日村噶吉。

　　3 號家庭曾行三兄共妻婚，三兄弟現在的年齡依次為 76 歲、73 歲和 70 歲。這戶家庭 1959 年前是村裏的大戶。三兄弟和妻子共生育了 2 子 5 女。妻子於 8 年前去世，兩個兒子又先後到旺公寺出家，5 個女兒中只有小女兒瑪瑪閨中待嫁，其餘四個不是出嫁到外村就是出嫁到本村。由於諸位父親年邁多病，小女兒主動要求留在家中，承擔起照顧他們的責任。幾年前瑪瑪與人相好，無奈瑪瑪不想外嫁，對方也不想上門，結果生下了一個私生子（現年 2 歲的根地容布）與瑪瑪住在一起。

　　7 戶家庭中有 4 戶位於嘎吉溝口。考慮到嘎吉溝口現在僅有 9 戶人家，私生子家庭佔據溝口將近一半的比例，因此該地方很可能最先用來安置那些被迫分家的未婚母親和私生子。鄰近的巴納村也流行兄弟共妻制與情人制，不過他們安置未婚母親和私人子的地方主要集中在 317 國道沿線上。此地東距鄉政府駐地 2 公里左右，南與貢覺縣相皮鄉接壤。

這些被迫自立的未婚婦女分到的家產十分有限。條件相對優越的家庭可允許她們帶走部分家產，一些兄弟甚至有義務幫助其修建一所簡易的房子。為了保障姊妹的未來生計，兄弟們還有義務找到導致姊妹懷孕的「罪魁禍首」，據理提出索賠要求。索賠的名義是給即將出生的嬰兒提供「營養費」。

這筆費用同樣是按照犛牛數換算的。根據雙方條件的差異，按照內外有別的原則，價格有所不同。例如，如果是本村人，需要賠償給女方一兩頭犛牛（3000 6000 元），若是外村人則可要求 2 4 頭（0.6 萬 1.2 萬元），若是外地或外族人，價格甚至更高，可達 10 20 頭以上（3 萬 6 萬元）。以下兩個案例較好地反映出這種區分。

個案三十六：

訪談對象：伯姆等人；地點：所日村噶吉。

5 號家庭屬於殘缺家庭，是村裏的貧困戶之一。這戶家庭只有兩名成員，40 歲的母親伯姆和 17 歲的女兒仁青拉姆。伯姆年輕時有數位情人。仁青拉姆是私生子，生父是村裏行兄弟共妻婚的一名男子，當時對方賠了 2 頭犛牛給伯姆了事。伯姆生出仁青拉姆以後，被迫獨自居住。現在母女倆相依為命，家裏無一頭牲畜，依靠領取政府的救助金和每年挖一點蟲草維持生計。

個案三十七：

訪談對象：老康；地點：所日村曲尼多。

46 號家庭曾在 317 國道旁邊的鄉政府對面建房，一層樓房租給來自青海天水縣的漢人老康做買賣。老康已 56 歲，以前曾

在拉薩當小販，後來結識了貢覺縣相皮鄉相皮村的藏族姑娘阿多，隨女方回到娘家。兩人生育了 2 位男孩。幾年前，阿多因病去世，老康將孩子託付給岳父母撫養，獨自來到江達縣所日村經營一家小賣部，每年需要付給房東 3000 元。老康小本經營，漸漸積累起一些財富。然而單身已久的他終於按捺不住寂寞，與臨近巴納村 18 歲的卓瑪私通。卓瑪懷孕以後，對方家人知道了事情的緣由，要求老康賠償損失。老康是外地人，女方家庭起初要求他賠償 20 頭犛牛，老康答應考慮，結果找到巴巴說情，最後女方家人同意只賠償 5 頭犛牛。由於發生了這樣的事，老康與原來的房東鬧翻了，不得不搬遷到本村另一頭。

根據地域的遠近來區分索賠價格的做法，無疑是使情人風制度化的一個嘗試，同時也造成一種「雙贏」的局面：一方面為行共妻婚制的當地男人提供了相對廉價的情人市場，使得自己原來對妻子性專有權的渴望找到了「發洩」的孔道；另一方面也成功地解決了社會上部分多餘婦女的出路，使得她們不完全被排斥在生育圈之外。當然，賠償制度也在承擔社會性的槓杆功能，威懾敢於涉足的男人（特別是不屬於本地的男人），使得私生子不會氾濫成災，從而有效地遏止了當地人口的迅速增長。

這些私生子家庭的生活充滿著艱辛。7 戶私生子家庭中，平均撫養的子女數為 2.43 人，低於共妻家庭的 3.44 人。7 戶家庭只是冰山一角。考慮到那些在半路夭折的孩子以及仍在「偷情」但還未生育的婦女，所日村實行情人制的對象尚需進一步擴大。當然，也有一些負責的男人，偷偷將自己家裏的部分資源帶給情人和其所生育的子女。對此做法，儘管會有一些家庭知道個中情由，只要情況不算嚴重，一般不會過多干預。

當地藏話稱私生子為「車珠」，不同於其它地區（如三岩等地）的叫法[77]，本身並無多大的貶義。西藏實行民主改革54年了，等級差別已基本消亡，私生子的現象雖然還有所保留，但他們的社會地位已今非昔比。

儘管如此，私生子在經濟上依然處於尷尬的境地。一方面，他們被排斥在生父（如果親子關係清楚的話）的繼承權之外，加之生母由於分家後所獲得的資源極其有限，因此他們在婚配市場上均處於不利地位。另一方面，當地流行嫁妝的習俗加大了私生女的不利地位。私生女在一定程度上促使有資格婚配的女子數進一步減少；相反，未婚女子數的進一步增加，反過來促使情人制實施對象有了進一步擴大的趨勢。

情人制還發揮著另外一個重要的社會功能：實現部分殘缺家庭向完整家庭發生轉變。這樣就在村落中構成了一個動態的生態系統，使得情人制有機地嵌入當地的社會結構當中，成為兄弟共妻制的補充和調節機制。

一個行共妻制的社會能夠有效地控制人口的增長。[78]南茜・萊文指出：西藏特殊的親屬結構（如骨系與血系的概念，相對封閉並排外的社區和普遍實行的內婚原則等），是導致一妻多夫制度盛行的根本原因；而實行一妻多夫制度的邏輯，可看作是相對封閉、資源匱乏的社區用來控制人口增長的生育策略。[79]如果世代均行兄弟共妻婚，一個家戶能持續傳承，村子也會出現其它家庭由於絕嗣等原因而出現的

---

77 三岩稱私生子為「多累」，原指犛牛與黃牛雜交後生育出的幼犢。

78 Goldstein, M. C. When Brothers Share a Wife: Among Tibetans, the Good Life Relegates Many Women to Spinsterhood. *Anthropology*. 03/04. Guilford: McGraw. Hill/Dushkin, 2003:92-95.

79 Levine, N. E. *The Dynamics of Polyandry: Kinship, Domesticity, and Population on the Tibetan Border*. Chicago and London: The University of Chicago Press, 1988.

絕戶現象，這樣將導致戶數的遞減。由於村記憶體在血系通婚的禁忌，長遠來看，當戶數減少到一定的程度，必然引起通婚人數的減少，這對村子未來的發展是不利的。如果說一些原來行兄弟共妻婚的家庭可通過行瑪巴婚或分家來彌補這些絕戶的家庭，那麼私生子家庭也能發揮類似的功能。通過家庭自身的生命週期，私生子家庭實現從殘缺家庭向完整家庭的變遷，從而豐富了村子的家庭類型和可通婚的對象。

綜上所述，情人制既是導致家庭破裂的原因，又是減少家庭破裂的原因。情人制及其產生的私生子問題，是當地流行兄弟共妻制的又一產物。情人制在當地受到默許，是因為它充當了多餘婦女的調節器，成為兄弟共妻制的有效補充。

六　宗教對兩性關係的控制

馬林諾夫斯基談到宗教的倫理作用時指出：「宗教使人類的生活和行為神聖化，於是變為最強有力的一種社會控制。」[80]

所日村地處藏傳佛教後弘期「下路宏法」的發祥地，周邊的宗教氛圍極其濃厚。某種程度上，宗教生活已經滲入到村民的自然、社會和文化生活的方方面面，具體表現在宗教信仰和儀式性行為上。

「這些信仰與儀式將所信奉它們的人結合在一個被稱之為『教會』的道德共同體之內，[81]」發展成為一種重要的社會控制，對所日村的日常生活發揮著實質性影響。

---

[80]　〔英〕馬林諾夫斯基著，費孝通等譯：《文化論》（北京：中國民間文藝出版社，1987年）頁78。

[81]　〔法〕愛彌爾·涂爾幹著，渠東、汲喆譯：《宗教生活的基本形式》（上海：上海人民出版社，1999年），頁54。

　　就佛教生活的「神聖」性而言，所日村存在著一套內在的信仰體系、象徵符號與價值觀念。例如，犛牛情結，血親禁忌，優先考慮兄弟共妻的家庭組織形式，重男輕女的育嬰行為，「男尊女卑」的性別分工，等等。

　　就佛教生活的「世俗」性而言，所日村亦發展出一套包羅萬象、井然有序的生活禁忌和認知體系，制約或影響著人們的生產與生活。以下條目是韶明根據調查資料的概括：

> 第一，同一骨係的成員世代禁止通婚，同一肉係的成員三代以內嚴禁通婚，否則頭骨破裂並導致血統不純。
>
> 第二，家庭內部存在迴避原則，父女、母子、兄弟姊妹間忌諱顯露出過分親密的行為或使用過於親密的語言。
>
> 第三，注重多子多福的生育觀，結紮和上環的男女為人所輕視。
>
> 第四，家庭中只有上一代的人停止生育以後，下一代成員才能生育。
>
> 第五，不能從衣服上面跨過特別不能從成年男人的衣服上面跨過（這樣會給穿過這件衣服的人帶來邪氣），不能將衣服從人的頭上拿過，不能從男人身上跨過。
>
> 第六，陌生人不能隨意進入帳篷（會帶來邪氣並導致奶牛減產）。
>
> 第七，嚴禁觸動水源（會觸犯龍神，引發災害）。
>
> 第八，嚴禁吃魚肉（魚類屬於龍神一族，吃多了會觸犯龍神，引發災難）。
>
> 第九，不能在家裏的火塘上直接烤熟生肉（會觸犯灶神，受到灶神的懲罰而染上疾病）。
>
> 第十，不能弄髒火塘，鞋、腳、襪子等對象，更不可隨意放在火塘上（會觸犯灶神並讓家人感染疾病）。

第十一，不能隨意在家裏放屁（會觸怒家神）。

第十二，孕婦嚴禁吃魚肉、母豬肉和羊肉（吃羊肉嬰兒會得羊癲風，吃母豬肉嬰兒會得癲癇，吃魚的後果第八條已說過）。

第十三，孕婦不許揭鍋，否則出生的嬰兒是豁唇；不可跨過馬韁繩，否則將推延產期或難產。

第十四，禁止孕婦在房間內或主帳篷裏面生小孩（會玷污家神和灶神，只能在一層牲畜棚或需要在主帳篷外另外搭建的一個小帳篷裏面生產；生完孩子以後，母子尚需居住三天後才能搬回家里居住）。

第十五，孕婦生產時，禁止有直系血緣的男人（如父親、叔叔、哥哥等）在場，其它男人則無關係。

第十六，孕婦不能遇見屍體，否則將導致難產。

第十七，出門遠行前遇見背空水筒的人，表示此行難以達到目的；若遇見背滿水筒的人，則預示旅行會圓滿順利。

第十八，出門遠行前若見到蛇在交配或蛇在捕食青蛙、老鼠，是走厄運的跡象，此時不宜出門，需要反覆念「六字真言」來彌消災難。

第十九，出遠門不能說不吉利的話，更忌諱說「死」字和「鬼」字；進門要用燃燒的牛糞環繞身體一周以驅除身上的邪氣，保祐出入平安。

第二十，大白天遇見男女野合，是倒大黴的跡象。

第二十一，若聽到狗像嗚咽聲或聽到貓頭鷹在屋頂上啼叫，是不吉利的兆頭，預示家裏將會有人去世。

第二十二，公馬在半夜裏嘶鳴，預示家裏將發生不幸。

第二十三，未經同意，不能隨意觸摸男人胸前的「嘎烏」（護身符）和腰刀。

第二十四，不能隨便向人吐口水（莫大的恥辱）。

第二十五，不許觸摸男人頭部，手肘部位以下亦不能任意觸摸（會讓被觸摸者遭遇厄運）。

第二十六，嚴禁傷害蛇和青蛙，它們是龍神的象徵（否則會給自己帶來重大災害或身患重病）。

第二十七，聽見布穀鳥的啼叫聲後可去外地遠行；聽見喜鵲啼叫表示家裏將有貴賓拜訪；看見狗做洗臉動作，表示有朋至遠方來。

第二十八，無論是搭建帳篷還是修建新房，均需請喇嘛念經以安撫山神和土地神，否則將引發災難。

第二十九，家中如有危重的病人，忌諱生人（特別是女人）前來做客或探望，更忌孕婦在門外敲門或喊叫（會帶來鬼祟）。

第三十，宰殺完牲畜以後，不宜馬上去別人家裏做客。

第三十一，家裏有人去世，在「做七」期間家人嚴禁洗頭；嚴禁該家人未經批准去其它家裏做客。

第三十二，平安死的人宜天葬（這樣能給來生尋找一個好歸屬）。

第三十三，凶死的人應該立刻就地埋葬，同時請喇嘛過來念經以超度冤魂，防止冤魂作祟。

第三十四，一生中至少要外出轉經一次，特別是當家裏發生了嚴重的不幸或有人去世的時候。

第三十五，新年一早背回第一桶水並將家裏的水桶注滿（預示新的一年裏萬事如意、幸福吉祥）。

第三十六，山神上的樹木和野生植物（蟲草除外）不能隨意砍伐和採集。

……

　　以上條款許多涉及佛教的實用功能，在所日村的日常生活中發揮著重要的影響。馬林諾夫斯基認為：「由分析佛教的功能，亦即由分析宗教如何和其它社會活動發生關係而服務於人類，我們就能指出任何形式的宗教，都是適應個人及社會的一些深刻的——雖然是派生的——需要的。」[82]如此看來，分析佛教的實用性功能，不僅可以發掘個人和社會的一些深層次的需要，同時還能彰顯佛教和家庭與社會結構如何發生互動的過程。

　　在佛教與社會結構發生互動的過程中，死亡問題無疑具有極其重要的意義。所日村中如有人去世，佛教認為天葬是最好的歸宿。村外有三處天葬臺，分別是：①碓固；②薩義瑪；③查勒。碓固和薩義瑪天葬臺位於日出神山上，查勒天葬臺位於嘎拉神山上。此外，日出神山上還有一處葬所，名為「阿格闊」，主要用來安葬 2 歲以上 14 歲以下夭折的小孩；某種程度上，「阿格闊」具有公共墓地的性質。凶死（如械鬥和染病）之人就地埋葬，以防亡魂作祟。過去所日村曾有水葬，目前已甚少實施。

　　葬儀扮演著溝通人的生死兩端的作用。正如馬氏所說，人死歸天後，遭逢此絕大損失的生人，便墜入方寸皆亂的情緒中，這種情緒對於個人或社區都是很危險的，倘若沒有喪葬以資調劑，個人就難以克服心理恐慌，社會也難以避免瓦解。[83]

　　村中有人去世，除了採取合適的葬法與舉行相關的儀式等一切對於離魄的幫忙、展現生人與死人間的一種斬不斷、理還亂的聯繫外，佛教還鼓勵家人前去轉經，以化解死亡對家人所帶來的巨大的悲痛，

---

82 〔英〕馬林諾夫斯基著，費孝通等譯：《文化論》（北京：中國民間文藝出版社，1987年），頁77。

83 〔英〕馬林諾夫斯基著，費孝通等譯：《文化論》（北京：中國民間文藝出版社，1987年），頁76-77。

同時也能超度亡靈並為死者的轉世做好準備。在這些場合下，家人可選擇去臨近的神山轉經，還可去拉薩朝聖或去卡瓦格博山（梅裏雪山）轉經；後兩者被認為更具功效。在各種轉經活動中，行叩長頭是最虔誠的。若去拉薩朝聖，一般先動身前往四川省德格縣的瑪尼干戈，從那裏出發，徒步到拉薩各大寺廟或轉拉薩附近的神山後回來；若去藏滇交界卡瓦格博山轉經，則直接動身前往，徒步內、外各轉經一圈後回來。

村民認為，人一生中至少要去拉薩朝聖一次或去卡瓦格博山轉經一圈，特別是家中遭遇了嚴重的困難或有成員去世的時候。從這些地方朝聖或轉經回來的人會受到尊重，自身的威望會增加。報導人指出：如果一位女性去過這些地方朝聖或轉經，就能提高她的社會地位，並由此增加她出嫁的機會。

旺公寺有喇嘛 56 人，其中 9 人來自所日村。該寺除了承擔贍養附近村子部分孤寡老人的義務以外，每年還定期為所日村舉行法會，一般在過藏曆年期間舉行；這是一個祈福禳災的節日盛典，同時也是全村人實現集體歡騰與整合的重要時刻。儘管鄉里很早前就設有一間衛生所，然而每逢村民生病，一般都要預先向旺公寺的活佛打卦和求藥以詢問吉凶。旺公寺有 4 尊活佛，分別為大丹吉曲縈、嘎宗索吉、協拉松吉和左嘎桑巴，大丹吉曲縈的影響力最大，然而他已於兩年前（2005 年）在拉薩圓寂了，其轉世靈童仍在尋訪當中。

據村民回憶，大丹吉曲縈是一位和藹可親、事必躬親的活佛，生前深受尊敬和愛戴。2003 年，他曾放出風聲準備圓寂進入虛無。在村民的苦苦哀求下，他勉強同意再延緩兩年，前提是在這兩年的時間裏，村民必須摒棄酗酒和賭博的陋習。在徵得村民集體同意後，他才欣然應允將自己的圓寂計劃向後延遲了兩年。兩年多來，這兩條戒規基本上得到了踐行。

　　佛教信仰活動與所日村的社會生活建立起各種休戚相關的聯繫，其中，佛教與家庭關係構成最為基本的一種。

　　導論中提到韋斯特馬克的「五因論」之一為道德鬆懈。參見（英）韋斯特馬克著《人類婚姻簡史》，劉小幸、李彬譯，商務印書局 1992 年版，第 176180 頁。宗教恰好給所日村提供了一種寬鬆的氛圍。藏傳佛教與伊斯蘭、天主教和基督教不同，它不明令禁止多偶婚，反而提倡忍讓、謙遜的合作精神。共妻家庭特別需要本著這種精神來處理夫妻、子女、兄弟關係，在性愛、經濟和家務等方面做到彼此忍讓、相互遷就，維持家庭的和睦，避免分崩離析。在這個意義上，佛教為兄弟共妻制提供了精神支柱。

　　導論提及 W.道格拉斯對三個主體（平民、喇嘛和政府）的點評。他的言論不失偏激，但道出一個天機：宗教與一妻多夫制可能存在著某種實質性的聯繫。例如，寺廟需要從周邊的村莊吸收神職人員，他們當中不少人就來自兄弟共妻家庭。以往所日村有一項「喇嘛稅」，即有多位元兄弟的家庭，需要派出一位或數位成員去寺廟裏出家，以抵消政府或地方的某些徵稅。1959 年以後，該做法已經取消。「文化大革命」期間，當地的寺廟受到破壞，許多僧人被迫還俗，直到改革開放後才允許村裏人繼續出家修行。

　　所日村有一所貢巴——日出寺，名為「寺」實為「庵」，僅有 20 年的歷史。日出寺住持叫做羅擁，所日村人，現年 48 歲。據羅擁的陳述，20 年前她在這座神山放牧時受到神靈——「多傑帕姆」的感應[84]，立志要在這座神山上出家修行，同時四處籌措資金，最終在日出神山上建立起這座庵堂。在羅擁的精心操持下，日出寺的名聲逐步

84　「多傑帕姆」為藏文音譯，意即「金剛亥母」，是藏傳佛教密宗修持的母體本尊之一。

響亮起來。目前有覺嫫 36 名，但經常性住寺修行的覺嫫僅有 11 人，其中 8 人來自所日村，另外 3 人是臨近其它地區慕名而來的住寺覺嫫。

目前所日村的出家者有 43 人，約占全村人口總數的 8.62%，相關資料如表 6-9 所示。

表6-9　所日村的佛家弟子人數（2007年）

年齡	11~20	21~30	31~40	41~50	51~60	61~70	71~80	總數
喇嘛	2	1	4	2	1	—	—	10
尼姑	2	2	3	—	—	—	—	8
紮巴	—	—	—	—	—	—	—	不詳
覺嫫	2	5	8	8	1	1	—	25

考察所日村男女出家人數，可以看到一個意味深長的現象：10 位住寺喇嘛有 5 位來自兄弟共妻家庭，[85]占喇嘛的一半；其中 1 人原為兩兄弟，4 人為四兄弟。可見，在一個行兄弟共妻婚社區，如果家裏兄弟多，至少就有一個人要出家當喇嘛，減少潛在的丈夫人數，增強共妻家庭的穩定性。從這個意義上講，送子出家其實與共妻制是互為表裏的策略。在出家弟子中，住寺尼姑與喇嘛的人數基本持平，在家弟子中，有 25 位覺嫫，她們作為佛徒住在家裏供奉佛祖，同時打理家務，參加勞動，其中 18 人的年齡處於 1640 歲之間，屬於婚配年齡組，約占覺嫫總數的七成強。換言之，她們只從事物資資料的生產，不從事人口生產。遺憾的是忽略了調查紮巴的人數，只知道這部分在家弟子的數目少於覺嫫。

所日村的兄弟共妻婚占全村婚姻的 34.3%，當前有 23 戶家庭發生了總計 25 起共妻婚。共妻制的流行，一方面促成了村內可婚婦女

85　這5人分別來自11號，14號A、14號B、24號和 26號B家庭。

數量的減少，即出現大量的剩餘婦女；另一方面，也在加劇已異常激烈的婚配市場。如果說情人制能夠吸收一定數量的未婚婦女，使其加入到人口的生育圈之內，但更多的婦女由於自身條件或家庭經濟等因素的限制，出嫁的可能性非常渺茫。佛教至少為她們提供了一條生路，那些無法出嫁的婦女，不一定削髮為尼，可以「冠冕堂皇」地向外宣佈自己立志不嫁，從而獲得了住家覺嫫的社會身份。漢族也有類似的情形，例如，舊社會珠江三角洲的自梳女，儘管在諸多方面覺嫫與自梳女不可同日而語，但在社會重壓下採取不嫁不醮的方式抗爭是一樣的。

　　所日村男女出家比例出現了如此巨大的失衡，其中必然隱藏著玄機。住家紮巴和覺嫫，正是牧區嚴重缺乏勞動力和盛行兄弟共妻制這對固有矛盾的產物。這些處於黃金婚配年齡的青年人，既要應對自己身處不利地位的異常激烈的婚配市場，而一個可能的結果是犧牲自己的婚配權，又要在一個嚴重缺乏勞動力的社會中幫助家庭參與日常的生產性勞動，甚至「心甘情願」地充當家庭的衛星成員。婦女當中，除了部分人能夠作為「嘎如」而另外組建家庭以外，其它人所面臨的選擇其實不多。換言之，一方面住家覺嫫需要為自己兄弟的家庭提供持續性勞動力的同時，又要為自己的尷尬社會身份尋找一種積極的解脫途徑。另一方面，當地思想意識中又衍生出認為家裏有人自願出家，便可為家庭積下「功德」，因此是一件值得提倡的「善事」。由此看來，在佛教的光環下，那些多餘的未婚婦女找到了自己的歸依，她們在僧與尼、紮巴與覺嫫，甚至嘎如的社會結構中自有其位元。

　　綜上所述，藏傳佛教表現出一種強勢，不僅在於它為當地的社會和文化制度提供相對寬鬆的道德氛圍，而且它能有效地嵌入當地的家庭組織和社會結構，在實質性的層面也發揮著作用。

　　麥爾福·史拜羅認為，宗教可以滿足三種不同層次的需求：一是

認知需求，即理解的需求；二是實質性需求，即解決諸如祈雨、祈求豐產與安康等社會性需求；三是心理需求，即可緩和某些社會場合下所造成的緊張與恐懼心理的需求。[86]由此視之，所日村的佛教完全滿足了這三種需求：首先，從認知需求上看，佛教大力提倡社會和家庭成員（特別是兄弟共妻家庭）之間謙讓；其次，從實質性需求看，佛教能夠吸收多餘的婦女，為她們實現自我價值與社會存在提供了一條有效的出路；最後，從心理需求上看，佛教極大地舒緩了社會與個人之間無所不在的張力（如處理死亡問題等）。

---

86 Spiro, M. E. Religion: Problems of Definition and Explanation. Edited by Michael Banton. *Anthropological Approaches to the Study of Religion.* London: Tavistock Publications, 1966:85-126.

第七章
龍西：梅裏雪山西北坡的小村

　　2005 年 8 月，堅贊和韶明結伴去滇藏交界的一條河谷地帶。幾年前堅贊入藏獲得一條消息——梅裏雪山西麓玉曲河大拐彎的村落保留著濃厚的兄弟共妻和姊妹共夫的風俗。這條消息令堅贊分外激動，他決心深入實地以探虛實，看究竟是道聽塗說，還是果真如此，若是後者，那就太幸福了！因為能夠在同一個社區看到多偶制的兩種對立表現，研究者可將這個峽谷區視為天然的婚姻實驗室，觀察到裏面若干婚姻制度的互動（相維、相剋、吸收、共存等），瞭解其共同利用資源的規則。為此，他約了自己的博士研究生韶明一同前往。他們先去鹽井，然後過瀾滄江，由松達電站旁邊的一條羊腸小徑入山漳，翻越白達拉山，到達左貢縣碧土鄉；之後沿玉曲河而下，在紫然、花巴、甲郎和龍西 4 村調查。這條消息部分被證實，兄弟共妻婚例較多，但姊妹共夫婚例並不多。事畢，二人翻越梅裏雪山側峰返滇。翌年，韶明單獨翻越梅裏雪山進入當地進行田野工作。

一　碧土概況

　　玉曲河大拐彎的三角地帶屬於西藏自治區昌都地區左貢縣的碧土鄉，與鹽井一山之隔，以前亦歸鹽井縣（宗）治理。目前與鹽井不通公路，須走山路翻越碧土雪山，此路為一條艱險的捷徑。

　　「左貢」是藏語音譯，「犏牛背」的意思，又譯稱為「作岡（崗）」、「坐公」、「著公」、「察娃作貢」、「察瓦絨」、「察瓦崗」等，因早期人們聚居的地形突出，像犏牛背而得名。怒江、瀾滄江、玉曲河由北向南呈「川」字形縱貫縣境，流程最長（240 公里）的玉曲河亦稱「察瓦玉科」。左貢古為滇藏及川藏茶馬古道的樞紐，唐代為吐蕃屬地，元朝屬路宣慰使司都元帥府，明代後期屬昌都寺。清雍正三年（1725）為芒康臺吉管轄之地。清末實行改土歸流，將桑昂曲宗改為科麥縣，與左貢交接。1912 年後，噶廈復將察瓦崗劃為邦達、左貢、碧土三個小宗，統稱左貢宗。1959 年 4 月改宗為縣。

　　左貢縣的地形狹長，西北/東南走向的他念他翁山和伯舒拉嶺南段左右夾擊，造成一個雞腿形的區域，上端（西北）肥大，下端（東南）狹小，境內主要山脈有東達山、朵拉山、茶瓦多吉志嘎山，平均海拔為 3700 公尺左右。東南端的梅裏雪山是滇藏交界的大山，最高峰雀拉山峰，海拔為 5434 公尺。境內為高原溫帶半乾旱半濕潤氣候區，有獐、豹、盤羊、小熊貓、猞猁、水獺、狗熊、滇金絲猴、黑頸鶴、金雞、鸚鵡等野生動物。木材蓄積量大，有雲杉、冷杉、馬尾松、柏樹及珍稀樹種紅豆杉、紅松、黃杉等，盛產松茸、香菌、木耳、貝母、知母、蟲草、麝香、黃連、紅景天等。

　　左貢是個農業、牧業、林業皆有的縣，以農業為主。農作物有青稞、小麥、玉米、豌豆、油菜等。牲畜有犛牛、犏牛、黃牛、馬、綿羊、藏系山羊等。該縣現有 3 鎮 7 鄉 162 個行政村，總面積 1837.3

平方公里，其中耕地 5.2 萬畝，草場約 710 萬畝，森林覆蓋 52.5 萬公頃，人口 41040 人（藏族 40746 人，占總人數的 99.28%）。

　　如圖 7-1 所示，碧土鄉在縣境東南部，北緯 28°54′，東經 98°19′，處於他念他翁山、伯舒拉嶺與橫斷山相切的部位，地形以丘陵河谷為主，地勢北高南低，發源於類烏齊的玉曲河由西北向東南蜿蜒流經碧土全境，河面寬 2080 米不等，兩岸高山深谷，拐彎處水流湍急，緩流時靜如處女，在龍西村前方 3 公里處突然西折北上，再轉彎南折，連續兩個 180° 的急轉彎，通過三山相切的一個空隙匯入怒江，狀如一個未封口的套馬杆。碧土為群山環抱，地理位置之重要自不待言，有四條小路與外部溝通，西行察瓦龍，東至德欽，北上鹽井，西北達左貢，皆近在咫尺。北上鹽井要越過一個海拔 4000 餘公尺的埡口，100 多公里的山路，清早出發，一路急行，傍晚可抵達，如果走得不急，則需 2 天；東南至雲南佛山鄉梅裏水村，行程約為 3 天；東南行至甲朗村，再翻山到察瓦龍，需要 1 天半。三條路都要翻越高聳入雲的大山，每年冬季至初春商旅不通。唯有一條路不受冰雪所阻，即沿著玉曲河到縣城旺達鎮 112 公里，行程 2 天。冬季的碧土基本處於與世隔絕的狀態。

　　碧土屬高原溫帶季風氣候，農業以種植多種糧食作物為主，多種葉類蔬菜為輔；牧業以放養多種牛為主。土地總面積約 683 平方公里，耕地總面積約為 5103 畝，其中常用耕地面積 3630 畝。草場面積為 29970 公頃，是一個傳統的半農半牧鄉。碧土的森林資源十分豐富，樹種以松、杉、柏為主，經濟果樹有蘋果、核桃和毛桃等。採集在農業生產中佔有一定的比例，主要有冬蟲夏草、松茸，貝母等。

　　經過長途跋涉，堅贊和韶明在山間歇了一夜，翌日黃昏抵達碧土村，那裏是鄉政府所在地，從西北延伸過來的公路剛好修到碧土村前面幾公里處。書記和鄉長去縣城開會了。拉巴、陳高原兩位副鄉長和

李金龍副書記在家，還有一位秘書和一位衛生員。兩位田野調查員出示了介紹信，口稱是縣民政局介紹來的。拉巴副鄉長撥通電話，那頭傳來王斌局長言辭懇切的聲音，要求給予協助，於是給他們安排了二樓的兩間空房。

　　碧土在藏語中意為「羊毛坡地」。當地有一座頗具規模的佛教廟宇，傳說藏王松贊干布迎娶了文成公主以後，在後者的感化下決心弘揚佛法，其具體表現就是在藏族聚居區修建 108 座寺廟。為了確定這些寺廟的選址，松贊干布與文成公主商定，從羊的身上抽取一撮撮的羊毛，拋向天空，讓其順風而飛，羊毛在哪裏落下，就在那裏建立寺廟。其中一撮羊毛一路飛往東南方向，在空中飄了 81 天，降落在位於藏族聚居區東南端的玉曲河畔。消息傳到藏王處，於是決定在此修建一座寺廟，取名「碧土寺」，藏語音譯「多宏貢布」，意為羊毛坡地上的寺廟，這一片區域也因此得名。1950 年 10 月，14 軍 42 師 126 團進入碧土寺時，大活佛達則、二活佛張汪汪[1]都在。遺憾的是該寺在「文革」期間遭到嚴重的毀壞，20 世紀 80 年代沒有妥善地保護，現已是殘垣斷壁，但不失宏偉建築群的丰姿，隨處可見藏、中、印三種文化的糅合。例如，寺廟主體建築採用土木石結構，主廟呈「凹」字型，這是典型的藏式風格；從寺廟一些門窗上依稀可辨鑲有雕刻著雙「喜」漢字的格子扇，明顯帶有雲南等地漢族與白族建築的風格；寺廟建築頂部採用的是方穹形的結構，或多或少反映出印度建築的風格。這些跡象表明地處藏族聚居區邊緣的碧土，在各民族互通有無、文化四方輻湊的過程中接受的影響。

　　碧土擁有茶馬古道之便，成為扼左貢至德欽、德欽至印度的咽喉

1　參見蘇國柱、高永欣：〈從南線進軍西藏──兼憶老團長高建興〉，載《縱橫》2000年第9期，頁16-20。文中稱，張汪汪是北京人，一口京腔，除了漢語，藏語也說得流利，漢文、藏文程度都很高，是佛教界的名人。

（見圖 7-2）。位於碧土鄉中央的甲朗村，藏語即為「交通要道」之意。碧土曾作為噶廈的通商口岸。茶馬古道從碧土到鹽玉鎮一段，溯著玉曲河東岸一路北上。如今走在狹窄的山岩古道上，仍不時看到石板路上留下的馬蹄痕跡與背夫拄杖的杵凹，當年的艱辛似乎不難想像。前幾年公路未修通，仍可看見馬幫如鯽的景象。碧土與外地互市久矣，但村民勞作的目的，與其說為了交換，毋寧是滿足自身生產與生活的需要。20 世紀 90 年代以後，現代化和商品經濟對當地的影響日漸擴大。近 10 年來，隨著外地人蒞臨該鄉收購蟲草、松茸、貝母等，當地陸續有人到外面打工或做生意，以往那種封閉性和分散性的經濟模式正在逐步消失。富裕起來的山民開始與山外人分享現代科技帶給人們的生活便利。隨著微型太陽能蓄電池和微型發電機的推廣應用，電燈、小電視機、收錄機和手機等科技產品陸續進入了村民的日常生活。

二　「雅莫」的龍西

　　兩位調查員瞭解到 1960 年碧土成立鄉，5 年後轉為人民公社，再後來恢復鄉，現轄 8 個行政村（碧土、沙多、地巴、鹽郎、布然、花巴、甲郎和龍西），2142 人（男 1156、女 986），兩性比例為 100:82.76，總戶數 345 戶，平均每戶 6.2 人。就男性比女性多 170 人而言，有可能是玉曲河谷的兄弟共妻婚制的成因之一。當時全鄉只有 3 臺電話（鄉政府、小學和小賣部各 1 臺），2005 年公路修到碧土鄉，雨季經常斷路，目前正在修建從碧土鄉到察隅縣察瓦龍鄉的公路。碧土的經濟在全縣處於中上水準。2004 年，全鄉總收入為 740.3 萬元，農業經濟總值約占全縣的 4.98%，農牧民人均純收入達 2217.85 元。

　　當堅贊和韶明問及本鄉是否有兄弟共妻或姊妹共夫家庭時，幹部們對視了一眼，顯然是個敏感的話題，但他們沒有犯難，而是直率地說，附近村莊的兄弟共妻家庭較少，龍西村那邊較多，至於姊妹共夫家庭，全鄉只有幾戶，其中 1 戶在地巴村。拉巴副鄉長補充說：「龍西是全鄉經濟搞得最活的村莊，在縣裏也堪稱『雅莫』。」當地藏語中，「雅莫」是出色之意。至於為什麼該村經濟好，鄉幹部認為：一方面靠近雲南省，交通比較便利；另一方面森林資源（如蟲草、松茸等）比較豐厚。

　　翌日中午，嚮導紮西拉措帶領兩位調查員去地巴村訪問那戶姊妹共夫的家庭，該村在玉曲河畔，堅贊給全家照了像。版圖右側的白色鉤狀地帶就是玉曲河。這是漢族女婿入贅藏地娶兩姊妹的婚例，為了不招惹是非，對外聲稱只娶妹妹。中間者叫做夏曉華，是四川木匠，在拉薩做工，邂逅了小梅朵（後排左一），之後跟著她回老家過藏曆年，全家都喜歡這位漢族青年，希望他來玉曲河安家，經過權衡利弊，夏曉華同意了，按照當地的風俗，大梅朵也是妻子。夏曉華與小梅朵生育了兩個兒子，他們只會講藏話，不會講漢話，但穿著漢式童裝，說明夏曉華的感情依戀仍然在漢地。

　　「龍西」是藏語音譯，位於碧土鄉最南端，由玉曲河對岸觀之，全村建立在一個狀如彌勒佛坐姿的山臺上（見圖 7-3），有「佛像般的臺地」之意。此地平均海拔約為 3000 公尺，東北與雲南省德欽縣佛山鄉接壤，西北與西藏自治區察隅縣察瓦龍鄉毗鄰，恰好位於玉曲河這一段第三個「U」形轉彎口上。龍西村地處梅裏雪山西北坡，群山環抱，地勢陡峭，有兩條羊腸小徑與外部溝通，交通極為不便。村民利用木槽、大木桶搞起土法自來水和小型家庭發電機，人們日出而作、日落而息，保持著傳統的農牧業生產與生活方式。全村由嘎紮、瑪德和萊得三個村（組）構成。瑪德位於佛像下部，海拔約 2100 公

尺；嘎紮位於佛像的中部，海拔約 2400 公尺；萊得則位於佛像的頭部，海拔約 3100 公尺。瑪德有 9 戶，嘎紮有 12 戶，萊得有 4 戶，3 個村組共 25 戶（原有 26 戶，2005 年合併 1 戶，故只有 25 戶）計 193 人，其中男 101 人、女 92 人，勞動力 130 人，從事批發零售（貨郎）者 4 人。

龍西村民涉及農、牧、林、商等營生，2005 年，全村共有牲畜 907 頭，所有農作物全部自用。由於耕地稀少，該村的日常生活資料尚未做到自給自足，需從外部購入一定量的食品作為補充。

在碧土村完成預定的調查之後，堅贊和韶明向龍西村開拔，途經紮然、花巴和甲郎。要是繼續從龍西東行 1 天半左右，可抵德欽縣佛山鄉梅裏水村。去龍西村的途中，兩位調查員在花巴村和甲郎村入戶調查，為後來調查的龍西村預備對比，多偶婚家庭的情況見表 7-1。

表7-1　碧土鄉4村兄弟共妻家庭對比（2006年單位：戶）

項目 村名	戶數	入戶	婚姻形態				抽查共妻比例 %
			一夫一妻	一妻多夫	一夫多妻	其它	
碧 土	80	20	17	1	1	1	5
花 巴	19	11	11	—	—	—	—
甲 郎	52	20	17	1	—	—	5
龍 西	25	17	8	9			52.94
小 計	177	68	53	11	1	1	16.18

將龍西村與碧土、花巴、甲朗三村相比，共妻家庭的比例由 05% 驟升至 52.94%，說明龍西村的兄弟共妻制確實突出，其它村落僅零星存在這種情況。除了兄弟共妻以外，還有若干姊妹共夫的案例。

龍西村的燃料一靠牛羊糞，二靠山上的柴薪（灌叢），這兩項都

要花費大量勞動力。因村子地處臺地，耕地面積有限，單一的農業耕作已不足以養活全村人口，故上山放牧，採集松茸、冬蟲草，種植鮮果、堅果，外出打工、經商，跑馬幫，凡是能幹的都要幹。所以，客觀上需要從家庭內部挖潛，合理分工，解決勞力問題。於是兄弟共妻製成為一種理想的選擇。

每年 4 至 5 月為挖蟲草季節，7 至 8 月為採集松茸的季節。這時村裏的精壯男人都住在山上從事採集，婦女則留在家裏操持家務和一般性農活。據碧土鄉政府的年度報表，2004 年，龍西村共採集冬蟲草 15.14 公斤，松茸 9160 公斤，按當年市場價格估算，計收入 90 餘萬元。

此外，通過出售蘋果和核桃，龍西村每戶還能額外獲得 1000 元的收入。由於龍西村位於梅裏雪山外轉經圈內（由此轉往察隅縣察瓦龍鄉），因此村民不失時機地給來往的馬幫和朝山的香客提供帳篷商店，每年每戶由此增加四五千元的收入。龍西村人口約占全鄉總人口的 9.24%，常用耕地面積僅為 12.78 公頃（即 191.7 畝），人均不足 1 畝，遠低於鄉人均耕地面積 2.35 畝的水準，在碧土鄉 8 個行政村中是最低的。全村勞動力僅 130 人，卻涉及農、林、牧和第三產業，其中第三產業總收入約占全村的 26.0%，項目有運輸業、商業、飲食業、家庭手工業、多種經營和其它收入等。

龍西村的經濟與生活水準明顯高於另外三村。2004 年，村民人均收入接近 3000 元，且現金收入單項超過 2000 元，村屋修葺得寬敞、漂亮，家家都有小型水力發電機、柴油脫粒機、彩色電視機、衛星接收器和 VCD 機等，大米、麵粉、蔬菜成為日常的主食。相比之下，其它村子的年人均收入不到 1000 元；家裏的擺設大多顯得陳舊不堪，擁有電器的家庭屈指可數。

2003 年玉曲河山洪暴發，衝垮了龍西村外部交通的一座木橋。

村幹部號召群眾集資，在鄉政府、村委會的幫助下湊足了 2.4 萬元，村長朗吉率領村民趕著馬幫從佛山鄉梅裏水村運來了修建弔橋的鋼筋、水泥等物資。又從雲南聘請了工程技術人員，村民義務投工投勞，僅用 16 天就趕在採集蟲草季節前建成了一座牢固穩定的鐵索橋。此舉驚動了全縣，不僅減輕了鄉政府的財政負擔，更讓龍西村民談及此事時頗為自豪。

　　2005 年，龍西村計劃實現人均 3500 元。隨著國家「退耕還林」政策的實行，以及正在修建的公路不久就要通車，林木資源和旅遊開發逐漸成為村民的「搖錢樹」。為了鞏固和保護自身的優勢，村幹部定期對村民進行普法宣傳教育，號召村民愛護森林、保護資源；此外，村民在轉山期間搭建的帳篷商店，也在內部形成了規範性的管理，無論是香客還是遊人均能做到童叟無欺。2006 年，由於梅裏雪山造就的小氣候，龍西村並沒有出現象西藏大部分地區所出現的乾旱少雨現象，而是如往年一樣風調雨順，當地的林木資源又獲得豐收：無論是蟲草、松茸，還是蘋果、核桃，產量均比上一年有所增長。據村長朗吉的介紹：2007 年上半年，全村僅林木資源人均收入已超過了 1500 元，核桃收入每戶也可達到 1000 元以上，全年實現人均收入 3500 元完全沒有問題。

三　卓瑪出嫁

　　單偶制和多偶婚猶如畫家的調色板，交織與鑲嵌在藏滇交界區，前者任何時候都是婚姻形態的主流，後者則以兄弟共妻或姊妹共夫的形式作為補充。龍西便是如此。

　　在龍西村 25 戶家庭中，除了兩戶為喪偶家庭以外，有 11 戶屬於兄弟共妻制家庭，占村總戶數的 44%；一夫一妻制家庭有 12 戶，占

村總戶數的 48%。11 戶行兄弟共妻的家庭中，有 1 戶位於萊得組，占龍西村行兄弟共妻婚總戶數比例的 9.1%；7 戶集中在嘎紮組，占 63.6%；3 戶位於瑪德組，占 27.3%。

2007 年，韶明重訪龍西村，恰好看到一戶人家舉行婚禮，戶主是萊得組的江白（69 歲），家名為「拉德卓米倉」，全家有 13 人，給江白的兩個兒子——新郎索朗次仁和次仁旺堆娶妻，新娘來自鄰村，是嘎紮組魯松家的女兒斯朗卓瑪（17 歲）。江白共有 10 個兒女（5 子 5 女），索朗次仁（32 歲）是大哥，次仁旺堆（25 歲）是二子，下面還有三個弟弟。三子覺美（18 歲）在縣城讀高三，四子曲登（16 歲）在縣城讀初中，五子向巴次朗（11 歲）在碧土鄉小學就讀。江白的 5 個女兒，長女尼珍（31 歲）嫁到察隅縣的察瓦龍鄉，三女紮西卓瑪（25 歲）嫁到雲南省佛山鄉的梅裏水村，四女歐珠拉姆（24 歲）在拉薩打工，二女阿青擁宗（26 歲）和五女索郎拉索（20 歲）在家務農。

江白也是行共妻婚的過來人。他是長兄，下有三弟。早年幼弟多傑（51 歲）入贅，二弟阿旺（65 歲）出家碧土寺。江白和四弟阿波（47 歲）共妻，阿波是個聾子。「文革」期間，阿旺被迫還俗，返家與長兄和四弟共妻。妻子曲美卓瑪（56 歲）是本村人，自出嫁後，任勞任怨，終因勞累過度，身體多恙，仍念念不忘兒子們的婚事，希望娶到一位乖巧的兒媳。新郎兼大哥索朗次仁早在 2002 年就到拉薩打工，留下老二在家務農，三個幼弟尚在讀書。

皇天不負有心人，江白夫婦的操心與張羅終於感動了上蒼，一位能幹的姑娘給相中了，她就是斯朗卓瑪。按父母的心願，先讓長子、次子合娶兒媳婦，日後再讓三個幼弟加入進來。

江白夫婦和常人一樣對長子寄予了厚望，期待他日後能接替父親成為「家長」。在龍西村，被指定為「未來家長」的孩子是件幸運的

事情（一般定長子為未來家長），這意味著他日後在這個家庭中擁有絕對的權威。

山裏人愛把婚禮定在冬季，主要基於三個原因：第一，人們賦閒在家，既有充裕的資金，也有空餘時間來操辦婚禮；第二，宰殺牲畜通常在冬季，有充裕的肉類食品保證；第三，藏曆年也在冬季，凡是外出讀書、打工和經商的人都會回來。

為了順從父母的意願，這回索朗次仁要與二弟共同迎娶新娘斯朗卓瑪。斯朗卓瑪其實也來自一個行兄弟共妻婚的家庭，她有四個父親。斯朗卓瑪的哥哥們也是行兄弟共妻婚姻的，因此，她認為自己嫁給幾個兄弟組成的共妻制家庭是件極其正常的事情。

按照傳統，男方家庭如果確定了結婚對象，需要向女方家庭提親，提親者為 3 人，男女均可，最好是村裏比較有威望的人。在提親之前，男方還需送給女方一些財物作為聘禮，聘禮的多少因人而異。一經訂婚，男女雙方都不可輕易反悔。如果這時男方想退婚，送給女方的聘禮不僅不可索回，甚至還要再補貼一些，以息事寧人。如果女方想退婚，則須退還男方之前所給的聘禮，同樣還要再倒貼一些才能息事寧人。訂婚以後一般過幾個月就請喇嘛擇吉日舉行婚禮。索朗次仁兄弟和斯朗卓瑪的婚禮定於 2007 年藏曆一月十八日進行，為期 3 天。結婚之前，新娘不能提前離開娘家。

婚禮前一天，男方的宅院內外要打掃乾淨。婚禮當天，在房子和庭院外都擺上方桌，桌子上擺放好各色食物，如糌粑、酥油茶、青稞酒、優酪乳。之前自然要殺豬宰羊以提供平時難得吃到的肉類食品。當日，在門外還要擺一張方桌，上面鋪著毛毯。毛毯正中鋪著一張用哈達裝飾著的氂牛皮，有毛的那面朝上，光滑的那面朝下，氂牛皮上面用青稞麵粉畫出一個「卐」字。按照傳統，新娘到達新郎家門時，還需端坐在這張小桌子上，等待唱完迎親歌曲，敬完酒，在送親者唱

完一首答謝歌並親自給新郎家獻上一條哈達後，站在犛牛皮上停留片刻，再入門，這樣才算正式過門了。

結婚當天，新郎和新娘均穿上漂亮的新衣，戴上各種珍貴的飾品，打扮得面目一新。舉辦婚禮的前一天，男方家要派人到女方家迎親。迎親一般為兩人，一男一女（新郎不去），其中一個必須是已婚婦女，另外一人的屬相也不得與新娘相沖；兩人均需身體健康，來自命好的人家。迎親者清早帶著為新娘準備好的駿馬、哈達，以及酥油、羊肉等物品出門。

之前根據喇嘛的推算，新娘在日出時到達夫家才是最吉利的。瑪德村到嘎絮村雖然直線距離僅兩三公里，然而瑪德村地處半山腰，嘎絮村卻位於玉曲河對岸的河谷，來回一趟需要花兩個多小時的行程，這意味著江白家派去迎接新娘的人必須在天濛濛亮就要出發。迎親者來了以後，新娘的母親要從女兒身上解下一些銀首飾，意為不要把自家的財神帶走。新娘還要與父母碰頭，惺惺相惜，甚至抱頭痛哭一場。兄弟姊妹及親戚都要向新娘獻哈達。當迎親者給女方家長送上哈達後，便和女方的送親者齊聲高唱頌歌，新娘、迎親者和送親者一同啟程。走的第一批送親者可包括新娘的父母、兄弟或至親好友等。

到新娘家迎親後，新郎家中途還可派人前去迎親，此時的人數以偶數為宜（2、4、6、8 等）。這次江白就分別派遣了兩批人前去迎親。第一次派了同村的吉稱夫婦；第二次派出兩個出嫁的女兒和她們各自的丈夫。

中途前來迎親的隊伍碰見送親的隊伍，便雙雙彙集在一起，邊走邊唱，即興而發。所唱的內容沒有什麼講究，一般見到什麼便要以此起興，唱出吉祥喜慶的氣氛。早上 9 點左右（峽谷太陽起得晚），新郎家有人來報，隊伍已經到了村口。這時村民猶如過節，甚是興奮，大夥齊刷刷地聚集在村口，一邊興高采烈地迎接著新娘，一邊七嘴八舌地議論新娘的美貌和品行。

很快，只見一行人騎著馬從山下漸漸地冒出頭來，一陣陣淒慘的呼喊聲也由遠而近，聲音愈加響亮起來。不出意料，這個哭得傷心欲絕的女人正是新娘。她整個身子伏在馬背上，身上披著一條毛毯，頭上戴著一頂藏帽，臉上還用手捂著一條白色的毛巾。隊伍剛來到村口，前來迎接的人群中就飄出了悅耳的歌聲。歌詞的大意如下：

> 藍藍的上天是寬闊的舞場
> 日月的光暈是吉祥的舞者
> 綠綠的草地是平坦的舞場
> 歡蹦的白鹿是喜樂的舞者
> 牽著如意的寶馬
> 要去接尊貴的客人
> ……

很快，送親的隊伍和迎親的人們相會在新郎家門口，但新娘還不能立即進門。這時雙方的歌手又開始對起歌來，他們放開喉嚨歌唱兩個家庭如何勤勞致富、和睦團結、門當戶對；歌唱新郎新娘如何英俊美麗、能幹賢慧、相親相愛、如意般配。

害羞的新娘依然用白毛巾捂著自己低垂的臉龐，待到歌唱完畢，才下馬踏上新郎家早就鋪好的墊子——一塊鋪放著哈達的犛牛皮。旁邊幾個小夥子已經手捧點燃的香爐，肩扛藏文經書，掌托盛著青稞、酥油的「切瑪」，端著擺放了青稞酒和哈達的木盤，旁邊還須站著一個背著木水桶的姑娘，再由長輩領唱迎親歌，準備將尊貴的客人、新娘和吉祥福氣一起迎進家門。

步入新郎家門，同樣是歌的海洋。幾乎是一步一歌，由新郎家請來村裏的歌手，用高亢美妙的歌喉，齊聲讚美新郎家寬闊的大門、寬

敞的院子、平穩的樓梯和漂亮壯觀的房子，讓新娘熟悉並熱愛這全新的家。新娘在歌聲中慢慢進入了新郎的家，而到達正屋要做的第一件事，就是用一把火點燃新郎手裏的一盞酥油燈，供奉在家裏神聖的神龕前，表示一對新人的生活開始了，他們從此將過上幸福美滿、和諧互助、天長地久的家庭生活。

等到新娘和賓客悉數進屋落座後，正式的婚禮尚未舉行。大家便一邊喝起香醇的酥油茶，一邊開始了「格察舍」（座談會）——傾聽雙方的長輩說唱地方史及家史，還有如何為人處事、如何過日子的諄諄教誨。老人們唱完，就由一人端盤向客人們收受賀禮，另一人當眾宣佈禮品的名稱及數額。

五兄弟中，出席婚禮的新郎僅有兩位——老大索朗次仁和老二次仁旺堆，老三、老四和老五年齡尚小，還未加入進來，但他們名義上也是新娘的丈夫，待到他們果真加入共妻圈那一天，就無需再舉行婚禮了。

按照慣例，新人坐的位置全都用青稞麵畫有「雍仲」符號，象徵著新人的婚姻和愛情堅不可摧。索朗次仁身為長子，坐在最靠裏邊的位置，接下來才是新娘，老二次仁旺堆坐在新娘卓瑪和她的伴娘的右方。新娘的父親、弟弟以及介紹人則坐在上座。

當主婚人宣佈婚禮開始後，首先是主婚人（必須是長輩）高聲歌唱娶親歌，接下來該給新人獻哈達了。主婚人依次給新人獻上潔白的哈達，相繼說著祝福的話。這時候，客廳內一片沸騰，歡笑聲此起彼伏，歌聲這方唱罷那方接上；青稞酒這邊剛喝完那邊的內勤人員又立即走過來斟滿；青年男女在屋裏屋外，團團圍成一圈，步伐一致地跳起了「鍋莊舞」。

當主婚人把哈達獻給新人的儀式完成以後，婚禮便告一段落。整個儀式大約持續 3 小時，以歌聲開始，也以歌聲結束；期間不時有幾

位跑來逗逗害羞的新郎新娘，熱鬧活躍的氣氛持續不斷，談笑聲陣陣傳出。

入夜，人們已經酒酣飯飽，一個個爬起身來，圍著新郎家裝飾華麗的中柱又開始鍋莊舞。據家裏人介紹，一幢房子的中柱是家庭神聖的核心；只要中柱不倒，家就風吹不散，雷打不動。

子夜時分，人們開始離去，婚禮並沒有結束。一場這樣的婚禮，通常要持續 3 天。每天都要接待客人。任何人都可以進入這來祝賀。房門口放著一張桌子，上面擺著一個裝錢幣的盒子，客人只要捐贈一點錢（沒有限制金額的多少，從 10 元到 100 元不等），就可以盡情享受美酒佳餚。舉辦這樣一場婚禮，包括聘禮在內，一般要花費兩三萬元——已經是龍西村一個普通家庭近三五年的積蓄了。

連續慶祝 3 天，婚禮結束了，男方尚需送新娘回娘家慶賀，因女方家庭同樣要舉行婚禮，邀請同村的所有人參加，但這時只需慶祝 1 天就足夠了。當雙方的家庭都舉辦過婚禮以後，男方家庭再擇良日把新娘迎接入門。從這時開始，新娘才能真正算是男方家的人。

就婚禮而言，一妻多夫制與其它婚制相比併無顯著的不同，故可綜合起來討論，特別針對某些耐人尋味的環節。

希臘與丹麥的彼德王子試圖把一妻多夫制、一夫多妻制與西歐的情婦制（cicisbeism）和納妾制（concubinage）看作對立的兩極，再把一夫一妻制看作二者交割的關節點。因當時學者們對婚姻的定義莫衷一是，於是彼德王子不得不修正婚姻的定義，認為婚姻是男人與女人以社會認可的形式組建的聯合體，該聯合體賦予了丈夫和妻子各自以特殊的親屬身份，配偶雙方擁有互惠性的權利和義務，同時能夠在該婚姻聯合體中生產出合法的子嗣。[2]在彼德王子看來，婚姻的定義

2　Prince Peter of Greece and Denmark, H. R. H. *A Study of Polyandry*. The Hague: Mouton, 1963:22

應當獨立於婚禮而存在，婚禮更多的是以象徵的形式凸顯婚配雙方的
聯合是獲得社會認可的一種傳統形式。[3]

　　彼德王子對於婚姻的定義較為公允，容納得了不同的婚姻形態。
而他描述婚禮時卻有失偏頗，主要是忽略了對婚禮過程的解析。聯想
到格爾茨在談到宗教的研究時提出分兩步走，他說：「第一步，分析
構成宗教的象徵符號所表現的意義系統，第二步，將這些系統與社會
結構和心理過程聯繫在一起。」[4]可將這個方法用於研究婚禮儀式。

　　首先，一場婚禮本身就是一個包含著各種象徵符號體系的表演，
其意義指向社會與個人不同層面的生活經驗。經過這樣的婚禮，一個
行兄弟共妻婚的家庭誕生了，也就是說，這個家庭及其成員獲得應有
的名分，受到社會的認可，社會規範對個體起到了約束作用。可見，
實現社會結構的整合是婚儀承擔的重要任務。例如，婚禮中的「格察
舍」，就是一次重申村史與明確個人在社會結構中各有其位元的演
示。在此過程中，許多象徵意義都為這個目的服務。例如，新娘在離
家前的哭嫁行為，儘管與結婚的喜慶氣氛格格不入，卻是一件令人稱
道的事情，表示她將是一位溫順、顧家的好妻子。至於占卦問卜、高
唱頌歌、獻哈達、背水桶進入家門、新人端坐於「雍仲」符號之上以
及強調中柱在房中的重要地位等行為，無不暗含企求神靈庇祐和祝福
新人家庭和睦、夫妻合好的意味。此外，關於新人在佛堂上就座的位
置，以新娘為中軸，長兄坐新娘左側，其餘按照長幼順序依次居右：
次兄緊靠新娘右邊，三兄靠次兄右邊，以此類推。突出兄長的領導地
位和妻子的凝聚作用，象徵團結與和諧。

---

3 Prince Peter of Greece and Denmark, H. R. H. *A Study of Polyandry*. The Hague: Mouton,
　1963:23
4 〔美〕柯利弗德・格爾茨著，韓莉譯：《文化的解釋》（上海：譯林出版社，1999
　年），頁153。

其次，就家庭關係與成員心理而言，兄弟共妻的婚禮象徵著三個場閾的互動。

社會場閾。選擇共妻婚受諸多因素的影響，如習俗、家庭的使命、宗教、安全、換親等，最基本的考慮是為了生活得好一些。兄弟在一起，勞力充足，不分家產，生產資料共同利用，多種經營，經濟集中。如果他們分門立業，勢必難以勝任生活的重壓，要是窮困潦倒，社會問題就會增多。而且兄弟和睦，誰也不敢欺負。家庭經濟好是樂善好施的前提。更加重要的是控制了人口的增長，有望實現可持續性發展，況且兄弟共妻制並未排斥其它婚制，各種婚制並存共融，分擔起社會的責任。

家庭場閾。兄弟共妻制家庭最能體現農牧民樂生自然的本性，只要他們的最低熱量及補充物品得到滿足，他們就寧肯賦閒，也不想拼命幹活。[5]恰亞諾夫把這個現象表述為 C/D[6]關係，C 指消費需求（consumption-needs），D 指辛苦程度（drudgery ratio），意謂勞動的辛苦程度與消費的滿意程度呈正比決定了農民的經濟行為。兄弟共妻，窮則有苦同擔，富則有福同享，若消費滿足度不夠，就會窮則思變——增加勞動；若消費滿足度較好，就會削減勞動辛苦度。由於家庭勞力多，容易搞好經濟，一旦吃穿不愁，人的惰性就會表露，不願為後代多積纍，寧願享清福。再者，把若干兄弟和一個女人並置在一個狹小的組織中，兄弟之間、夫婦之間、父子之間必然產生微妙的關係，妻子的地位、子女的教養、財產的繼承等等都是問題，值得人們關注。

個人場閾。不同人體驗一場婚禮，感覺有相同，亦有不同。在父

5　Wolf, E. R. *Peastants*. New York, 1966:6.

6　Chayanov, A. V. *On the Theory of Peasant Economy*. Manchester, 1986:20.

母看來，為兒子籌辦一場體面的婚禮是他們的光榮。對於兒子來說，妻子是父母之命，媒勺之言帶來的，要聽從父母安排，懂得他們不分家產的良苦用心，齊心協力把家庭搞好。對於妻子而言，一旦嫁入一個兄弟多的家庭，由於勞力多，自己就不必那麼累，孩子成長的條件就會好一些。

概而言之，舉行一場婚禮，預示著一個家庭結構的組建，所產生的影響從社會、家庭和個人三個維度都得到體現。

四　親屬制度

龍西村民使用的語言屬於康方言，與周邊地區相比，既有相通處，又有差異點。他們的用語反映的親屬關係如圖 7-4 所示，仍用默多克的標準來說明之。

1　行輩標準

龍西村家庭成員一般只有三代。調查中發現報導人往上能稱呼父輩、祖輩和曾祖輩三代，往下能稱呼子、孫、曾孫三代，這樣就能稱呼七代家庭成員。尊一代包括父母和父母之兄弟和姊妹。卑一代包括兒子、女兒、侄子或侄女；尊兩代包括祖父母、祖父母之兄弟或姊妹等行輩；卑兩代包括孫行輩。尊三代包括曾祖父母、曾祖父母之兄弟或姊妹等行輩；卑三代包括曾孫行輩。在尊一代至三代成員中，除了尊一代（父輩）以外，尊二代（祖輩）與尊三代（曾祖輩）的稱呼一致。在尊二代、三代成員中，同代且同性別的成員的稱呼一致。此外，同代成員的稱呼不再區分年齡大小，即自我的曾祖父與自我的曾祖父之兄弟、自我的祖父與自我的祖父之兄弟，或者自我的曾祖母與自我的曾祖母之姊妹、自我的祖母與自我的祖母之姊妹分別享有同一

稱謂。尊一代成員區分年齡大小。在尊一代中，區分自我的父（阿爸）和自我的父之兄弟（阿克）；區分自我的父之兄弟（阿克）與自我的母之兄弟（阿桑）；區分自我的父之姊妹（阿尼）與自我的母之姊妹（瑪迪）。與自我同輩的親屬則包括兄弟，姊妹和表親（包括姑表和姨表）。這裏區分兄弟和姊妹的大小，但自我的父之兄弟之子和自我的父之姊妹之女，與自我的兄弟和自我的姊妹的稱謂一致；對自我的母之兄弟之子與自我的母之姊妹之女，沒有專名，無論是直稱還是間稱，一般喊名。值得注意的還有：對自我的兄的稱謂與對自我的祖父乃至自我的曾祖父的稱謂一致，對自我的姊則與自我的祖母或自我的曾祖母的稱謂有所區別，顯示其中的不規則性。進一步考察「阿烏」的應用範圍（通常用於尊輩二三代），可見該稱謂屬於尊稱。此處將長兄與長輩等同起來，可視這一稱謂的擴大，突出了平輩中的長幼關係。

2 性別標準

　　龍西村的性別標準顯示出二元對稱性結構，對男方親屬成員有多少稱謂，對女方親屬成員就有多少稱謂。例如，屬於男性的專稱有「烏」（自我的曾祖父、自我的祖父和自我的兄等）、「爸」（自我的父）、「克」（自我的父之兄弟）、「松」（自我的母之兄弟）和「普」（自我的兒）等；屬於女性的專稱有「伊」（自我的曾祖母、自我的祖母等）、「媽」（自我的母）、「尼」（自我的父之姊妹）、「迪」（自我的母之姊妹）、「姆」（自我的女）、「瑪」（自我的兒媳）和「加」（非親屬稱謂，多指年長於自己的婦女）等。除了男女性別專稱以外，另外還有一些統稱，如「希巴普」指男人，「莫那」指女人；「巴貝」指兄弟，「尼森」指姊妹；「阿妞」指小娃娃（不分男女）等。在卑輩三代中，除有性別區分以外，其稱謂皆無輩分的區分。

3 姻親標準

龍西村表示姻親關係的親屬稱謂有：「拿瑪」（自我的媳）、「波色」（自我的婿）、「拉仁」（自我的夫）、「婆大」（自我的妻）、「阿克」（繼父）和「阿美」（繼母）等。有一個值得注意的地方：對繼父的稱呼與對自己叔叔的稱呼一致。有可能是兄弟共妻制的影響，相對於子女而言，除了作為長兄的家長能夠享受唯一的稱謂（阿爸）以外，其餘的兄弟不管是否為這些子女的生父，子女統統稱其為「阿克」（叔叔）。把繼父等同於叔叔的做法，可視作社會功能的轉化，既反映了轉房婚的痕跡，也反映出兄弟共妻制的作用。此外，對母親之兄弟專稱「阿桑」（舅舅），對母親之兄弟之妻則無稱謂，反映出母親之兄弟的重要地位。這個稱謂可能意味著「在西藏地區，至少在該地區的若干個地方，女孩出嫁之前必須徵得她舅舅的同意」，這可視作舅權模式的一個典型特徵，是藏族認可體系的內在[7]。

4 旁系標準

龍西村採用雙系論血統，存在骨系的概念，具有父系血緣的家庭成員嚴禁通婚。不允許父方交表或平表親，但允許一定範圍內的母方交表或平表親。換言之，一個男人可以與他母親之兄弟的女兒結婚，但不能與自我的父之姊妹之女結婚。當地把母方交表親稱為「席次尼姆」，意指親上加親，是一種受到社會認可且樂於採用的婚姻形式。與所日村相一致的是，龍西村由於流行兄弟共妻制，孩子一般為兄弟或姊妹關係，因此同樣甚少出現父方交表和平表的現象。

7　Benedict, P. K. Tibetan and Chinese Kinship Terms. *Harvard Journal of Asiatic Studies*, 1942 (6):320.

5 分叉標準

龍西村的實際情況不能反映分叉標準的差異。例如，村民把不能歸納的親屬稱謂，一律以無稱謂作為指稱，不像所日村中存在表示親戚關係的專稱——「年珠」。在實際運用中，對這些具有親屬關係的稱謂具有相當的靈活性，如除了直接喊名以外，還可採用非親屬稱謂或者採用藉詞等方法[8]。

6 極性標準

在龍西村的親屬稱謂體系中，平輩之間並無極性現象，而不同輩分成員之間存在極性現象，最為典型的是「甥舅」關係：外甥稱呼舅父為「阿桑」，但舅父稱呼外甥為「普」，該稱謂與舅舅對自己子女的稱呼混同。與所日村和其它的一些藏族村子相比，舅父對外甥沒有專稱，一個可能的解釋是：當地流行母系交表親，外甥是自己女兒的潛在婚配對象，因此把對兒子的稱呼與對外甥的稱呼等同起來，同時表明曾幾何時，舅權大於父權，至少與父權相等。

7 相對年齡標準

同一性別的兄弟或姊妹之間的大小，由於直稱時都有專稱，因此相互之間的年齡大小是可以確定的。在間稱時，可在稱謂後添加形容詞「切波」（大的）和「群瓊」（小的）加以區分；這點與所日村的做法基本一致。

8　參見堅贊才旦：〈真曲河谷家庭組織探微〉，載《西藏研究》2001年第3期，頁33；〈真曲河谷親屬稱謂制度探微〉，載《西藏研究》2001年第4期，頁15。

8 稱呼者的性別標準

從龍西村實際情況判斷，該標準並不存在。

9 死亡標準

儘管龍西村流行兄弟共妻制，但沒有發現轉房婚的現象，前述第三點姻親標準倒是存在一點記憶，既把繼父等同於叔父的做法。因此，還不能完全否定，該標準的存在。

概括龍西村的親屬制度，需要指出五點事實，具體如下：

第一，從語言學層面分析，龍西村的親屬稱謂可分為兩類語言單位：詞素與單詞。詞素又可分為初級詞素和次級詞素兩種。初級詞素最常見的有「阿」、「姆」等；次級詞素應用範圍要廣得多，有「烏」、「伊」、「爸」、「嘎」、「松」等。當地不存在合成詞稱謂。

第二，參照默多克的六種基本親屬關係類型，龍西村的親屬稱謂近似於奧馬哈類型。自我的父之姊妹之女與自我的母之兄弟之女有不同的稱謂，兩者又與姊妹和平表的稱謂區別開來；但自我的父之姊妹之女與自我的姊妹之女稱謂相同，而自我的母之兄弟之女與自我的兄弟之女有相同的稱謂。[9]奧馬哈親屬稱謂是一種分叉合併制，主要特點是不同輩分的直系親屬與旁性親屬混同。[10]龍西村的親屬稱謂可視作奧馬哈類型的變異，例如，注意區分平表兄弟和交表兄弟，把對兄長的稱呼與對曾祖父、祖父的稱謂混同。這一認識與前人對藏族親屬稱謂的研究所取得的成果大體一致。[11]奧馬哈類型將父系親屬與母系

9　Murdock, G. P. *Social Structure*. New York: The Free Press, 1965:223-224.

10　Murdock, G. P. *Social Structure*. New York: The Free Press, 1965:223-224.

11　Benedict, P. K. Tibetan and Chinese Kinship Terms. *Harvard Journal of Asiatic Studies,* 1942 (6):326

親屬區別對待，該親屬稱謂制度反映了雙系計算血親下父系繼嗣制度佔有相對的統治地位。

第三，採用雙系論血統，但對父方親戚的稱謂數要比母方稱謂數多，整個親屬稱謂體系基本呈現出不對稱二元結構。區分父方的平表、交表和母方平表、交表；父系平表、交表成員要比母方交平表、交表的血緣更為親近，表現出父系血緣已經取得了主導地位。

第四，龍西村親屬稱謂中既有類別式，又有說明式。與所日村有所不同的是，龍西村中說明式的親屬稱謂較類別式的親屬稱謂在數量上占優。類別式親屬稱謂適用於尊二、三代行輩成員，也適用於卑一代至三代行輩成員；至於同代成員中，類別式稱謂主要用來區分父系成員或姻親下女方用來稱呼夫方成員，對母方成員則無此講究，表示從夫居和父系論血統所取得的主導地位。說明式親屬稱謂適用的範圍包括：父、母、父之兄弟、父之姊妹、母之兄弟、母之姊妹、夫（當「自我」為女性時）、妻、婿、媳等。說明式親屬稱謂，主要說明兩點事實：一是對父系血緣和核心家庭下父母、父母之兄弟姊妹的身份的區分與確定，強調核心家庭的重要作用；二是行從夫居的姻親對母方家庭直系血親成員的認可與重視。

第五，婚姻制度對當地親屬稱謂發生的影響。主要表現在母方的交表親和兄弟共妻制兩個方面：首先，當地行姨舅表優先婚，不行姑交婚。一個男人既可與舅舅的女兒結婚，也可與姨母的女兒結婚。舅舅及姨母的女兒均無專稱，屬於「遠血緣」親屬，是自我潛在的婚配對象，而舅舅和姨母則有專稱，是「近血緣」親屬，表明後兩者對於己身的重要性。其次，存在「阿克」（自我的父之兄弟）的稱謂，而該稱謂明顯與兄弟共妻制有直接關聯，並且附加序數詞來區別長幼，如「大阿克」、「二阿克」……以此類推，把長兄與尊二三代行輩的直系家庭成員等同起來，突出長兄作為家長的支配性地位。

四　婚姻與家庭

　　龍西村現有 25 戶、193 人（男 102 人、女 91 人），性別比例為 112:100。據 2007 年的田野調查資料，村中 26.4%的人口處於前生育年齡階段（115 歲），56.0%的人口處於生育年齡階段（1645 歲），17.6%的人口處於後生育年齡階段（46 歲以上）。現把村民的人口、性別、年齡匯總製作出人口金字塔，以利直觀（見圖 7-5）：

　　從圖 7-5 可知，龍西村的人口與年齡共有 15 個臺階，每個臺階有 5 歲的年齡差，從底層往頂層走，男性的人口各為 4 人、7 人、13 人、10 人、9 人、10 人、8 人、8 人、11 人、4 人、6 人、2 人、6 人、2 人和 2 人；女性的人口各為 8 人、13 人、6 人、7 人、13 人、11 人、8 人、7 人、6 人、1 人、3 人、4 人、2 人和 2 人。壽命最高為男性，有 2 人在 71 歲至 75 歲之間。女性沒有人達到 71 歲。

　　當前村裏主要存在兩種婚姻形態：單偶制家庭和多偶制婚姻；與此對應而組建的家庭亦可分為單偶制家庭和多偶制家庭。單偶制指一夫一妻制；多偶制婚姻包括兄弟共妻和姊妹共夫兩種婚制，實際生活中，龍西村僅存在前者而無後者的個案；儘管龍西村臨近的幾個村子中，過去確實出現了幾例姊妹共夫婚。

　　現把目前龍西村的婚姻家庭情況敘述如下。

　　全村有 25 個家庭、27 起婚例（兩個殘缺家庭不計入統計），兩種婚姻形態。如前所述，多偶制主要是兄弟共妻，姊妹共夫不久前曾有過，目前暫未出現。兄弟共妻的家庭有 12 戶，其中，兩兄共一妻 3 戶、三兄共一妻 2 戶、四兄共一妻 3 戶、五兄共一妻 1 戶，主幹家庭中兩代共妻 1 戶（4 號家庭為尊輩三兄弟共一妻、卑輩兩兄共一妻）、一代共妻 2 戶（5 號家庭為尊輩一夫一妻，卑輩四兄共一妻，11 號家庭為尊輩一夫一妻，卑輩為兩兄共一妻）。一夫一妻的家庭有

11 戶，其中 17 號為主幹家庭，兩代人均行一夫一妻婚。

龍西村民稱「家庭」為「倉」，指「住在一個屋簷下的人」，具有同爨共食、同享悲歡之意，不僅囊括直系親屬，也包括旁系親屬。當地還把房子稱為「空巴」（與所日村的「貢巴」發音略同），是表示房子、土、木、石結構的建築、平頂民宅（通常為兩層，在頂樓搭建一個天棚，極少數為一層平房）的詞彙。峽谷地形，耕地有限，建房地皮緊張，故房子的空間不大，一般為 100 平方公尺，給人以一種「小家子氣」的感覺。

房屋外形方正厚重，石頭為基層，泥牆聳立而上，逐次收分，外牆嵌有方形窗格。當地崇尚單數，房子正面一般開設 5 格視窗，兩邊側面各開設 3 格視窗，門口則開在房子正面的中央位置。與其它地區有所差異的是，這裏的門口建得異常狹窄與低矮，常人進入均需彎腰才行，稍有不慎就會碰到額頭。根據一些報導人的解釋，修建這樣的門口可以防止亡魂或僵屍進入房子作祟，因為當地有這樣一種說法：亡魂和僵屍只能直來直往，不能像常人一樣彎身；這樣，如果它們碰到門框，就會知道無法進入房子而不得不掉頭離開。

內部由頂梁組成縱架，大空間由數排縱架組成，梁上鋪椽，椽上鋪木板或樹枝等，再鋪上卵石和泥土構成樓面。樓面上還可搭建平頂樓棚，約占頂層樓面 1/3 的面積，主要用來存儲乾草、秸稈、糧食等雜物，還可用來掛曬衣服。由於鄉里早已通了衛星電視，電視衛星接收器全都安置在頂樓上。樓房的底層作為畜廄，除了騾、馬等牲口要在房內過夜以外，還可在裏面圈養山羊、豬和雞等畜禽。當然，裏面也會經常性地擱置一些常用的農具、化肥以及其它一些生產工具。

裝飾方面，外牆保持泥土顏色，椽子露出的頂端逢單刷成白色，逢雙刷成藍色或綠色，構成藍（綠）白相間的外觀。房頂樓面修建略為傾斜，兩側各自設有幾處排水口，方便雨季時排走雨水。樓面上還

用泥土修建煨桑用的香爐，面向東南方（即朝向卡瓦格博神山）。房內沒有修建廁所，大小便都可在房外半徑四五十公尺外的田裏解決。二層樓房主要用來住人。這裏與所日村的房子有所不同，裏面設有隔間，由天井、陰廊、廳房和若干耳房組成（見圖 7-6）。耳房設 12間，供家庭青年男女成員或者遠道而來的貴客居住。一幢佔地 50 平方公尺左右的樓房，周圍還可搭建倉庫和豬圈等附屬建築。

若是對比圖 7-6 和所日村的房屋佈局（見圖 6-3），可以發現一處明顯的差異：與牧民的家居相比，半農半牧的龍西村人在空間佈局上設計出了耳房。

龍西村兄弟共妻制家庭的樓房多數為兩層，外觀與內部佈局大體相同。就算是屬於一層的平房，也實行人畜隔離，牲畜關在附近的圈裏，一層房內的佈局與其它二層樓房的空間佈局如出一轍。現用 5 號家庭的情況說明房屋與一妻多夫家庭組織的關聯。

個案三十八：

訪談對象：魯松；地點：龍西村嘎紮組；時間：2005 年 8 月、2007 年 1 月和 8 月。

> 這是一戶三代同堂的主幹家庭，一代為一妻一夫、二代為四兄弟共妻，三代為 4 個子女，總計 10 人，8 男 2 女，房子位於嘎紮組中央位置，是一幢兩層樓高的樓房。戶主魯松，現年 67 歲，早年曾做過「馬鍋頭」，跑過滇藏茶馬古道，後因摔壞了右腿回家務農。魯松有一個哥哥（已經去世），之前兩人曾行共妻婚，妻子永青現年 71 歲，娘家在察瓦龍。魯松夫婦仨育有 4 子，年齡依次為 41 歲、37 歲、27 歲和 24 歲，4 兄弟合娶斯郎措姆（34 歲），妻子同樣來自察瓦龍鄉。二代成員又

生育出 1 女 3 子，3 子年齡依次為 13 歲、15 歲和 7 歲；年僅
17 歲的女兒於 2007 年出嫁到 4 號家庭萊德村的江白家。

　　全家人住在二樓，這裏除去天井、陰廊等，只有 1 間廳房，1 間
耳房，一張餐臺（可充當床用）。按照戶主的說法，家中的一間耳房
是給兒子居住的。平時由於外出做生意、打工、採集、放牧和轉經等
活動，家裏的兒子們難得湊齊。若 4 個兒子均在家中，則耳房留給長
子和二兒子，其餘的兄弟睡在廳房內。若有貴客來臨，便安排客人住
耳房，其餘都睡在廳房。堅贊和韶明在龍西村期間住在魯松家，主人
慷慨地讓出耳房，自己和家人則在廳房內過夜。韶明後來單獨又去了
龍西村兩次，每次都住在魯松家。現將韶明親自觀察到的情況，即 5
號家庭成員晚上在廳房臥榻的位置畫成如圖 7-7。
　　如果孩子尚小，可在母親的陪伴下入睡，其它家庭成員則在廳
房、廚房或者陰廊處就寢。如果家裏年輕女性較多，可要求女孩留在
耳房內睡。4 號家庭便屬於這種情況（如圖 7-8）。
　　從圖 7-7 和圖 7-8 似乎可以猜測龍西的家居生活有一套就寢的潛
規則：首先，家長選擇在火塘的右側就寢，一般單獨一人（偶而也可
有小孩陪伴睡），表明他作為家長的主心骨地位；其次，成年男女，
或者說丈夫和妻子是分開就寢的（小孩除外）；最後，孩子就寢沒有
什麼講究，年幼的孩子多數留在母親的身旁，較大的孩子可陪伴在老
人旁邊或在其它的地方睡覺。
　　房屋內部，無論是寬敞的廳房還是狹窄的耳房，都為兄弟共妻家
庭提供了良好的生活空間。通常，兄弟共妻家庭的房事活動比較多，
尤其是夫妻處在生育高峰期間，把寬敞的廳房分割成為若干空間，使
諸夫與妻子在就寢的安排上分合有序，彈性愈大，房事愈便利。妻子
單獨臥榻，就有條件實現諸夫與妻子「輪流同房」，關於這一點，本

書第二章第五部分已有論述，此處就免談了。

總之，家庭的空間佈局至少部分地說明一妻多夫家庭是個有機的
整體，各部分緊密聯繫，內部秩序井然，家庭成員的活動猶有定規。
值得指出的是，龍西村除了房子與家庭有關，全村擁有家名的家庭占
總數的 60%（表 7-2）。

表7-2　龍西村15個家庭的家名對照

次序	家名	含義	戶主	次序	家名	含義	戶主
1	卡仁那哈倉	上面	頓珠	9	則卡倉	水壺之上	郎吉
2	薩南那嘎倉	下面	吉稱	10	格達倉	—	阿布
3	拉德卓米倉	—	江白	11	卡仁次布倉	上面	卓瑪措
4	巴黑倉	承襲	多羅	12	加讓倉	—	江村
5	可達倉	—	洛桑次仁	13	瑪德卓米倉	—	車裏江巴
6	皮絜倉	—	卓木次仁	14	玉絜倉	—	格桑德里
7	黑哈倉	新房	饒丁	15	薩南次布	下面	索堆
8	加黑倉	耕牛	江永	—	其它	—	—

本章開首說過，龍西由 3 個自然村（組）構成，故這 15 個家名
中，1、2、3 在萊得組，4、5、6、7、8 在嘎絜組，9、10、11、12、
13、14 和 15 在瑪德組。家名與經濟和社會地位有關。表 7-3 的 15 戶
家史悠久，在村里居住的時間長，全部為差巴，家名均沿用至今，未
曾更改。此外還有 3 戶嘎咱（無土地的農奴），不配享有家名。前面
說過，差巴與領主（農奴主）的人身依附關係表現在差巴種了領主的
份地，就要為其承擔烏拉，而領主之一就是碧土寺。龍西與周邊各村
在民主改革以前大多是碧土寺的屬民。龍西村總共有 18 戶，不足
100 人，半個世紀過去了，現在有 25 戶家庭，僅增加了 7 戶，總人
口為 193 人。

　　家名與社會經濟地位的聯繫已今不如昔，但仍與家戶的聲望相關。家名象徵家業的承襲，主要是繼承房子和土地。家名是居住在同一所房子內共同生活的所有家庭成員共同享用的稱號，既包括具有血緣關係的父母、子女、孫子、孫女等，也包括不具有血緣關係的女婿、兒媳等，以及其它在家中長期共同居住、生活的人等。如上述第3號家庭，家名為「卓米倉」，是江白三兄弟及其共同的妻子曲美卓瑪、5個兒子和新兒媳斯郎卓瑪，以及留在家中迄今未出嫁的二女、四女和五女共同的精神財富。相比下，入贅或出嫁到其它家庭的成員不再享用原來的家名。例如，江白的三弟上門到甲郎村，大女出嫁到察隅縣察瓦龍鄉，三女出嫁到雲南省德欽縣佛山鄉梅裏水村，他們三人均不能繼承原來的家名。相反，2號家庭戶主吉稱從佛山鄉梅裏水村入贅到龍西村，反而能享用岳父的家名——「薩南那嘎倉」。如果是兄弟在村內分家，則可存在兩家共同繼承家名的情況。例如，4號家庭的江白家與15號家庭的車裏江巴家的祖輩曾是兩兄弟；兩兄弟後來分家，一個兄弟來到瑪德組建房子，要求繼承原來的家名，因此也稱為「卓米倉」[12]。後來村裏人在該家名前面加入村名以示區別，因此江白家的家名稱為「拉德卓米倉」，車裏江巴家的家名稱為「瑪德卓米倉」。在特殊情況下，家名可由外人繼承。例如，8號家庭的多羅家，1959年以前，多羅的父親達娃坎仁是嘎咱戶，原來的戶主全家逃亡印度，土地改革委員會便將留下的空房子分給了達娃次仁，他理所當然地繼承了這戶家庭的家名——巴黑倉。

　　在日常生活中，對有家名的家戶，人們習慣於直呼家名，沒有家名的家戶則呼其戶主的名字。例如，村裏需要通知幾戶人家派工，對有家名的家戶一般通知「某某倉」出一人，對無家名的家則通知「某

---

12 當地十分忌諱提及死者，同時分家的年代也比較久遠，故已難以準確回憶分家的時間。

某某」家出一人。家名作為家庭的稱號要世代相傳，後來新建的房子一般無家名；就算自己起了新名短時間也不會被別人承認。因此可以認為：有家名的家戶一般都是以前的差巴，即「領種差役份地支差的人」，也就是一般所理解的大戶人家；沒有家名的多半是以往的嘎咱戶或是 1959 年以後移居進來的外來戶。

較之於所日村，龍西的婚姻形式和家庭結構表現出五個特點：

第一，對稱性。此乃相對於婚姻形式而言，即多偶家庭與單偶家庭的數量大致相等[13]，行多偶婚的主幹家庭，須恪守「同代單一婚則」，多數是一代兄弟共妻，少數才是兩代兄弟。龍西村的兄弟共妻婚姻形態，同樣屬於流行性一妻多夫制婚姻。

比較龍西村和所日村中兄弟共妻婚姻所佔比例，可以發現後者的兄弟共妻婚的比例由 1/3 強驟升至 1/2 弱，升幅達 16.67%。原因有二：

一是龍西村土地資源有限，極大地限制了家戶數量的擴展[14]，但家庭的規模卻是比較大的。其明顯的例子是：從 1959 年到 2007 年，48 年間龍西村的總戶數由 18 戶增長到 25 戶，增長率僅為 38.9%，多偶制婚姻數量維持在一定的水準上，單偶制婚姻的數量由於受到土地資源的限制無法大幅度增長，兩者的比例趨於平衡，從而呈現出對稱性特徵。再來看家庭規模的例子（如表 7-3）：

表7-3龍西村家庭規模統計（2007年單位：人、戶）

口數	2	3	4	5	6	7	8	9	10	11	12	13	計
戶數	1	0	2	3	2	1	7	2	4	2	0	1	25
%	4	0	8	12	8	4	28	8	16	4	0	4	100

---

13 前述25戶家庭中，有27起婚例，不計2戶殘缺家庭，12戶為兄弟共妻家庭，占23戶的52.17%，共妻丈夫最多為5人，最少為2人；11戶為一夫一妻家庭，占23戶的47.83%。

14 此處說家戶數目的擴展主要是通過分家和遷入的居民來實現。

25 個家庭，平均每戶 7.72 人，最小戶 2 人，最大戶 13 人。7 口人以上的家庭有 17 戶。龍西村的戶均人口數略高於所日村，表明家庭規模偏大，同樣是大比例的共妻家庭所造成。龍西村兄弟共妻家庭 12 戶，口數為 103 人，平均每戶約 9.36 人，高於村中其它家庭的戶均口數，表明共妻制家庭與家庭規模的聯繫密切。同樣一個家庭，行兄弟共妻婚與行一夫一妻婚的口數不同，至於為什麼兄弟共妻家庭的口數比其它家庭要多一些？一是由於前者的丈夫人數多於後者。

二是由於妻子要給諸夫大致平均地生育孩子[15]，而生下來的孩子，由於家庭條件好而得到較多的照顧，孩子的死亡率較低。一個家庭口數越多，在當地就越有可能行多偶婚，如兄弟多，則行兄弟共妻婚，如姊妹多，則行姊妹共夫婚。

龍西村主要有三種家庭結構：①核心家庭，14 戶，占 56%；②主幹家庭，9 戶，占 36%；③其它，2 戶，占 8%。與所日村不同的是，龍西村沒有出現單人戶；在其它一欄中，兩戶均為喪偶家庭。與婚姻形式的對稱性相比，家庭結構在分類上出現了失衡。所日村的核心家庭與主幹家庭基本持平，龍西村中的核心家庭比主幹家庭多 55.6%。龍西村的 12 戶共妻家庭中，5 戶屬於核心家庭，7 戶屬於主幹家庭。在所日村，核心家庭似乎與一夫一妻制有著更為密切的關聯性，主幹家庭則與一妻多夫制有著更為密切的關聯性。龍西村同樣展示出這種關聯性：核心家庭中一夫一妻制家庭的比例為 71.4%，主幹家庭中兄弟共妻制的比例為 77.8%。

第二，地緣性。這是相對婚姻締結的對象和通婚圈的範圍而言

---

15 本書第二章圖2-10及其解釋性的文字已經說明，兄弟共妻家庭和非兄弟共妻家庭的婦女的生育率是一樣的，只是由於孩子的撫養原因，所以前者的生育力曲線是向上的，後者是向下的，也就是說，二者的生育潛力是一樣的，但實現生育力的條件不同，因而生育的孩子數量不同。

的，指婚姻以地域為依託向周邊地區輻射開來的典型特徵。

龍西村在締結婚姻方面體現了一條基本原則：同一父系成員世代禁止通婚。與所日村不同，龍西村沒有嚴格意義上的骨係概念，但父方第一旁系的親屬之間不許通婚，這就天然禁止了父方的交表婚和平表婚。相反，卻允許一定範圍內母方的血親通婚。例如，母方第一旁系的親屬有可能成為自我的通婚對象。換言之，一個男人可以娶舅舅的女兒，但不能娶姑媽的女兒。當地把母方交表婚稱為「席次尼姆」，意指親上加親，是值得認可和採用的形式。

「席次尼姆」從側面反映了當地擇偶範圍的狹窄。也許這一點與環境偏僻有關係，外加語言、風俗習慣與婚俗等方面的原因，使得男女之間的相親相愛只能局限在一定的範圍之內。表 7-4 是龍西村的通婚半徑統計。

表7-4　龍西村通婚半徑統計（2007年）

娘家/ 婆家	本村		本鄉鄰村		本縣鄰鄉		西藏各縣		外省（區）		總數	
	人	%	人	%	人	%	人	%	人	%	人	%
娶入	11	52.4	3	14.3	—	—	7	33.3	—	—	21	100
嫁出	11	44	3	12	—	—	9	36	2	8	25	100
入贅	3	50	2	33.3	—	—	—	—	1	16.7	6	100
上門	0	0	3	50	1	16.7	1	16.7	1	16.7	6	100

從表 7-4 可知，當地通婚圈異常地狹窄。以現存 27 起婚姻為例（其中 21 起為娶入婦女，6 起為入贅婚），有超過一半比例的已婚婦女來自本村，另有將近一半的婦女分別來自本鄉鄰村和本省鄰縣。入贅婚的情形大抵相同。例如，入贅的女婿有一半來自本村，33.3%來自本鄉鄰村，16.7%來自外省；這裏將「入贅」與「上門」分開，二

者是進與出的關係，入贅指外村的男孩到本村，上門指本村的男孩到外村。從表 7-4 看，上門女婿比入贅女婿人數多出一半，其中有33.3%來自本村，33.3%來自本鄉鄰村，11.1%來自本縣鄰鄉（鎮），11.1%來自本省鄰縣（市），11.1%來自外省。龍西村除了本村嫁本村的 11 名婦女以外，從鄰村娶入的婦女主要來自碧土鄉的花巴和甲郎兩村，人數分別為 2 人和 1 人；本省鄰縣則全部來自察隅縣的察瓦龍鄉，人數為 7 人。女婿中有 3 人在本村入贅，2 人從本村到本鄉鄰村去上門，甲郎村和布然村各 1 人，另有 1 人從本村到雲南省德欽縣佛山鄉梅裏水村。女婿共有 9 人，7 人到外村上門，由於前面在統計入贅婚時已經計算了，故此欄歸零，否則就是重複計算；3 人從本村到本鄉鄰村去上門，其中碧土村 2 人，布然村 1 人；另有 3 人從本村到其它縣、地區和省等地方去上門。

雖然通婚圈範圍涉及村、鄉、縣和自治區（省）四個級別，但是龍西村的通婚圈主要局限在三個級別：首先是本村，以兄弟共妻婚為主；其次是察隅縣的察瓦龍鄉和雲南省德欽縣佛山鄉，當地同樣盛行兄弟共妻婚；最後才是本鄉鄰近的一些村子（如甲郎、花巴、碧土等村）。由於龍西村地處左貢縣東南部的邊緣地帶，西南與察隅縣察瓦龍鄉比鄰，東南與雲南佛山鄉接壤，碧土鄉的花巴、甲郎等村位於龍西村的北部，是通往昌都、拉薩的必經之地。實際這三處地方與龍西村都僅相隔一兩天的行程，可以說地緣特徵十分明顯。

察瓦龍是察隅縣東部邊緣的一個鄉，在梅裏雪山西端的怒江河谷，從龍西村向西翻越群山，僅需一天半路程即可抵達。龍西村山臺下面的玉曲河經過「幾」字形的大拐彎後與怒江匯合，察瓦龍鄉恰好處於江河交匯處，玉曲河沿途所經過的幾個村子（如紮果、寬布和普巴等村）均屬察瓦龍鄉。

每當回顧「茶馬古道」的時光，龍西村的老人就激動不已，當時

村裏不少人趕馬幫，當「馬鍋頭」（馬駄隊的領班）。較之於赫赫有名的察瓦龍人，龍西村人就要相形見絀了，當時，察瓦龍的馬幫浩浩蕩蕩地來往於各地。察瓦龍人不僅吃苦耐勞，而且善於經營，騾馬毛光水滑，出現許多的「聰本」（掌櫃）。去麗江的藏族馬幫，大多數來自察瓦龍，麗江不少商號都有他們的股份，麗江人都把他們叫做「察瓦龍巴」（察瓦龍人）。據悉，在這些「察瓦龍巴」中，就有不少龍西村人在裏邊充當「夥計」。

還有一點值得指出，龍西、甲郎和花巴是同一條茶馬古道上的村莊，它們與察隅縣的察瓦龍鄉、雲南省佛山鄉的梅裏水村還同屬於卡瓦格博轉經圈。近年有日本女學生寫的博客，涉及龍西村的通婚圈[16]，除了有貿易網路以外，不能低估宗教活動對婚姻關係的影響。

第三，傳承性。顧名思義，就是傳授承襲的特性。該特性指實行某種婚制的家庭，大多傾向於讓自己的子女持續實行該婚制。

讓子女持續行兄弟共妻婚制，主要有兩種途徑：一是讓若干個兒子合娶一妻；二是讓自己的女兒嫁入行兄弟共妻婚的家庭中。在一個兄弟共妻的家庭裏，子女自小「耳濡目染」，很容易接受這種婚制，從而確保了該婚制在實行過程中的穩定性。婚姻家庭形態有三種傳遞邏輯——垂直、水準和傾斜。[17]還可參看堅贊才旦、許韶明《論多偶制和家庭文化特質的傳遞——兼談婚姻效用的協商分配理論》，載《西南邊疆民族研究》第 6 輯，雲南大學出版社 2009 年版，第 3048 頁。垂直型指從父母傳遞到子女；水準型指在同齡人之間傳遞；傾斜

---

16 參見〔日〕植野弘子：〈藏族的婚姻關係和貿易網狀關係〉http://chinatibetnews.com/wenhua/2005-10/20/ content_44293.htm

17 Bergstrom, T. C. Economics in a Family Way. *Journal of Economic Literature*, 1996 (4): 1903-1934. 還可參看堅贊才旦、許韶明：〈論多偶制和家庭文化特質的傳遞——兼談婚姻效用的協商分配理論〉，載《西南邊疆民族研究》第六輯（昆明：雲南大學出版社，2009年），頁30-48。

型指非親屬之間，從上一代傳遞到下一代。相當程度上，「傳承性」的提法可與婚姻家庭形態的垂直傳遞畫等號。以下兩個個案能說明這一情況。

個案三十九：

訪談對象：白多；地點：龍西村萊得組；時間：2007 年 1 月和 8 月。

> 4 號家庭原為行兄弟共妻婚的核心家庭。一代成員原有 4 兄弟，1 人到碧土鄉甲郎村上門，餘眾共妻。二代成員有 5 子 5 女。5 子當中有 3 個年紀尚幼且在外讀書，5 女當中有 2 個已經出嫁，另有 1 人在拉薩打工，其餘 2 女在家務農。一代成員希望 5 個兒子能夠繼續行共妻制，從而實現兄弟不分家，共同勞作積聚財富的目的。父母眼見長子（32 歲）和次子（25 歲）長大成人，家裏的責任田過多，急需勞動力，故於 2006 年忙著給他們提親，希望後面的 3 個兒子（各為 19 歲、16 歲、11 歲）過些年陸續加入進來。4 號家庭心儀的媳婦，最終確定為本村 5 號家庭的孫女──17 歲的斯朗卓瑪。她同樣出身於兄弟共妻制家庭（二代成員四兄共妻），她父母深知這一婚制的優點，欣然同意了這門親事。斯朗卓瑪家裏有四個爸爸、兩個爺爺，村裏行共妻婚的家庭比比皆是，在這樣的氛圍薰陶下，她早已習以為常，出嫁後，能夠很快融入新家庭中。聯姻對於兩家而言，無疑是一件皆大歡喜的事情。

個案四十：

訪談對象：格桑尼瑪；地點：龍西村嘎紮組；時間：2005 年 8 月。

18 號家庭是個行兄弟共妻婚的主幹家庭。戶主格桑尼瑪（63 歲）是一代成員，早年二兄共妻，妻兄先後去世，剩下格桑尼瑪一人。他們夫婦仁人育有 4 子，他讓其共同迎娶了嘎紮村的熱那擁宗，組成一個四兄共妻的家庭，並且生育 2 子 2 女；1997 年，次子病故，三兄弟繼續共妻。格桑尼瑪另有 3 女，分別為大女兒向巴玉珍（41 歲）、二女兒紫西拉姆（36 歲）和三女兒卓瑪拉索（33 歲）。現在除了二女紫西拉姆留守在家外，其餘兩個女兒分別嫁入兩個行兄弟共妻婚的家庭：大女兒向巴玉珍嫁入 7 號家庭，組成一個五兄共妻的核心家庭，並且生育了 1 子 2 女；卓瑪拉索嫁入 8 號家庭，組成一個四兄共妻的主幹家庭，並且生育了 4 個女兒。

考察龍西村 11 戶行兄弟共妻婚的家庭，發現父輩行該婚制的竟有 8 戶。由於夫妻雙方中有成員去世從而造成一妻多夫制轉為一夫一妻制或喪偶，當前兩代均健全的兄弟共妻制家庭僅有 1 戶，但這並不影響表率的作用。換言之，上一代行兄弟共妻的家庭中，二代成員行該婚制的比例為 72.7%，無疑表明婚姻家庭形態的垂直傳遞的重要作用。

婚姻家庭形態的垂直傳遞邏輯，可以用孟德爾的遺傳法則來解釋。根據孟德爾的遺傳法則，基因是代代相傳的。現實的傳遞方式大量是垂直型。一個家庭，上代實行某種婚制，由於基因繼承的生物學法則和文化接觸的正比定律（距離愈近，作用頻率愈高，影響愈大的聯合作用），下代人自然容易承襲這一婚制。所謂「近朱者紅，近墨者黑」。只要條件不發生根本變化，家庭世代婚制就不會發生改變。理由很簡單，既然家庭是在單一基因位點上基因相同的人們所組成的群體，那麼每個人都會按照基因程序設計使用相同的策略，再加上社

會文化條件的許可。由此看來，龍西村中世代存在兄弟共妻制家庭，其傳遞邏輯與基因的傳遞形式存在一定程度的類比性。

第四，互換性。互換性是相對於傳襲性而言的。龍西村家庭中存在大量垂直傳遞的形式，一個行一夫一妻婚的家庭，其後代有可能傾向於行一夫一妻；同樣，一個行兄弟共妻婚的家庭，其後代也有可能繼續行兄弟共妻婚，但並非是絕對的和一成不變的，三種傳遞邏輯——垂直、水準和傾斜中，水準和傾斜兩種形式同樣在發揮著牽引作用，其結果就是一夫一妻制與一妻多夫制之間相互作用並且發生轉化，使得龍西村的家庭組織形式充滿動態與活力。

為了對一夫一妻制與兄弟共妻制的雙向與動態的互相轉化形成印象，首先來看一夫一妻制向一妻多夫制的轉化。

個案四十一：

訪談對象：格桑德里；地點：龍西村瑪德組；時間：2005 年 8 月。

23 號是二兄共妻的主幹家庭。戶主格桑德里是二代成員，現年 51 歲。格桑德里還有一個哥哥和一個妹妹。妹妹出嫁到碧土鄉布然村。因格桑德里的能力要比兄長強許多，故被家裏人舉為戶主。格桑德里的父母原是行一夫一妻婚的，父親多傑已經去世，母親依然健在，名為莫協，現年 70 歲。多傑早年從察瓦龍到龍西村瑪德組上門，與妻子莫協組建一夫一妻家庭，共同養育了 2 子 1 女，好不容易把子女拉扯成人，對於一夫一妻家庭的各種艱辛與困苦刻骨銘心，看到村裏其它行兄弟共妻婚的家庭勞力充沛，生產和生活均有保障，多傑也希望兩個兒子不要分家，因此強烈要求他們合娶一妻。1995 年，多傑夫婦特意從察瓦龍鄉紫果村挑選了一名理想的媳婦——帕措，讓

兩個兒子一起將帕措迎娶進門。現在二代夫婦養育出 3 子 1
女。3 個兒子的年齡依次為 11 歲、9 歲和 7 歲。第三代成員未
來是否行兄弟共妻婚？格桑德里兄弟表示目前孩子年紀尚小，
不宜考慮太多，但不排除優先選擇兄弟共妻婚的可能性。

再看一妻多夫制轉化為一夫一妻制。這種轉化主要通過兩種形式
實現：一是兄弟中有人另外分家；二是兄弟中有人採取入贅婚，即以
「波色」（女婿）的名義上門到其它家庭。以下兩個個案分別說明了
各種情況：

個案四十二：

訪談對象：多羅；地點：龍西村瑪德組；時間：2007 年 8 月。

8 號家庭是個二代行四兄共妻的主幹家體。戶主多羅的父
親——彭措，原來是嘎紮組的大戶人家——巴黑倉的農奴。
1950 年 3 月，西南軍區第四兵團的一支精兵作為南路軍，從
滇西出發，經貢山縣，沿著怒江進入察瓦龍，再入門工、察隅
等地，不久回師碧土，10 月 9 日拂曉合圍碧土藏軍，活捉多
吉東司（左貢宗本）。11 月，又翻越梅裏雪山、碧土雪山，東
克鹽井，配合 18 軍完成解放西藏的任務。[18] 解放軍走的正是
茶馬古道滇藏線，龍西村恰好是這條「生命線」的首站。鎮守
碧土的藏軍在戰役失利後或逃亡或投降，「巴黑倉」這戶家名
的主人受蒙蔽被脅裹進了這場戰役，由於害怕解放軍秋後算

---

18 蘇國柱、高永欣：〈從南線進軍西藏——兼憶老團長高建興〉，載《縱橫》2000 年第 9
期，頁 1620。

帳，因此全家人逃亡印度。樓去人空之下，彭措繼承了巴黑倉的家名和土地，後來彭措娶妻成家，生育了多羅三兄弟，多羅實行三兄共妻，現在兩兄和妻子已經去世。多羅一家二代成員生育了 5 子，年齡分別為 41 歲、32 歲、27 歲、24 歲、21 歲，5 子合娶 16 號家庭的閨女向巴玉珍，生育了三代成員——4 個女兒。妻子向巴玉珍今年 40 歲，除了大丈夫以外，她的年齡對於其餘 4 位丈夫無疑偏大。二丈夫紮西江措先是在碧土鄉政府附近開了一家小賣部，後來認識了碧土村姑娘次任央措，於是決定分家立業。分家只是一個名分而已，因為除了經營小賣部獲得收益以外，紮西江措沒有從家裏分得半點資產。

個案四十三：

訪談對象：頓珠；地點：龍西村萊得組；時間：2005 年 8 月和 2007 年 1 月。

1 號家庭為一夫一妻制下的核心家庭。戶主頓珠現年 51 歲，妻子來自嘎紮組，現年 54 歲。兩人共同養育了 2 子 2 女。頓珠家在 1959 年民主改革之前曾是龍西村的大戶，據悉祖輩也曾實行過兄弟共妻婚制。頓珠是三兄弟，二弟占堆從昌都師範學校畢業以後，分配到左貢縣城的小學教書，在那裏成家立業。三弟贊巴叢則上門到本村 13 號家庭，成為該戶的家長，養育了 1 子 4 女。頓珠三兄弟各自分門定居，均行一夫一妻婚，主要原因有兩個：一是原先家境優越，家產殷實，有能力送子女外出讀書，使之接受新思想，家庭也有能力承受和克服兄弟分家後面臨的困難；二是頓珠早年加入了中國共產黨，現

在是龍西村的副村長，年輕時響應黨的號召，反對行兄弟共
妻這種所謂的「落後愚昧的婚俗」，因此讓弟弟上門到了其它
家庭。

　　一定程度上，互換性既與龍西村特殊的地理環境有關，也與家庭
對婚姻選擇的偏好相連。由於環境因素是變化的，因此，與基因編碼
有關的選擇偏好必須具備足夠的靈活性，才能使人們長期保持生育的
興趣。例如，家庭成員在使用相同的策略 X 時，也會使用不同的策
略 Y 來抵禦任何突變基因的入侵，維持「單群均衡」。如果突變基因
的攜帶者比常規狀態下採取 X 策略家庭更能生存，突變基因便打破
了單群均衡，並會在家中建立一種新的偏好機制，改變原來的傳遞方
式，此類情形較為尋常。要是情況相反，促使採取不同策略突變基因
的攜帶者比常規狀態下採取 X 策略的個體更難生存，單群均衡就維
持下來。[19]

　　第五，包容性。傳襲性和互換性能生動地展示婚姻家庭形態的三
種傳遞邏輯──垂直、水準和傾斜在龍西村內的動態和活力。三種傳
遞邏輯之所以有效地發揮著功效，其實是建立在一個基本的前提──
包容性之上的。

　　包容性包含三方面的內容：

　　首先，龍西村民認同多樣化的婚姻組織形式。當前世上存在的三
種婚姻形態──一夫一妻、一夫多妻和一妻多夫──都能在龍西村得
到認可。雖然龍西村 25 戶家庭中只出現一夫一妻和一妻多夫兩種婚
姻形式，未見一夫多妻婚，但龍西村附近的一些村子中有一夫多妻制
家庭。堅贊和韶明於 2005 年夏在碧土鄉的數村抽樣調查，發現碧土

---

19 Bergstrom, T. On the Evolution of Altruistic Ethical Rules for Siblings. *American Economic Review*, vol.1, 1995, 1:58-81.

村和紮郎村各有 1 例行姊妹共夫婚的家庭。建立姊妹共夫婚的家庭通常有兩種情形：一是男方先娶入某戶人家的女兒作為自己的妻子，然後再把妻子的姊妹迎娶過來；二是夫方上門先與女方家庭的某位女兒建立起一夫一妻制家庭，後來女方家庭出於積蓄勞力等需要，再把未婚的姊妹嫁給已上門的女婿，從而組建成一夫多妻制家庭。附近村子出現姊妹共夫的現象，表明該婚制在當地有著堅實的物質基礎和文化傳統，只不過某個時段處於弱化，某個時段又處於上陞勢態。村民並不強烈地反對行姊妹共夫婚；報導人曾私下透露說以往村中有過姊妹共夫的情況。現在不具備行該婚制的條件，因而沒有出現這種家庭。這個條件大概是指純女戶家庭，姊妹年齡差距不大，關係融洽，聽從父母的安排。

其次，入贅婚在本村佔有很大的比例，並且不受社會輿論的歧視，村民表現出極大的寬容性。當「波色」（上門女婿）的兒子，其地位並不比娶妻的兒子低下；相反，波色不僅有權享用新戶的家名，甚至還可成為新戶的家長。

碧土寺是玉曲河谷最有影響的廟宇，有僧尼 50 餘人，舊日在鹽井的佛教寺廟體系中居於第三等級。[20]新中國成立前碧土有一項「喇嘛稅」，碧土寺周邊的幾個村子需要定期為該寺提供出家人選，以抵消不菲的稅金，因此出家的情況比較普遍。

該寺在「破四舊」時被摧毀殆盡，重修工作遙遙無期。當前碧土鄉沒有一所大型寺廟，本在出家人只好遠走他鄉。

在所日村，一寺一庵的活動滲入家庭和社會組織中，成為降低潛在的丈夫數目或者剩餘婦女的「蓄水池」。而在龍西村，宗教調節的共妻兄弟作用為「波色婚」所取代。兄弟較多的家庭可讓一個或數個

---

20 參見劉贊廷編《鹽井縣志》，載《中國地方志集成・西藏府縣志輯》（成都：巴蜀書社，1995年），頁387-388。

兄弟入贅到其它家庭，以減少行共妻制的丈夫數；兩兄弟也可以一人入贅到其它家庭，一人則留在家中組建一夫一妻制家庭。當前龍西村27 起婚例中，發生了 6 起「波色婚」，其中屬於本村入贅的有 3 人，另有 3 人來自外村。相比下，龍西村只有 3 人上門到本村，有 6 人上門到其它的村子。行「波色婚」的男人，無一例外均採取一夫一妻制婚姻形式，他們絕大部分來自有兄弟的家庭。由此看來，入贅婚不僅有效地減少行兄弟共妻制的兄弟的數量，而且也為留守者實行兄弟共妻婚或一夫一妻婚掃清了障礙。

最後，家庭經常會收留前來投奔的親屬，包括離異婦女、私生子和殘疾人等，構成衛星家庭。被收留者的地位不分高低，與家人平等，有資格享用作為家庭成員應該擁有的一切權利。以下兩個案例說明了龍西村的殘缺家庭情況：

個案四十四：
訪談對象：阿布；地點：龍西村瑪德組；時間：2005 年 8 月。

> 19 號為喪偶家庭。戶主阿布現年 85 歲，早年與妻子行一夫一妻婚，生育了 2 子 3 女。妻子 1970 年病故。二子現各為 51 歲和 49 歲，均未成婚。三女也留守家中，長女次仁玉珍現年 64歲，年輕時未婚生育，生下了 1 子 1 女，現各為 30 歲和 27 歲。按照當地的說法，女兒與別人私通並不是什麼見不得人的事情，凡是未婚先育之子女當地稱為「宗措」，指私生子。值得一提的是，「宗措」並無貶意，私生子也是家庭中的一員，有權享用家名，有權分配家產。由於玉珍有了兒女，她的兩個弟弟放棄了結婚的權利，兄弟姊妹四人都把玉珍的子女視若嫡出，齊心協力將他們養育成人，家庭成員之間的關係非常融洽。

個案四十五：

這是一個殉情的故事，是卓瑪措等人在瑪德組報導的，時間：
2005 年 8 月。

20 號家庭的女戶主卓瑪措現年 38 歲，年輕時喪偶。母親是本
村人，父親是安多人，早年入贅到此，建立了一夫一妻制家
庭。父母生前養育了 9 個孩子，卓瑪措排行第二，上有一姊，
下有三弟四妹。姊姊去拉薩做生意並定居在那裏。3 個弟弟都
已外出到拉薩經商或打工，平時很少回家。卓瑪措順乎自然地
當了戶主。龍西村類似的情形較多，體現了婦女的地位。六姊
妹當中，老三康珠拉姆剛死不久，死時 33 歲。康珠拉姆起初
嫁給本村人日欽丹珠（21 號家庭戶主的弟弟），這位丈夫比她
年長 12 歲，婚後兩人育有 1 子 2 女（7 歲、3 歲和 1 歲），不
久分居。日欽丹珠敦厚、木訥，顯得老邁，康珠拉姆則年輕漂
亮，精力旺盛，日漸覺得丈夫配不上她。200 年，康珠拉姆開
始與索堆家（24 號家庭，原先住在萊得組，後來搬入瑪德
組）的獨子紮西加措（29 歲）相好，私通了兩年才被日欽丹
珠發現。丈夫無端戴上綠帽子，遭到村民嘲笑，滿腹悲憤，與
妻子大吵了一通。經過村民教育，康珠拉姆和紮西加措這對情
侶暫時中斷交往，但前者的夫妻關係徹底破裂，兩人水火不
容，三日一小吵，五日一大吵，反而逼得康珠拉姆與情人走得
更近。兩人相約到拉薩打工，在外面過清靜日子。康珠拉姆先
去拉薩，在姊姊的幫助下找到一份工作。不久，紮西加措跟了
過去，索堆全家反對他出走，但毫無用處。2004 年，在日欽
丹珠的強烈要求下，經過家人的反覆勸說，康珠拉姆迷途知返
地回到村中。隨後紮西加措也跟了回來。兩人的私情還在繼續

發展。2005 年 7 月的一天，康珠拉姆與紮西加措在村外水磨房裏幽會，為日欽丹珠所跟蹤，他躲在磨房外面偷聽兩人甜蜜的私語，其中有嘲弄自己的語言，感到羞愧難當，但又不敢站出來指責他們，默默回到家中，越想越氣，抱出酒罈給自己斟滿青稞酒，大碗大碗地喝下去。他靠著酒精壯膽，脫掉衣服，用鐵鍊縛住上身和胳膊，前往磨房找這一對鴛鴦理論。來到磨房門口破口大罵。康珠拉姆與紮西加措見狀惱羞成怒，撿起石塊向日欽丹珠擲去。日欽丹珠一點都不躲閃，他心裏想：你們要我死，我就死給你們看。就這樣，日欽丹珠被活活砸死。真是一失足成千古恨啊！看到鑄成大錯，這對情侶知道法理難容，兩人來不及懊悔，手挽手、肩並肩地走向玉曲河邊，縱身跳入水中。康珠拉姆夫婦過世後，3 個子女由卓瑪措收養。

　　兩戶殘缺家庭有一個共同點：對於戶主而言，家裏出現了非直系親屬的家庭成員，他（她）們以「附屬」或「衛星」的形式加入進來。這種情況在龍西村其餘 23 戶核心家庭中或多或少地存在。

　　家庭成員除了夫妻子女，還包括來自妻方的兄弟或夫方的姊妹。其中出現妻之兄弟的家庭有 2 戶，占總戶數的 8%；出現夫之姊妹的家庭有 6 戶，占總戶數的 24%。考察這些「附屬的」家庭成員，發現他們不是喪失一定勞動力的殘疾人，就是已過最佳婚齡的婦女。龍西村當前共有 4 位殘疾人，其中聾子 1 人、啞巴 1 人、瘸子 2 人。

　　2 號和 17 號家庭均採取入贅婚，一個重要原因是家中男性成員身體有殘疾（2 號家庭妻子的哥哥是個啞巴；17 號家庭妻子的弟弟是個瘸子），找不到配偶，故讓女兒用招贅婿的形式組建家庭。新家庭不能把有殘疾的親人趕出去，而應承擔照顧他們的義務。另有 6 戶家庭的附屬成員均為丈夫的姊妹，共計人數達 10 人之多。這 10 人的平

均年齡為 32.1 歲，表明多數人已經錯過最佳的婚配年齡。由於當地流行兄弟共妻婚，造成了較多的剩餘婦女。剛才有過比較，在所日村，宗教和寺廟能在多餘婦女方面發揮積極的作用，而龍西村的宗教影響式微，家庭不得不充當起類似的功能，以便為這些多餘的婦女提供庇護。此外，對於婚外情與私生子，當地不僅提供了相對寬鬆的輿論氛圍，而且家屬也有義務將其撫養成人這在一定程度上緩解了多餘婦女對社會所造成的壓力。

五　在半農半牧之間

前面描述了龍西村地處橫斷山脈的河谷，玉曲河從村邊山腳蜿蜒而過，河谷在海拔 2000 至 3000 公尺之間，屬於河谷有刺灌叢帶和常綠闊葉灌叢帶，一年的氣候有干濕之分，尤其適合精細型的農業。加之村址位於滇藏交界處，為茶馬古道的必經之地，自古為戰略要地。據村民陳述，他們的祖先中就有從衛藏前來戍邊的藏兵；後來這些士兵融入當地的民係，發展成為屯守納稅、自給自足的差巴戶。

龍西村有限的耕地面積限制了人口的擴張，總戶數只能在一定的基線上下徘徊。老人們回憶，以前村裏的差巴戶就有不少是行兄弟共妻婚的。這符合學者們的解釋，戈爾斯坦曾提出，一妻多夫制除了維持財產完整以外，還緊密地圍繞著社會分層體系，伴隨著生產方式和社會地位的分佈而存在。在藏族社會的貴族、差巴和堆窮各階層中，一妻多夫制更多地見於差巴階層，成為他們世代維護家庭和財富的主要手段。[21]

---

21 Goldstein, M. C. Stratification, Polyandry, and Family Structure in Central Tibet. *Southwestern Journal of Anthropology*, 1971 (1):64-74.

根據村民的自述，行兄弟共妻制主要基於五點理由：

第一，耕地有限，農作物產量不高，家裏需要操持的活計多，需要投入很多勞力。

第二，土司頭人和碧土寺每年都會調集大量烏拉，由於封建的徭役制所迫，支差按家戶輪值，如果實行一夫一妻制，家戶的數量就會增多，烏拉也會增多，反之，如果兄弟共娶一妻，婚後不分家，同一戶人家承擔的烏拉相對就少一些，在服徭役期間，由於家中還有男人，可以應付日常工作。

第三，法理上說男女可以分家產，但一個實力雄厚的家庭分裂成幾個脆弱的小家庭，則很難與惡劣的自然環境對抗，甚至連生存都成為問題，所以採取了兄弟共妻的辦法，這樣就避免了分家的惡果，同時也能保持家庭的經濟實力。

第四，耕地有限，沒有多餘的地皮建房，況且修建新房需要耗費大量的資金，不是每個家庭或每個人都能夠承受的，只能兄弟不分家併合娶一妻，最大限度地利用土地和房屋。

第五，兄弟不分家是一個悠久的傳統意識，思想走在行動的前面，一個人從小聽到的看到的都是兄弟共妻制好的一面，長大後也就容易踐行。

以上五個理由聚焦到一點——人們行兄弟共妻婚是相當功利的，主要與社會—經濟因素有關。近些年來，當地人口和戶數開始呈現增長的趨勢，而自然環境並沒有發生多大的變化。龍西村民應該保持靈活應對的態度，克服耕地陡峻，地塊零碎，土地珍貴，氣候差異大，人口壓力大的困難。

龍西處於河谷與山麓地帶，臨近雲南省德欽縣，地理位置相對優越，林業和草場資源均相對豐富，適宜多種經營，家庭經濟面臨著更多的選擇，表7-5反映了一年中該村的主要生產活動。

表7-5　龍西村年度經濟生產活動細目

藏曆	重要經濟生產活動
一月	割草、砍薪、接羊羔（牛犢、馬駒）、照看牲畜、積肥、過年
二月	砍薪、施頭道肥、耕耘、選種、準備種土豆、玉米和青稞
三月	犁地、除草、播種、田間管理
四月	中耕、除草、種蕎麥、灌溉莊稼、準備採集
五月	挖蟲草、整地種蔬菜、播種蕎麥、給種下的莊稼施追肥、興修水渠
六月	採松茸和其它野生菌、上山放牧、收蔬菜、修渠、經營「帳篷商店」
七月	繼續採集和經營「帳篷商店」，收蔬菜、種青菜，收青稞、土豆、玉米
八月	收蕎麥、釀青稞酒、採堅果、收水果等
九月	翻地暴曬、釀玉米酒、把牲畜趕下高山
十月	翻地、雇屠夫宰殺犛牛、準備收割牧草
十一	月砍薪、積肥、田間管理、割草、準備過冬
十二	月砍薪、割草、河谷放牧、積肥、背水、準備過年

　　由表 7-5 可知，生計模式名義上以半農半牧為主，實際上覆蓋到農、牧、林、商四個行業。與周邊各村有所不同，龍西村民更能因地制宜地組織其形式多樣的生產活動，有效地緩解由於人地矛盾所呈現出的張力。以下具體說明：

（一）農業

　　農業是吸收勞力最多，產出最多、最穩定的衣食之源，在很大程度上決定著一個家庭能否自給自足。龍西村的農業性特徵，主要體現在以下三個方面：

　　首先，河谷與山地並存的地質條件，決定了當地人以農耕為主，以畜牧、採集為輔的生產模式。龍西村地處梅裏雪山北坡，生地眾

多，熟地較少，水源有限，土地多在村落附近開墾，分為水田和旱地，以旱地居多，其中又以半山坡地為主，壩子（平地）極少。旱地一般一年一收，水田一年兩收。河谷地段氣候較暖和，農作物一年兩熟；半山地區氣候較寒冷，農作物一年一熟或兩年三熟。

玉曲河谷地的土壤比較肥沃，半山坡多碎石，大多不能深耕。村民依藏曆來固定農事，一年的工作安排農牧業占的比重較大。

其次，傳統耕作方式為二牛抬杆，一年兩次（分春耕和秋耕）其法如古：「田用三尺犁，格長丈余，兩牛相去七八尺，一個人前牽牛，一個人持按犁轅，一個人秉末，蠻治山田殊為精好。」[22]農作、休田、田間管理和修水渠交叉並行。比較重視施肥，肥料主要是牛糞、羊糞，人糞使用較晚。一年除草三四次，秋收後立刻將田裏的青草翻入土內，腐化為肥料；現在也流行把油菜籽做成菜餅後肥田料的做法。傳統的生產工具有：除草農具、土耙、木鏟、犁、石磨、打場工具和收割的刀具等；近年來引進了電動脫粒機和電動收割機等新型農具。龍西村特別注重青稞和小麥的種植，兩種作物的選種和留種都有講究，一般要留家裏最好的一塊地的莊稼作為種子，需要精心進行管理。豌豆由於種植技術較難，近些年已鮮見種植。

最後，當地擁有比較深厚的農耕文化。由於土地稀少，特別重視土地、建築和喪葬用地，每每用地都要舉行特別的敬地、擇地和動土儀式。在日常生活中，也存在各種與農耕文化休戚相關的禁忌、宗教心理和觀念等。例如，有較為明確的性別分工：拽牛、扶犁是男人，播種是女人；修渠是男人。還有，下半年不宜結婚，不宜行二次葬，出殯時不能中途休息，否則褻瀆神山，觸犯神靈，引發冰雹，影響牲畜的繁殖和莊稼的生長，等等。

---

22 參見樊綽：《蠻書》，載《景印文淵閣四庫全書》第四六四冊（臺北：臺灣商務印書館，1986年），頁24。

一個農業家庭的產品數量，與它控制和利用的土地有關。因年代久遠，老人對村裏各戶當時佔有土地的情況語焉不詳了。1959 年民主改革，村民分到了土地，進而實行合作化，土地入股；1965 年成立人民公社，土地充公；198 年包產到戶，土地劃為四等，回歸農民。三個自然村當時在不同的行政規劃下[23]，各村土地和人口本來就不一樣，分地時有差異。萊得組平均每人大約分得 4 畝土地，嘎紮組平均每人大約分得 0.5 畝土地，瑪德組大約平均每人分得 1.3 畝土地。自包產到戶以來，龍西村每戶擁有的土地數量沒有發生多大的變化。

人地關係的緊張表現在許多家庭人均擁有的土地不足 1 畝。當然，三個村組的土地資源呈現出不平衡的情景。萊得村人均分地多（每人 2 畝以上），既是該村位於半坡，便於引水灌溉和開墾，又是戶數少（198 年包產到戶時僅有 5 戶）的結果。雖然該村土地多，但均為旱地，一年只能一熟。而嘎紮組與瑪德組田地少，但位置好，全部田地在玉曲河谷，土壤肥沃，便於灌溉，產量較高，一年兩熟，同時也需要更多的勞力。三村中，嘎紮組的田地最少，戶數和人口最多，此消彼長下人均土地擁有量便愈少。瑪德組處於中間水準，平均每戶擁有的土地數量相差無幾（每戶約為 4 畝），但人均擁有的土地量同樣低於 1 畝。

如果考察龍西村兄弟共妻家庭在三個村組的分佈情況，還可發現一個明顯的特徵：除了屬於萊德組的 1 戶以外，另外 10 戶的家庭人均擁有田地面積都異常低，大體在 0.4 至 0.8 畝之間，表明人地之間的張力，同時也說明，行兄弟共妻婚的家庭的土地已經介入到不可再分割的臨界點，任何導致分家並分割田地的行為都將受到家庭與輿論的嚴厲反對。

---

23 以往萊得、嘎紮和瑪德三個自然村歸屬甲郎鄉管轄，後來甲郎鄉併入碧土鄉。

　　以上情形同樣適用於其它婚制的家庭。家庭必須採取適當的策略才能處理好人口與耕地的矛盾。以二子之家為例，按照西藏的風俗傳統，兩兄弟是有權均分家產的，但如果家產已經處於「不可再分割」的境界，這時只能採取兩條出路：一是讓一子上門，二是讓兩兄弟不分家，行兄弟共妻婚。就龍西村而言，本應有第三條路，因碧土寺被毀，寺廟定編定員，出家之路不通。

　　為瞭解決耕地缺乏的困境，人們到遠離村莊的坡地上開荒，往往是勞力較多的家庭這麼做。山坡上許多方位的土質不好，全是沙石，開墾費力，需要修建灌溉水渠，外加施肥、拔草，勞力不菲。由於勞動力稀缺，農忙時節往往以天數為計算單位。僅是計算從家中去新開墾的田地來回數趟的路程一項，就要耗費本應用於從事其它工作的許多時間——已經是大多數家庭無法承受的事情了。此外，新開的荒地產量十分有限，大多只能做到一年一熟，一般以種植蕎麥為主。蕎麥的適應力極強，不比起青稞和小麥費工，成活率較高。花巴、甲郎等村行一夫一妻婚者居多，分家較普遍，人口增長快，人多地少，人們不得不沿著玉曲河兩岸墾荒，適宜開墾的土地日缺。如果還要開荒，只能去更高的山坡，反過來又增加了成本。2000 年以來，國家大力推行「天保工程」，鼓勵退耕還林和退牧還林。由於龍西村民能從政府那裏領取到一定數額的補助，因此，近年來在周邊地區開墾荒地的熱情逐漸冷卻。

　　值得指出的是，龍西村嘎紮組和瑪德組所分的土地雖以水澆地居多，但根據距離玉曲河岸的遠近及土質的好壞，按照好、中、差、極差四等來均分，說明原已稀缺的土地，內部還存在著不平衡現象。例如，嘎紮組的土地，已均分，分配時好差摻雜，形成各戶土地的插花狀態，給精耕細作帶來了不便（如無法實現大面積連續播種和耕作等），佔用了土地（如修建田埂），由此減低了產量。報導人說，人們

尋求解決問題的途徑是互相交換土地，以便耕作和管理。

當然，土地的這種不勻稱性並非百害而無一利，它恰好為村民種植的多樣性提供了便利的條件。人們選擇在最好的土地上種植青稞、小麥和玉米，在較差的土地上種植蕎麥和馬鈴薯……這就是龍西村種植的莊稼種類如此之多的根本原因。

據碧土鄉政府的年度報表，2005 年龍西村糧食總產量為 131270 公斤，戶均 5250.8 公斤。其中，青稞 25670 公斤，戶均 1026.8 公斤；小麥（包括春、冬小麥）51900 公斤，戶均 2076 公斤；玉米 69230 公斤，戶均 2769.2 公斤；馬鈴薯 6600 公斤，戶均 264 公斤；油菜籽 210 公斤，戶均 8.4 公斤；各類蔬菜 5210 公斤，戶均 208.4 公斤。村民做到了「手中有糧，心裏不慌」。

調查發現龍西村家庭糧食總產量的不均衡性。雖然各戶在不同季節裏種植的作物大體相同，但收穫的糧食各不相同。現把家庭口數和土地的單位畝產之間的關係圖示如下（見圖 7-9）：

由圖 7-9 可知，雖然家庭人口與糧食畝產量的相關性沒有達到顯著的水準，但也達到了較大的比值，兩者基本呈正比關係。說明家庭的人口愈多，擁有的勞力愈多，愈有可能投入較多的勞動力於農業耕作和田間管理等項，因此畝產量愈有保障。當然結果並非絕對，因為影響單位產量的還有其它因素，如土地肥力、水源位置，播種的作物（搭配起來是兩熟還是一熟，如果種植蕎麥、馬鈴薯，其年產量要比種植青稞、小麥高出許多），投入耕作的精細化程度等等。以上都能解釋圖 7-9 所顯示的一些差異：勞力多的家庭，其單位產量並不高，勞力不多的家庭，其單位產量也不低。

以全村糧食總產量 131270 公斤計算，則平均每戶糧產量在 1000 至 9000 公斤上下波動，

平均每人可分配的糧食約為 680 公斤，如果全部吃掉，而不是留

作一些飼料、釀酒等，也低於當前國際認可的標準。如以全村戶均口數 8 人計，則每戶的糧食消費量為 5440 公斤[24]，必須從牧業、林業或商業等方面獲得相應的補充。

（二）畜飼養與牧業

發展畜牧業飼養禽類，是龍西村民充分利用自身有利的地理條件，獲取額外食物以補充自身不足的有效途徑之一。

村民一天的食譜大致為：主食用青稞磨製而成的糌粑，家家戶戶必備，用蕎麥粉製作而成蕎麥餅也是多數人愛吃的，人們在田頭地邊、樓房附近的空地上種些蔬菜，辣椒、小南瓜、小白菜、茄子……也進入了食譜。在各類糧食中，龍西村人最喜歡的是米飯；這點與牧區有所不同。本村種植的小麥並不能滿足家庭的需求，許多家庭每年需從外部購買小麥、大米。此外，受外部文化的影響，麵條（含快食麵）也進入了農家。糧食蔬菜使人體的碳水化合物含量達標，肉類食品進一步保證攝取的熱量。

每家都養了雞、豬等禽畜。2005 年，龍西村 25 戶家庭共養雞 314 隻，雞一般很少用於宰殺，主要用來下蛋。當年龍西村總共產蛋 980 公斤，平均每人可食用 5.08 公斤。

龍西村所圈養的豬屬於藏豬系列，身材瘦小、小眼睛、長嘴巴，全身烏漆麻黑，鬃毛一根根地倒豎，成豬體重一般在 30 至 40 公斤之間，是村民獲得肉類食物的主要來源，一般每戶家庭都要養一二十頭豬，一些家庭還在樓房門外修葺豬圈。據鄉里統計的數字，2005 年龍西村總共宰殺了 366 頭豬，獲得 15560 公斤豬肉，全部自用，如此

---

24 實際生活中還需要使用大量的糧食用於生產性消耗（如留種量、餵養家禽、牲畜和交換勞務等），因此，用於人的糧食消耗數還應下調。

村民平均每天可消耗的豬肉約為 0.22 公斤。至於狗，一般看守家門或者充當牧羊犬；當地認為狗是人類忠實的朋友，因此有禁吃狗肉的習俗。

村民攝取的肉類食品還有牛羊肉等。2005 年龍西村總共宰殺了12 頭犛牛、24 隻綿羊和 24 隻山羊，為村民提供了 3540 公斤牛羊肉；使人均消費的肉類食品超過了 0.27 公斤。龍西村的食譜已經由單一的糌粑和肉類過渡到糌粑、肉類、大米、蔬菜、麵條的綜合結構。

龍西村林業資源豐富。草場在海拔 3500 至 4000 米的堛口處，春、夏兩季尤其適合放牧，但牧業規模很小，春夏在半山和高山放牧，秋冬在村莊周圍和山谷裏放牧。現有草場總面積 4976 畝，占碧土鄉草場總面積的 16.6%。2005 年，全村實際利用草場 5405 畝，首次超過了往年的水準，表明村子放養牲畜的數量呈現出上陞的跡象。

村民飼養的家畜品種繁多、功能迥異：有犛牛、犏牛、黃牛、馬、騾子、毛驢、山羊、岩羊、綿羊等。犏牛、耕牛和黃牛主要用於農耕，馬、騾子和毛驢用於畜力運輸；犛牛、岩羊和綿羊則提供肉類食品和乳製品。

2005 年全村牲畜總數為 787 頭，其中大牲畜 347 頭，役畜 103頭，成畜死亡 3 頭（只），生仔畜 58 隻。[25]

---

25 在這些牲畜中，依次有：耕牛237頭，能繁殖的母牛64頭，當年生仔牛9頭；良種及改良乳牛140頭，繁殖的母牛77頭，當年生仔牛38頭；犛牛14頭，能繁殖的母牛7頭，當年生仔牛6頭；犏牛19頭，能繁殖的母牛9頭，當年生仔牛5頭；馬13匹，能繁殖的母驢4匹；驢子4頭；騾子93頭，當年購入騾子4頭，成畜死亡2頭；岩羊91隻，能繁殖的母羊16隻，當年生仔畜9隻，當年購入4隻；山羊44隻，當年購入4隻，年初存欄數60只，綿羊27隻，能繁殖的母羊16隻，當年生仔羊9隻，成畜死亡1隻。當年出售和自宰的牛12隻；當年出售和自宰的羊24隻；當年出售和自宰的綿羊24隻；當年出售和自宰的山羊24隻。

　　村民宰殺豬不分季節，但宰殺牛、羊多集中於秋、冬兩季。主要基於三個原因：①秋冬氣溫較低，適宜肉類保存；②冬季大雪封山，與山外聯繫中斷，需要積蓄動物蛋白以應急需；③藏曆新年也在冬季，凡是外出讀書、務工和經商、朝佛的人都會回來，消費最較大。

　　牲畜除了能夠提供肉類食物以外，還可提供奶類食品，酥油茶就是一項奶類合成製品。2005 年，龍西村的各類牲畜合計提供了奶類食品 8920 公斤，其中牛奶 8892 公斤，羊奶 100 公斤。此外，牲畜還能定期提供毛皮，可用於製作犛牛繩、衣裳和一些日常用的皮革製品。畜糞是主要的肥料，直接關係到糧食的增產。

　　除了利用草場資源，飼養牲畜必須使用飼料、飼草等為輔助，由此耗費一個家庭為數不少的糧食儲備。2005 年，龍西村用於牲畜方面的消耗如下：役畜飼料、飼草 346282 斤，牧業中間消耗 12896 斤，飼料用糧 2180 斤，農作物秸稈飼草 314580 斤，青飼料作物 8789 斤。由此看來，飼養牲畜數量的多少，確實是每個家庭權衡後才能量力而為的事情。

　　同年，龍西村每戶放牧大牲畜約 31 頭（匹）。由於牲畜品種繁多，各種的牲畜都有自己的特性，需要專人精細護理與區別對待。冬季放牧時，大多數的牲畜需要牽回家裏圈養，這時候就要預先派人割草存放家中，為牲畜過冬做準備，這些均需消耗家裏不菲的勞動力。

　　龍西村有幾個夏季牧場，建在山巔，那裏有牧人居住的木棚。專人放牧，形式多樣。如果牲畜較多，家裏就要增派人手。若家裏的牲畜不多，則幾個家庭的牲畜可拼湊在一起，或是各個家庭輪流派人放牧，或者專門託管給某個人放牧，之後付給這個放牧者一定的報酬。夏季放牧要警惕狗熊和豺狼偷襲。2005 年，一隻成年綿羊便被狗熊咬死了。

　　畜牧業是對農業的重要補充，表現在它所帶來的便利的因素，主

要是：第一，可為家庭提供必須的肉類食品和奶類食品，極大地滿足了家庭成員在攝取蛋白質與卡路里方面的需求；第二，可服務於農事勞役，極大地緩和了精細型耕作對勞力強度的需求；第三，可作為必要的畜力來運輸貨物，這也是龍西村人溝通外部並實現商品交換的必備工具；第四，可提供必要的肥料與副產品。因此，一個家庭只要條件許可，總會想方設法增加牲畜的數量。

家業愈大，發展畜牧業的傾向愈強烈，主要是：①家庭成員較多，足以應付勞動力的額外需求；②希望獲得肉類食品以改善家庭的飲食結構；③希望獲得足夠的畜糞作為肥料。龍西村的人口與牲畜對照關係詳見圖 7-10。

圖 7-10 反映了家庭口數與擁有牲畜數是一種正比例關係，但不如圖 7-10 明顯，包含了一些例外，譬如，有些小家庭擁有較多的牲畜，而有些大家庭的牲畜量卻很少。一些家庭突然富裕了（如通過採集和出售蟲草），能夠購入更多的牲畜，與此同時，另一些家庭正陷入債務，只能通過出售或宰殺牲畜以獲得額外的資金或必要的食物，這樣就改變了原來的牲畜擁有量。此外，還要考慮地理條件。三個自然村，萊德組位於半山，放牧方便，村中家庭擁有的牲畜數比其它村組多了一兩倍。由於樣本的局限，一定程度上影響了對相關性水準的判斷。總體上圖 7-10 反映了這樣一個事實：家庭人口愈多，可能擁有的牲畜量越多，生活品質的提高也就愈加獲得了保證。

（三）採集與林業資源

如果說農業是龍西村的根本，牲畜是對農業有效的補充，採集與林業則是龍西村人獲得現金來源用於改善生活條件的主要途徑。

龍西的農牧業基本實現自足。近年來受外部的衝擊和影響，發生了一些新的變化。例如，電視早就進入了大多數人的家庭，村民的新

思想、新觀念已經暗潮洶湧；與較新的生產技術接軌，大量引進新型的生產工具（如水力發電機、電動脫粒機和電動磨麵機等）；傳統的飲食結構開始發生了轉向——以糌粑、酥油茶、豬肉為主開始轉向以大米、麵條和各類肉類食品混合為主；住房朝實用、美觀的方向發展，主張修建牢固、寬敞的房子，把房間內部裝飾一新；等等。所有這些，都必須獲得大量現金的支持。目前龍西村能夠獲得現金來源的，只有「靠山吃山」的林業經濟，採集山上的蟲草和松茸兩項，就佔據了龍西村人年度經濟收入的最大比重。果園經濟作物出產蘋果、梨子、野毛桃和核桃，但目前只有核桃具有交換價值。新鮮水果，只能內部消耗掉或者作為農田裏施肥的原料。

2005 年，龍西村總共採集蟲草 15.14 公斤，戶均 0.60 公斤；以當年價格計算，給龍西村每戶家庭帶來約 2.4 萬元的收益[26]。採集松茸 9160 公斤，戶均 366.4 公斤，如以當年的收購價格計算，平均每戶獲得 3664 元的收入；採集貝母 7.3 公斤，戶均 0.29 公斤，出售後平均每戶僅獲得 150 元收入；出產核桃 2010 公斤，戶均 80.4 公斤，以每公斤 10 元的價格計算，則平均每戶獲得 804 元的收入。以上各項收益相加，則龍西村每戶在林業上每年可獲得約 2.8618 萬元的純收入。

由於每戶的情況不一，參與的人數和採集的強度各有不同，以上各項的收入並非是絕對的。例如，各家賣核桃或核桃油的收入就很不一樣，因為核桃樹的生長期較長，周圍需要較大的空間（樹身大、佔地較多）。龍西村出產的核桃樹大多是十年前種植的，每戶種植的株數也存在差異，所以有些家庭出產核桃會比其它家庭多出許多。龍西

---

26 2007年，蟲草價格上浮了1倍，中等蟲草（約2500條／公斤）每公斤收購價格約為4.5萬元。

村周邊山上的蟲草，一般每年在藏曆的四五月生長，蟲草生長隱蔽，呈零散性分佈，難以採集。松茸生長於藏曆六至八月間，相對於碧土另外七村而言，龍西村的產量還是頗大的。每逢採集季節，許多家庭都在野外搭起帳篷，男子守在產地，每天清早採集，兼顧放牧，之後將所得匯合，派人送到山下路口交給收購者。一年中男人約有 5 個月呆在山上。因採集與農耕相左，只好讓婦女和老人呆在村裏料理家務，地裏的活忙時男人就暫時回家幫忙，搶收、搶種，勞動力不夠的家庭從其它村子雇人幫忙。男人留在山上的另一個目的是防止外村人過界搶奪資源。

　　既然龍西村現金收入絕大部分依靠採集蟲草和松茸所得，因此考察每戶當年所獲得的現金數，大體能推測出當年採集蟲草和松茸的數量。因此，採集蟲草和松茸的數量，又與一個家庭投入人數和參與強度呈現出正比的關係。圖 7-11 是家庭口數與採集收入的關係。

　　圖 7-11 反映出林業採集的現金收入與家庭人口數在 0.001 的水準上有顯著的關聯性。換言之，一個家庭投入的勞力（特別是家裏男人）越多，便能在林業採集上佔有愈加明顯的優勢。進一步考察家庭人口數中男性成員數與採集現金收入的關係（圖 7-11），可以清晰地看到在 0.008 水準上展現出來的關聯，說明家庭中的男勞力越多，在林業收入一項中佔據的優勢更為明顯。

　　由於蟲草的數量稀少，故價格最為昂貴，龍西村人堅決反對其它村的人過界採集[27]，為此還發生幾次群體鬥毆事件。至於松茸，龍西村民沒有像蟲草那樣嚴禁別人過界採集，部分原因在於松茸的數量眾多，採集分散，其價格也遠不如蟲草昂貴。

---

27 碧土鄉其它村沒有龍西村的地理優勢，生長蟲草的地方並不多見。

（四）貿易與商品交換

如果說採集與林業是龍西村民獲得現金收入的主要來源，貿易與商品交換則是其中必要的補充。

龍西具有商品貿易得天獨厚的條件。村裏上了年紀的老人都能回憶起茶馬古道盛行時碧土鄉繁榮的光景。早年親自走過茶馬古道，充當過「鍋頭」和「夥計」的老人有 4 號家庭的江白（69 歲）、5 號家庭的魯松（67 歲）和 3 號家庭的阿布（85 歲）等人。

根據他們集體回憶，當時龍西村人跑馬幫沒有「察瓦龍巴」有名，來自大理和麗江的商人極願雇請來自察瓦龍的馬隊，察瓦龍人很早就有了經商的傳統。「察瓦龍巴」馬幫的盛行，一定程度上助長了當地對男勞力的需求，趕馬人（「鍋頭」和「夥計」）跋山涉水，風餐露宿，沿途給騾馬上馱卸馱，須成年男性才能承擔這項工作。察瓦龍鄉與碧土龍西村很早就有通婚的關係，龍西村中不少人就是因為親戚關係被「察瓦龍巴」聘請為馬幫裏趕馬的夥計，並按照自身的貢獻領取相應的薪酬。也有人自帶馬匹，加入「察瓦龍巴」的馬幫一起經營。甚至一些家戶有過屬於自己的馬隊（如 4 號家庭的祖父），但規模不大，頂多只能組織 10 來匹馬進行馱運。

在趕馬幫的歲月中，龍西村的男人很早就學會了走南闖北，一年有大半的時間奔波在外，用長年累月的勞務換取微薄報酬以幫補家用。據這些老人的回憶，當時龍西村人就流行兄弟共妻制家庭，慣常的做法是：兩兄弟行共妻婚，一人在家務農，另外一人在外跑馬幫，家庭分工合理。

光陰似箭、斗轉星移，以往的茶馬古道已被野草掩蓋，碧土的名聲早已在許多人的腦海裏遺忘殆盡。然而，龍西村人依然活躍在這條古道上。與他們聯繫最為緊密的，是位於鄰省德欽縣佛山鄉的梅裏水

村；在這裏，214 國道聯接起雲南省與西藏的交通。大量的物資從雲南運到梅裏水村，龍西村人從這裏用騾馬把生活必需品轉運回家。騾馬成為龍西村聯繫外部必須具備的「交通工具」，一般家庭維持在 27 匹（頭）之間。現把 2005 年瞭解到的村中役畜的情況匯成表 7-6：

表7-6　龍西村各戶擁有的役畜情況（2005年單位：匹、頭、只）

戶號	馬	騾	驢	計	戶號	馬	騾	驢	計	戶號	馬	騾	驢	計
1	1	3	0	4	10	1	3	0	4	19	0	3	0	3
2	0	2	0	2	11	1	3	0	4	20	0	2	0	2
3	1	2	2	5	12	0	4	0	4	21	1	2	0	3
4	1	3	1	5	13	0	4	0	4	22	1	3	0	4
5	1	3	0	4	14	1	6	0	7	23	2	3	0	5
6	0	2	0	2	15	1	3	0	4	24	1	1	0	2
7	1	3	0	4	16	2	2	0	4	25	0	2	0	2
8	2	0	2	4	17	1	4	0	4	計	21	68	7	96
9	1	2	2	5	18	1	3	0	4	％	21.8	70.8	7.4	100

由表 7-6 可知，三種畜力牲畜中騾子的比例最大，占總數的 70.8%。騾子之所以深受龍西村人的青睞，不僅是因為騾子的脾氣最好，而且負重能力也最大；驢的負重能力次之，且速度過慢，只適合跑短距離的馱運，因此數量最少（7.4%）；馬的負重能力最差，但馬更多具有象徵的意義。例如，過藏曆年時村裏要舉辦賽馬節，這時每戶都以擁有一匹好馬而自豪，為此甚至甘願花費不菲的資金來購買。馬占三種牲畜的 21.8%，平均每戶 0.87 匹。

除騾子之外，馬和驢都能繁殖。馬最多活 50 歲，毛驢活 38 歲，騾子活 35 歲，三者可役使 20 年左右。騾馬或驢年老、生病或出了意

外，就要補充。德欽縣的昇平鎮有騾馬市場，中甸的騾馬市場很大，可到這些地方購買。一匹成年的騾子，價格在兩三千元，馬為25003000 元，毛驢為 10001500 元。三種役畜中，騾的胃口最大，馬次之，驢又次之。役畜可牽到山上去放牧，需定時餵青飼料或精飼料，尤其是在馱運時。糧食緊缺的家庭無力飼養較多的騾馬，需要控制數量，一般以 34 匹為宜。

雖然騾馬的成本不菲，但回報率也很高，它們從山外馱運物資回來，為許多家庭在村中開設店鋪及在山上設立「帳篷貨棧」提供了貨源，正如前文所陳述，龍西村位於梅裏雪山外轉經圈上（由此轉往察隅縣的察瓦龍鄉），每年夏天前來朝聖梅裏雪山的人絡繹不絕，是「帳篷貨棧」的主要顧客。目前 4 個家庭在村裏開了店鋪，每逢夏天更多的家庭會派人上山設立「帳篷貨棧」，接待香客留宿，提供食物，賺取現金，住宿費按每晚 10 元收取；伙食另外加收。據悉，1 個「帳篷貨棧」每年有四五千元的收入。近年因開發旅遊，進入碧土鄉的遊客日漸增多，騾馬的用處更大。現在循著騾馬進一步瞭解龍西村的第三產業（見表 7-7）：

表7-7　龍西村第三產業收入情況

（2005年單位：元）

項目	毛收入	中間消費	純收入	項目	毛收入	中間消費	純收入
運輸	513	315	198	經商	182932	31442	151690
飲食	646	541	105	其它	7742	2100	5642
手工	8624	8538	86	總計	200457	42936	157521

由表 7-7 可知，運輸、飲食、手工、經商和其它雜項是村民獲取現金收入的來源，而家裏既要維持一定的役畜，又要有人組織馱運，

這是獲得收入的基本保障，多數情況下趕馬伺候役畜這項工作要由男人來承當。

根據報導人的介紹，以及韶明和堅贊的親自觀察，龍西村確實有一些經常組織馱運，趕著騾馬頻繁地來往於梅裏雪山東西兩麓的運輸專業戶，他們從 217 國道旁邊的梅裏水村運進食品、飲料等物資屯積在家中，把山貨帶出去。夏天是趕馬的忙季，恰好要採集松茸，地裏又要收割，一個家庭組織馱運多則七八趟，少則兩三趟。以 4 天往返一趟計算，農忙時一個家庭必須保證安排男人外出 715 天，一年外出的時間積纍起來達 12 月。勞力緊缺的家庭是根本不可能設想的，而要做到這一點，只能是男勞力較多的家庭，首推兄弟共妻家庭。

把對農、牧、林和商四個層面的剖析引申到點，就是各行各業都需要勞力，尤其需要男勞力。多種多樣的生產方式均與家庭人口這個變數相連。換言之，一個家庭人口愈多，經濟活動的迴旋餘地愈大，就愈能夠發揮多樣性和靈活性來利用當地的資源優勢。

從龍西村的常情推之，要使家庭人口保持充裕，行兄弟共妻婚確實是個有效的手段。這樣的家庭有可能兼顧多種多樣的生產方式，即使不能穩定地獲得增產，也能夠抵禦意外的災害。在脆弱的自然環境中，一方面可選擇的方式無限多，另一方面每一種選擇的局限性都很大，必須把握幾個有前景的選擇點，彼此兼顧，才有可能實現家庭邊際效益的最大化。這是人所共有的心願，兄弟共妻並不可怕，懶惰與貧窮才是最可怕的，為了對抗自然，夯實經濟基礎，在長輩的帶領下，以妻子為主軸，兄弟們齊心協力，分工合作，搞好生產，養育後代，這就是輿論的要求。兄弟共妻制迎合了輿論，順應了自然，因而能夠綿延。

第八章
雨崩：梅裏雪山南麓的旅遊村

　　歷史上因戰略位置的顯要，滇藏交界處梅裏雪山東南麓發生了許多鮮為人知的政治、軍事和宗教事端。在南來北往的人流帶動下，久而久之，瀾滄江東岸一條巨大的山坳形成了一個「雪山市場」，藏族稱之為「阿敦」，意為「居住」或「居民點」。漢語稱作「阿敦子」。阿敦商業之盛，每歲以秋冬為最。然而，在瀾滄江西岸，距這個熱鬧的集鎮直線不過五六公里的太子雪山南麓，一個默默無聞的小村莊幾近被人遺忘。2007 年夏季，韶明獨自來到村裏住了兩個月，辛勤地進行田野工作。他發現兄弟共妻制瓦解的跡象。

　　本章描述了外地遊客蜂擁而至，旅遊市場一派大好，雨崩村的村民在此條件下抓住商機，經營起旅店和餐館來，一半人放棄了傳統的生計模式，婚姻形態出現了新的轉機，家庭結構發生了新的變化。

梅裏雪山的主峰卡瓦格博亦為太子雪山十三峰的統稱[1]。藏傳佛教有「身、口、意」之說，且附會於神山的傳說——衛藏地區的岡底斯神山為佛祖身部，山南地區的棸日神山為其口部，藏東地區的卡瓦格博則為意部，它們均為各自地區的轉經圈中心。佛教主張業報，「意業」說人有貪婪、嗔恚和邪見三種原罪，今生的一切做法決定著來世的投胎，故到意境之地轉經可為今生消災解難，也為來世積下功德。篤信的佛教徒認為神山有雌雄之分，卡瓦格博為雄性，被列為八大神山之首，是朝觀的聖地，故滇、川、甘、青、藏的佛徒常說「一生不朝梅裏雪山，死後就沒有好歸宿」。

卡瓦格博成為轉經聖地與噶瑪噶舉派關係極大[2]。該派二世活佛嘎瑪·拔西（1204-1283）著有《絨贊卡瓦格博頌》及《朝山經》。藏文中「絨贊」是「河谷地帶」之意，「卡瓦格博」是「險峻雄偉的白雪山峰」之意。《朝山經》規定了內外轉經圈的路線（見圖 8-1），對沿途景物加以解說。《朝山經》有兩部，一為《外聖地廣志》，介紹了外圈路上的勝景，藏語稱外轉為「叫古」，依此路朝山，在 816 天中按順時針方向繞梅裏雪山一大圈，行程 250 公里，經滇之德欽、藏之左貢和察隅。若從德欽出發，依次經過查裏桶（南大門）、多克拉、察瓦龍、說拉、梅裏水（北大門）、瀾滄江溜筒渡、明永和西當等

1　太子雪山有幾十座雪峰，其中海拔6000公尺高的雪峰，如緬茨姆、吉娃仁安、布迥松階吾學等峰就有6座，海拔5000公尺以上的高峰有27座。「13」在藏語中有「多」的含義，故稱太子十三峰。卡瓦格博在梅裏雪山的地望裏，它和梅裏雪山的內涵不同，一指雪峰，一指山巒連綿中有一主峰。

2　據傳卡瓦格博轉經圈是由嘎瑪·拔西開創的。他於13世紀中葉藏曆火羊年遊歷康南，路過卡瓦格博。三世活佛讓瓊多吉專程到卡瓦格博山麓，為雪山開光，卡瓦格博從此成為噶舉派一大修行聖地。15世紀初，五世活佛得銀協巴被明成祖封為大寶法王，明永太子廟現仍存有明朝刻於石碑上的篆刻文——《大寶法王聖旨》，其中提到「為建立『絨贊卡瓦格博』之上樂聖地，供奉寺院莊園、宮室之簡短誓詞」，足見噶舉派與卡瓦格博之間的淵源。

處，除多、察、說三處為藏地之外，其餘皆屬滇；一為《內聖地廣志》，介紹了內圈路上的勝景，行程 100 公里，需走 4 至 6 天。藏語稱內轉為「農古」，小轉之意，其路線按順時針方向，以白轉經堂為起點，先乞卡瓦格博庇祐，再經阿墩子（德欽縣城）→飛來寺→永宗（叩拜石鎖，在想像中獲得開山門的鑰匙）→神瀑（聖水沐浴）→西當→明永（朝覲供奉卡瓦格博和蓮花生的太子廟與蓮花寺）→布村→阿墩子。

舊時阿墩子有「阿覺哇」的商貿活動，與宗教朝山活動相連。據載：

> 阿敦為朝山必經之道，遠如拉薩、察木多，近如江卡、乍丫（江卡為今芒康縣，乍丫為今察雅縣——引注）一帶人民，邀群結伴，不憚千里之勞長途跋涉……每至日暮，則張幕以居，汲水採薪，自起炊爨，至夜相與依臥，雜沓紛陳，阿敦人稱之為「阿覺哇」。彼等一至，則敦市婦女全體動員，阿覺哇照例野居於街後地壩，是地婦女即向商店借貸貨物，丞待轉易。若商店稍有遲疑，則將所佩首飾臨時抵押之，立與阿覺哇多方結納，或以布匹、銅鍋，換其麝香藥材，或以針線雜貨，換其獸皮羊毛，均無不利市什倍。晚來，除將商店貨價償還外，以所得之利中抽一部分與同伴者沽酒歡飲，無不酩酊大醉，高興異常。阿敦本地婦女不農不牧，專靠與阿覺哇交易為生。最可奇者，阿敦婦女每年春間，觀諸天象徵兆，常評斷本歲阿覺哇來敦之多寡，猶似農人之望秋收……阿覺哇之行路，無論貧富老幼，皆以步行，背負食用等物。至多以山羊數頭馱口糧，絕無

一乘馬者……。[3]

本章要講的藏族村位於卡瓦格博峰東南側的神瀑處（見圖 8-2），村名「雨崩」，藏語為「綠松石上的寶樹」之意。據說雨崩村附近山上，保留有卡瓦格博的神箭射入岩石的痕跡。村民一年舉行兩次神箭節，分別為藏曆年與藏曆五月五日，紀念卡瓦格博用神箭戰勝八宗山妖，節日持續八九天，各種文娛活動相配，其中神箭活動持續兩三天。只許成年男性參加，婦女可以圍觀，賽者要潔身與齋戒，勝者相信得到了一年順利的好兆頭。「神箭節」象徵著卡瓦格博轉經圈是部落戰爭整合的結果。

一　雨崩劇變

雨崩屬於德欽縣雲嶺鄉，座標為東經 98°47′31″，北緯 28°23′47″（見圖 8-3），全村 35 個家戶（household），計 175 人。[4]1949 年時僅16 個家戶，其中 11 個家戶為「賈布」（差巴），佃租紅坡寺[5]的田地，承擔烏拉；還有 5 個家戶為「玉布」（農奴）。村民世居深山，鮮為外界所知。這裏有個掌故。很久以前誰都不知道雨崩村。一位深居梅裏雪山的老翁常到瀾滄江邊的西當村借糧，他來無影，去無蹤，日久引起村民的懷疑，想看個究竟，老翁似乎背後長眼，還會遁地，突然之

3　劉曼卿著：《國民政府女密使赴藏紀實；康藏輶軺》（北京：民族出版社，1998
　　年），頁149-150。

4　鄉政府的數位為33戶，田野調查的資料與此有微小出入。這裏以韶明取得的資料
　　為準。

5　舊稱巴塘格魯派的主寺康寧寺，實為巴塘格魯派的主寺康寧寺的分寺之一。

間就不見了。聰明人心生一計，老翁再來借糧時，就說：「現無青稞，無麥子，借你小米，行嗎？」他們把口袋替老翁上肩，不動聲色地紮了一刀。見老翁走了，便悄悄循著路上遺漏的小米跟隨，來到一塊巨石之下，不見地上的小米。奇怪之極，掀開巨石，發現曲徑通幽，裏面桃花源般地藏著一個小村，雨崩始為人知。

另一個版本大同小異：很久以前，雨崩村並不為外界所知，雨崩村人也一直過著與世無爭的生活。一天，一位來自西當村的獵人上山狩獵迷路，徑直穿過一片茂密的森林，驚奇地發現山後竟然藏著一個如此美麗的村子——雨崩。

兩個傳說均表明雨崩村位置極偏。難怪嘎瑪・拔西活佛發現這一畫中村的時候，由衷地發出了「雨崩」的感慨，村莊因此而得名。

雨崩已有五六百年的村史。村民沿襲傳統的生計模式，種植青稞、小麥、玉米、馬鈴薯和青菜，牧羊放牛。每家都有畜群，人人都會放牧，這些勞作主要由男人承擔。雨崩村民放養的牲畜以犛牛、黃牛和犏牛為主，數目有限，通常每戶的大小牲畜維持在 1050 頭（只、四）之間。一年中村民的生產生活安排大抵如下：一月，過藏曆年、舉辦祈願法會、跳鍋莊、舉辦賽馬、射擊節；二月，砍柴薪，牧拾農具、種子，準備耕耘；三月至六月，犁地、施肥、拔草、播種，種青菜和春小麥、馬鈴薯、玉米，田間管理，閒時轉經，過神箭節；七月至八月，收割、趕牲畜上山放牧、採集；九月，耕地、施肥，種冬小麥、青稞；十月，田間管理、施肥、趕牲畜下山放牧、田間管理、準備過冬；十一月至十二月，割草、砍柴薪、殺牲畜，準備過年。

雨崩村共有 5 個牧場，分佈在海拔 2000 至 4000 公尺之間：其中高山牧場有 3 個，分別為呢諾（海拔 3400 公尺）、笑弩（海拔 3700 公尺）和布茸弩（海拔 3900 公尺）；中山牧場有 1 個，名為尼色（海

拔約 2,400 公尺）。河谷牧場有 1 個，名為泥色（海拔 2,000 公尺）。不同海拔高度的牧場均有不同的功能，牧人們隨著季節和氣溫的變化而不斷搬遷。天氣炎熱時，搬遷到海拔較高的牧場；天氣寒冷時，則搬遷到海拔較低的河谷牧場。

關於牧場管理，雨崩村民有一套世代承襲的傳統：實行輪流封閉，每個牧場連續放牧的時間不得超過一個月，過了這段期間，任何牲畜都不可進入。這樣做是保護草場不至於過度放牧而遭受破壞，為此雨崩村民必須定時搬遷牧場，一般每個牧場所呆的時間為一個月左右。每年，牧人就在 4 個牧場之間輪換放牧。六月，雨崩村把牧場設在呢諾；七月搬遷到笑弩；八月搬遷到布茸弩；九月回到笑弩；十月又回到呢諾；十一月至十二月遷到泥色河谷處放牧。

畜牧產品一直是村民經濟收入的主要來源之一。每個家庭成員都有嚴謹的分工：婦女操持家務，男人外出放牧。畜牧提供了每年所需的（特別在過冬期間）乳製品——酥油，婦女的任務並不輕鬆，每天早晚都要擠一次奶，還需定時打酥油。由於減少了奶牛的數量，現在一戶人家兩天擠出的牛奶才夠用來打酥油。打酥油是項繁重的活，一般需要打一兩千次才能把酥油從牛奶中分離出來，每天至少要花費 23 個小時；一桶牛奶打出的酥油不到 2 公斤。

打酥油的器具較為簡單，僅需一隻酥油桶、一個盛有適量水的大盆即可。

自 2000 年以來，雨崩村民積極改變傳統的經濟模式。促成這一轉變的原因很多，其中一個主要原因是旅遊業的介入，涉及美國自然保護協會的努力。[6]該協會號召村民利用雪山、冰川、冰湖、原始森

---

6 美國自然保護協會（TNC）成立於1951年，總部設在維吉尼亞州阿靈頓市（Arlington），是一個國際性的非政府、非贏利的自然環境保護組織。

林和原生態民居等資源發展旅遊業，鼓勵向世界銀行申請貸款；它從 2002 年開始投資，給每戶製作了 1 個木結構的客棧，贈送 10 套被褥，使村民學會用乾淨整潔的客棧來接待徒步旅行者，並在村裏積極推行太陽能和微型小水電示範工程。在村民自主選擇和自願參與的原則下，該協會開展綠色鄉村信貸專案，於 2005 年給 33 個家戶發放小額貸款計 30 萬元，先後舉辦獸醫、廚師和嚮導等培訓班。這個協會還與德欽縣水電局合資，修建了雨崩上、下村人畜飲水的自來水系統，使村民有了便利的用水設備。到 2006 年年底，全村擁有 36 套太陽能、4 臺多功能灶、18 座微水電、4 臺洗衣機、18 部電視機和 33 部衛星電話。2007 年，在縣電信部門的配合下，在南宗埡口處安裝了一個太陽能手機塔，總投資 48 萬元，使雨崩村與外部通了手機。這也是德欽縣政府響應雲南省政府大力開發旅遊的號召。隨著旅遊條件的改善，前來梅裏雪山景區旅遊的人數日增，以下資料來自德欽縣旅遊局，可見村民從遊客身上獲得了不少收益（見表 8-1）：

表8-1　梅裏雪山景區遊客、收入與雨崩村旅遊收入之關係

（單位：千人次、萬元）

年度	人次	景區旅遊收入	全村旅游收入	村民人均旅遊收入	年度	人次	景區旅遊收入	全村旅游收入	村民人均旅遊收入
1997	5	94	—	—	2002	16	301	28.55	0.18
1998	7.5	141	—	—2003		25	470	23.98	0.15
1999	9.8	184	—	—	2004	30	720	60.46	0.36
2000	11	207	—	—2005		40	960	62.81	0.37
2001	15	282	13.93	00.893	2006	55	1080	86.01	0.53

以下配合兩個訪談的案例（順便說，本章所採用的 7 個案例全部來自 2007 年 56 月韶明在雨崩村的田野調查，下面不再特別標注）：

個案四十六：

訪談對象：頓珠江村。

> 雨崩村在 20 世紀是全縣有名的貧窮村。頓珠江村因連續遭到不幸，有「剋妻」之稱。他早先行「嘎紮婚」入贅妻家，髮妻於 80 年代初死去，丟下一個出生不久的兒子。續妻又於 90 年代初死去，丟下一對年幼的兒女。頓珠江村忍受著命運的煎熬，與三個孩子相依為命，以挖藥材、收松茸為生，好不容易將三個孩子拉扯大。隨著香格裏拉和梅裏雪山旅遊線的連接，頓珠江村覺察到機遇，躍躍欲試。2002 年，他貸款修建了全村第一家客棧，有 20 多個床位，立竿見影，不僅當年就還清貸款，還獲得純利 2 萬多元。嘗到甜頭的頓珠江村擴建客棧，把床位增加到 60 多個，又改造伙房，建了用太陽能熱水器供水的澡堂，還買了汽油發電機，使客棧的食宿條件得到較大改善。據他保守的估計，2003 年全家僅旅遊收入一項便達 5 萬元，以後節節上陞，2004 年 7 萬元，2005 年 10 萬元，2006 年 13 萬元，2007 年預計可達 15 萬元。全家人放下了其它活計，投入到客棧工作中來。頓珠江村又結了一次婚。原來的三個孩子和兒媳也都成為家裏的幫手。這個家庭旅社分工明確，各司其職，業績突出。

個案四十七：

訪談對象：阿那祖、吉安拉姆。

阿那祖是遠近聞名的獵手，一次行獵誤傷了一位村民，當時大
雨磅礴，此人穿著大羊皮襖在叢林中採蘑菇，阿那祖以為是狗
熊，扣動了扳機。他背著傷者求治不成，主動自首，成為史上
雨崩村首位蹲獄者。出獄後，他覺得無顏面呆在村裏，便在外
面漂泊了兩年，在這段特殊的日子裏，他交了朋友，見了世
面，練就一口流利的漢語。回到雨崩村，阿那祖不再安分於農
牧生活，開始經營小本生意。2003 年，他意識到村莊旅遊的
光明前景，把家從下村搬到臨近上村一個最適合觀賞風景的場
所，東拼西湊弄了一筆錢修建了一家客棧。他聽從了旅遊者的
建議，為客棧取名「徒步者之家」。現在這家旅社已有 30 多個
床位，加上臨時床位，可接待 50 位客人。阿那祖成為村中敢
於打破傳統的人。例如，他在村裏率先使用小水輪發電機，又
買了電視機，安裝了微波電話……據說現在他全家年收入已達
15 萬元。

隨著開發旅遊業，年青一代農牧民扔掉了傳統生計，操起服務業
的營生，走上發家之路。雨崩村不通公路，村民牽出騾馬給遊客代
步，家家辦起客棧，取的名字一個比一個奇特，如「大自然」、「地平
線」、「三江」、「漂漂」、「饒丁」、「雪色浪漫」等。上規模（有 40 至
50 個床位）和上檔次的客棧屈指可數，只有「梅裏雪山」、「神瀑」、
「安珠」和「阿茸老師」等[7]。2006 年，全村每天接待的遊客 200 人
左右，阿那祖家算經濟效益好的，接待能力最低的家庭也有 3 萬元的
年收入，從表 8-1 可見，2006 年全村人均旅遊收入，超過雲南省農村
人均年收入水準。

7　在2007年8月的田野調查期間，韶明看到雨崩村已開設或正在建設的客棧計14家。

　　雨崩村由過去德欽縣最窮的村子演變為雲嶺鄉戶均與人均收入水準最高的村子。短期內村裏開發起旅遊業，主要是利用了現有的兩個條件。

　　一是近水樓臺的便利。如圖 8-2 所示，雨崩上村地勢較高，村子沿山而建，不在遊客主要目的地（雨崩神瀑）的路線之內；相比之下，下村是前往神瀑的旅遊者的必經之地，下村還有一個面積較大的壩子（平地），整體環境也優於上村，這就吸引了大量旅遊者在下村住宿，使得上、下村農戶之間的收入出現了差距。為了留住旅行者，上村家庭旅館的分佈也隨著旅行者的路線發生轉移，如早期的梅裏雪山客棧、徒步者之家和新建的漂漂客棧等莫不如此。

　　二是家庭原有的規模較大，面對新起的行業，迅速分出一些成員，以較小的規模、較大的機動應對變化，分家之後，原有的農牧業仍可維持。1997-2007 年，雨崩上村戶數從 11 戶增加到 18 戶，下村從 12 戶增加到 17 戶。上下兩村的戶均人口從 6 人下降到 5 人，沒有大量外來人員，通過家庭人口的分流撐起了新興的旅遊業。

　　經濟收入的增加對雨崩村原有的兄弟共妻家庭造成嚴重的衝擊，新結婚的人絕大部分建立的是核心家庭，因為夫妻二人能夠應付經濟需要。

二　均貧富

　　旅遊業給人一種高額回報的假象，把傳統生計逼到了絕路。現在有些人不再重視農牧生產了，地里長滿雜草，牛也養得少了，養得最多的家庭不過 20 頭左右，有些家庭徹底轉型，放棄了牧業。

　　2005 年雨崩上村有 13 戶，下村僅 15 戶，計 28 戶，旅遊業在造成兩村家庭富裕的同時，也拉開了它們與其它家庭的差距。在貧與富

的兩極，少部分經營規模較大的客棧家庭人均年收入接近甚至超過 5000 元，而少數幾戶家庭的人均收入不足 1000 元，多數農戶的人均收入剛達到 2000 元。

雨崩村仍竭力保持傳統文化規範。一張落款 1995 年 5 月 27 日的《村民公約》有所體現：

一、尊重師長，團結友愛，不打架，不罵人，打架者一次罰款 10 元，酗酒鬧事，破壞集體或私人的財物者同罰。

二、搞好上下村的關係，對挑起事端的人罰款 50 元。

三、村屬林區禁獵、放狗、下套，本村違者沒收財產，罰款 300 元，外村違者罰款 100 元，並將狗打死。若發現打馬鹿者，打到 1 頭，罰款 1000 元。

四、公共山林、牧場、水源歸集體所有，維護山林，防止失火。

五、除了西當和榮中的村民，外人不得在雨崩的山林、牧場放牧，趕畜群路過村界內的牧場，按每頭牛草場費 0.50 元計，由牧人自付。

六、每年採集松茸的季節，除西當村外，外人不得在雨崩村界內採集，若要採集，每人一次性繳納資源費 100 元。

七、外村人的大小牲畜一律不准寄養在本村的牧場。

八、每年十月高山牧場牲畜回遷，不到十月提前趕回者罰款 50 元，回遷的牲畜在玉米地損壞莊稼，畜主照價賠償。

上述八條反映了三項內容：第一，村裏的一切自然資源，均是祖輩留給大家的集體財富，必須充分體現出平均分配的權利；第二，任何有損集體利益的行為必須加以制止，這也是雨崩每戶、每人應盡的義務，這一「均等」的思想也能在神箭節的活動中看到；第三，制止

的方式純粹是經濟手段，其它手段似乎不起作用。如果考慮到這張公約的落款時間，確有一些時過境遷之感。

如前所述，神箭節每年舉行兩次。雨崩上下兩村各自為政。場地均設在一個平壩上，兩邊各豎一個高 1.2 公尺、寬 0.2 至 0.3 公尺的木椿，兩個木椿的間距為 25 至 30 公尺。參賽選手要按總人數分成均等的兩組，每組成員各自選上一個對手作為搭配，兩人輪流射出一對箭，來回各射一次算作一輪，射三輪或五輪，以射中木椿上的箭數最多的一方為勝。

此節體現了部落時代征戰的集體記憶，具有整合社會資源的功能。期間除了賽跑、拔河與籃球比賽等體育專案以外，還有喝砸酒（均為自家釀製的青稞酒）、跳鍋莊舞等活動。每次舉行時須由兩戶當值人家負責組織接待。其中喝酒的耗費尤為明顯，倘若完全由兩戶東道主承擔，必然難堪。因此，須設計一個機制來降低開支，於是規定，在決出勝負的選手中，負方須按照輸掉的箭數拿出相應的青稞（一箭折「一斛」），收集攏來的青稞移交給下一次輪值的兩戶人家，以抵消屆時他們補貼的青稞數量。每次射箭比賽以後，要把負方輸掉的箭數刻在一根青岡木上，讓公眾有數，如此迴圈，村裏至今保留著「刻木記事」的風俗。

神箭節規定每戶至少派出一位成年男子參加，也可派出多位選手，但須分成人數均等的兩組。因此，一戶人家若出現兩位以上的射手，他們甚至可能成為對手，這樣就保證了每戶人家都有可能承擔一定份額的青稞，從而象徵著社會資源的再分配，起到既實現整合又兼顧個人需求的作用。

敬酒會是村裏實現平等性的另外一種表達。敬酒會，也叫做座談會（即講笑話），由村裏的成年男人集體參加，一般在節日期間舉行，主要體現出詼諧幽默、意蘊深長的話語，以供大家取笑作樂，下

以敬酒會中的胡謅為例：[8]

甲（提興）：現在你倆穿藏裝，發達後該不會穿名牌西裝吧？

乙（反譏）：現在你倆都著藏裝，開發後不會穿上喇叭褲吧？

丙（反譏）：現在你倆都著藏裝，開發後不會穿上健美褲吧？

丁（續興）：我們的穿著還不錯，這健美褲就讓我媽穿吧！

戊（續興）：這高跟鞋就讓最老的兩位奶奶穿吧！

己（續興）：你老爺子以後會穿高跟鞋、開飛機上天嗎？

庚（續興）：說不准你會用外國話唱藏歌吧？

辛（續興）：你該不會在唱藏歌時，用迪斯可節奏吧？

壬（續興）：你該不會用藏調唱樣板戲吧？

……

　　可見，敬酒會給村民提供了一個交流思想感情的場所。敬酒會期間，村裏人的談話不僅無所顧忌，甚至還可以互相揭短來飲酒取樂。這種帶有戲謔性質的玩笑，於 20 世紀 40 年代為一些學者所關注，譬如，拉德克利夫-布朗在其名著中用了兩章的篇幅來闡述，認為戲謔關係是友好與敵對兩種情緒的結合，就像「泄藥」一樣是一種社會行為控制的機制，[9]沖淡了平日裏的一些小摩擦、小矛盾。

　　每年藏曆八月十五，全村的成年男性還要去朝拜「聖僧」神山。一天之內繞行「聖僧」神山一周，首先去到神瀑煨桑、洗禮、沐浴，之後結伴攀行數座懸崖，翻過南爭拉山埡口，再回到本村。村民認

8　錄自音像資料《在卡瓦格博腳下——走進香格裏拉》，由中共德欽縣委宣傳部，德欽縣民族宗教事務委員會和上海浩文文化傳播公司聯合製作，由雲南音像出版社出版。

9　參見〔英〕A. R. 拉德克利夫-布朗著，潘蛟、王賢海、劉文遠、知寒譯：《原始社會的結構與功能》（北京：中央民族大學出版社，1999年）第四、五章（頁99-128）。

為，經過一次轉經，就可以給村子和家裏帶來祝福，同時也袪除一切邪氣，讓世間的生靈都能得到安康、吉祥。

朝拜「聖僧」神山是村民的整合，不僅體現了人對自然、神靈的敬畏，而且是老少男性成員之間傳授知識、恪守傳統和鞏固集體榮譽感的一種行為。

從《村民公約》、神箭節、敬酒會和朝拜神山四件事情，可以看出雨崩村滲透入微、世代相傳的「均等」思想。但它正面臨著現代化的衝擊。

旅遊業給雨崩村人帶來了豐厚的利潤，問題就壞在這裏。2002年以前，雨崩村並未實行任何形式的旅遊收入分配製度。隨著旅遊者的不斷增加，一些開辦了家庭旅館的村民家庭的商業競爭意識逐步增強，為了爭奪客源，相鄰店鋪間發生了微妙的變化，甚至發生過譏諷和對罵。起先雨崩村沒有制度化的旅遊收入平均分配條款，村裏人誰先看見了遊客，誰就會搶先把客人領回自家，這在遊客看來倒是當地人十分熱情的表現。有鑑於此，村裏召開了「家長會」，就遊客入村的管理、食宿、收費、村民利益分配等一系列問題展開討論。

「家長會」是一種古老的村社制度。大小事都可以擺到桌面上協商。每個人都有發言權。經過充分討論，一套體現平均分配旅遊收入的新條規制定出來，以廣告形式貼在村內各醒目位置，請遊客注意：

> 尊敬的旅遊者，您好！歡迎您來到雨崩村遊玩。為了我們的安定、團結，同時也為了您的安全，經我村全體家長協議規定，凡是住店旅客，住處全部統一由我社村幹部安排。為此，特別請您到達雨崩後，先聯繫社幹部給您安排住宿，切不可自找住處。若不服從而使我村民發生衝突，後果由您負責。
>
> 特此通告，望能配合。
>
> 聯繫電話：×××

　　具體來說，這套規範實行了馬隊和住宿接待（含餐飲、小賣部）兩種旅遊收入的分配。

1　馬隊收入的實施步驟

　　（1）只允許雨崩村民向馬隊提供騾馬，最多兩匹，按戶一一編號。

　　（2）馬隊分南爭拉山馬隊和神瀑馬隊兩支，分別由上村、下村村長擔任隊長，其主要職責是分派馬匹，監督收入。

　　（3）遇到有需要騾馬的旅遊者，按照旅遊者人數或行李包，由馬隊長按順序編號叫出相應的騾馬的馬匹，抽籤決定各自對應的旅遊者或行李包。

　　（4）駄運收入由馬主人獲得，牽騾馬人的報酬由馬主人和牽馬人自行商定。

2　住宿接待收入的平均分配

　　（1）所有村民以家庭為單位編號，目前全雨崩村一共 35 戶，即編作 1 至 35 號。

　　（2）每天有一戶家庭輪值接待，順序由上下兩村的村長聯合安排和監督。

　　（3）如果當日決定留宿雨崩村的旅遊者超過了輪值接待戶的接待能力（或該戶不具備的接待能力），則按編號依次順延到有接待能力的家庭，但是，所有住宿收入，負責接待戶必須根據留宿旅遊者的人數，按照 10 元／人的標準扣除相應款項退還給輪值接待戶作為補償。至於來自餐飲接待方面的收入，則完全歸負責接待戶所有。

　　（4）在旅遊旺季（如夏季和黃金周），因大批旅遊者湧入，食宿難以統一安排，更難做到悉心照顧，各接待戶的收入也難以透明，兩

村的村長往往連夜到各家，清點留宿人數，落實接待條件，並核算收入分配。

　　這套規範緩和了因村內開發旅遊而導致關係日趨緊張的危機，也保護了純樸的民風，體現出一種原始樸素的「平等、公平、合理」原則，一定程度上遏制村戶間貧富差距進一步的拉大，而且適當地避免村戶之間的惡性競爭，從而有效的調節了村內的人際關係與維護社區的和諧。沒有這套新規範，村裏賴以吸引旅遊者的人文環境就要瓦解。

　　與「旅遊收入平均分配製度」的推行相對應，「旅遊環境衛生責任制」也制定出來了，以解決旅遊業帶來的生活垃圾。具體規定此處就不作介紹。兩種制度的實施，幫助雨崩村自我調適，以經受外來文化的衝擊。

三　親屬關係

　　外來的文化暫時沒有影響到雨崩村的親屬關係的深層結構。親屬稱謂是親屬關係的反映，雨崩屬康方言區，村民講的藏話口音略有不同，現在將雨崩村的親屬稱謂製圖示如圖 8-4，以進行理論與結構性分析。

1 看行輩

　　雨崩村多數家庭健在的人只有三代，記憶中有七代，即報導人能稱呼父輩、祖輩和曾祖輩三代，子、孫、曾孫三代。尊一代成員的稱謂各不相同。尊輩成員可享有敬語。在尊二三代成員中，同代且同性別成員的稱謂一致，但尊三代稱謂與尊二代稱謂有所不同，要在稱謂末添加敬語「加烏」。此外，尊二三代中同代成員的稱謂不再區分年

齡大小。尊一代成員之間區分年齡大小：在詞末添加敬語「加烏」表示年長者；在詞末添加敬語「嘎」則表示年幼者。區分自我的父之兄弟（阿克）與自我的母之兄弟（阿擁），卻不區分自我的父之姊妹（阿尼）與自我的母之姊妹（阿尼），同樣在稱謂末部添加敬語「加烏」或「嘎」以區分他們之間的年齡大小。與自我同輩的親屬還包括兄弟、姐妹和表親（包括姑表和姨表）等。這裏嚴格區分兄弟和姊妹之間的大小，但自我父親之兄弟之子和自我父親之姊妹之女，與自我的兄弟和自我的姊妹的稱謂一致，並把這些稱謂與對自我母親之兄弟之子與自我母親之姊妹之女的稱謂等同起來。換言之，這裏的同代成員之間無論父系、母系血緣均享用一致的稱謂，不同之處是需在原來用於兄弟姊妹之間的稱謂末部添加「加瑪」一詞，以表示次級的血緣關係，這樣就能根據己身血緣的親疏把第一層次的親屬關係與第二層的親屬關係區別開來。在卑三代中，除了有性別區分以外，還有輩分的區分，將卑一代與卑二三代區分開來，但卑二三代享用共同的稱謂。卑一代至卑三代成員不能享用尊稱，也不再區分彼此的大小。屬於第一層親屬關係與第二層親屬關係的卑親輩成員不再區分血緣的親疏。

2　看性別

雨崩村的性別標準顯示出二元對稱結構的性質，對男方親屬成員有多少稱謂，對女方親屬成員就有多少稱謂。例如，屬於男性「尼」（自我的曾祖父、自我的祖父和自我的兄等）、「爸」（自我的父）、「克」（自我的父之兄弟）、「擁」（自我的母之兄弟）、「普」（自我的兒）等；屬於女性的專稱有「加」（自我的曾祖母、自我的祖母等）、「媽」（自我的母）、「尼」（自我的父之姊妹或自我的母之姊妹）、「姆」（自我的女）、「瑪」（自我的媳）等。除了男女性別專稱以外，

還有一些統稱，如「那仁」指男人，「婆那」指女人；「巴貝」指兄弟，「布貝」指姊妹；「阿嘎」指小娃娃（不分男女）等。

3 看姻親

雨崩村表示姻親關係的親屬稱謂有：「拿瑪」（自我的媳）、「波色」（自我的婿）、「拉仁」（自我的夫）、「婆大」（自我的妻）、「嘎綮」（自我的夫）、「阿擁」（自我的父之姊妹之夫）等。自我的媳和自我的婿在間稱時又可稱為「婆大」和「嘎綮」，這兩個詞均能與其它的稱謂單詞組合起來靈活使用。此外，這裏還存在一個顯著的特徵：把姻親與具有母系血親關係的成員混淆並等同起來。例如，自我的父之姊妹之夫稱為「阿擁」，該稱謂與對自我的母之兄弟的稱謂等同起來。另一方面，又把自我的父之姊妹稱為「阿尼」，該稱謂與對自我的母之兄弟之妻的稱謂等同起來。把姻親關係成員的稱謂與血親成員等同起來，一個可能的解釋是：當地流行父方和母方的交表親，即一個男人可與自我的父親之姊妹之女或自我的母親之兄弟之女結婚，這樣就把自我的母之兄弟與自我的父之姊妹之夫等同起來，或者把自我的父之姊妹與自我的母之兄弟等同起來，因為他（她）們都是自己潛在的自我的妻之父（岳父）或自我的妻之母（岳母）。在雨崩村，與「阿擁」的女兒結婚是最為理想的婚姻形式，當地稱其為「阿擁伯姆」，意思為「舅舅（姑父）家的女兒不能嫁給別人」的意思。該詞還有「親上加親」的含義。

4 看旁系

雨崩村採用雙邊血緣，存在一定程度的內婚制，允許父方和母方的交表婚，但不允許母方的平表婚。具有父系血緣的家庭成員內部嚴禁通婚。與所日村、龍西村有所不同，當地允許（甚至可以說是縱

容）兄弟分家，從對自我的父親之兄弟的稱謂可以看出該點。例如，如果稱呼自我的父親之哥哥為「阿烏加烏」，則表明這是父輩行兄弟共妻制婚姻；反之，如果稱呼其為「阿克加烏」，則表明其父輩不行該婚制。兩種稱謂的並存，在一定程度上說明當地存在相對普遍的兄弟分家的情況，因此對當地的親屬稱謂產生了影響。

5　看分叉

雨崩村現有的情況不能反映分叉標準的差異，但通過靈活使用合成詞與敬語，村民能夠歸納出自己所認知的所有的親屬稱謂。因此，當地既不存在所日村中用來表示親戚關係的專詞——「年珠」，也無需龍西村人以「喊名」來取代指稱詞缺乏的做法。

6　看極性

雨崩的親屬稱謂存在一定的極性現象。例如，自我稱呼同胞各有專稱，但稱呼父之姊妹之子女、父之兄弟之子女、母之兄弟之子女、母之姊妹之子女則須在同胞的稱謂末部添加「加瑪」一詞，表示對血緣親疏程度的區分。此外。不同輩分成員之間也存在這種極性現象，最為典型的是「甥舅」關係：外甥稱呼舅父為「阿擁」，舅父稱呼外甥為「波熱」（男）或「布熱」（女），該稱謂與對自己子女的稱呼區分開來。

7　看相對年齡

同一性別的兄弟或姊妹之間的大小，由於直稱時都有專稱，因此相互之間的年齡大小是可以確定的。雨崩村關於兄弟組之間區分大小的一個特色是：能夠區分至少 7 位兄弟之間的大小。例如，從大哥到七弟的稱謂依次為：阿烏加烏、阿烏、阿佐、阿烏嘎、阿嘎、阿姆、

白讓。大哥享用比己身輩分高的尊稱「加烏」——彰顯出作為長兄在家庭中的重要地位。這點與所日、龍西兩村的做法有很大的差異。

8 看稱謂人的性別

從雨崩村實際情況判斷，該標準並不存在。

9 看死亡

存在兄弟共妻制的地方不存在轉房制，雨崩村沒有兄終弟及的現象。

雨崩村的親屬制度說明五點：

第一，親屬稱謂在語言學層面可分為詞素與單詞。詞素又可分為初級和次級兩種，前者常見的有「阿」、「子」等，後者有「尼」、「加」、「爸」、「克」、「擁」、「烏」、「布」等。與所日、龍西兩村不同，雨崩村還存在合成詞稱謂（即單詞與單詞的組合）。例如，「波大」和「嘎絷」與其它稱謂的組合構成「阿烏婆大」或「阿布嘎絷」等。此外，親屬稱謂中還大量出現了敬語，如「加烏」、「嘎」等，一般作為次級詞素存在。敬語的使用一般有兩個前提條件：必須運用在尊親輩或同輩中比自我年長的人身上。敬語不能用在卑親輩和比自我年幼的家庭成員身上。

第二，雨崩村的親屬稱謂近似於愛斯基摩類型，自我的父之姊妹之女與自我的母之兄弟之女有相同的稱謂，兩者又與姊妹和平表的稱謂相同，但與姊妹的稱謂區別開來；交表與平表的稱謂經常性但並不總是一致。[10] 愛斯基摩親屬稱謂是一種直系稱謂制，主要特徵是強調核心家庭，特別分出母親、父親、兄弟和姊妹，並把其它所有親屬、

---

10 Murdock, G. P. *Social Structure*. New York: The Free Press, 1965:223-224.

姨母和姑母、叔伯舅舅和堂兄弟姊妹，合而統之，不加區分。

　　第三，雨崩村不區分父方平表和交表關係；姑表與同輩兄弟或姊妹共用同一稱謂，但在該稱謂末添加次級詞素「加瑪」，用於表示次級的血緣關係。旁系標準中母方交表與平表與父方的交表的親緣程度在伯仲之間，顯示雙係論血統對親屬制度的影響。此外，把自我的夫之兄弟和姊妹，自我的妻之兄弟和姊妹的稱謂與自己的兄弟姊妹等同起來，又與同代的父系或母系的交表和平表區別開來；同樣的關係還出現在尊一代中，姻親下自我的夫之父母與自我的妻之父母與自己的父母的稱謂相同。說明姻親關係比旁系關係表現得更為密切，母系血緣佔有重要的地位。

　　第四，雨崩村的親屬稱謂中既有類別式，又有說明式的成分。兩者之中，類比式的比例較大。二者所使用的稱謂中包含著許多合成詞。構成合成詞的基礎，來源於核心家庭成員之間明確的血緣關係。雨崩村的類別式與說明式親屬稱謂的特色是以父系或母系核心家庭成員間的關係為依託來向兩邊擴展其親屬稱謂結構，呈現出完美的對稱性。

　　第五，婚姻形態對親屬稱謂有影響：一是採取母系和父系的交表親；二是流行兄弟共妻制。當地允許母方交表婚和平表婚，也允許父方的交表婚，唯禁止父方平表婚。當自我是男性時，可與舅舅之女結婚，也可與姑媽之女結婚，以第一種更為常見。自我的舅舅之女與自我的姨媽之女的稱謂相同，屬於「次級關係」的親屬，都是自我潛在的婚配對象。兄弟共妻對兄弟組的親屬稱謂發生了重大影響。例如，在一個一妻五夫的家庭中，卑一代成員稱呼諸位「父親」時有專稱，至少可區分出父親的長幼關係，從老大到老五的稱謂依次為「阿爸（就）」、「阿克」、「阿佐」、「阿嘎」和「阿貢嘎」。共妻兄弟間也有嚴格的長幼區分，如在一個一妻七夫的家庭中，7 個兄弟的長幼關係是

有專名的：依次為「阿烏加烏」、「阿烏」、「阿佐」、「阿烏嘎」、「阿嘎」、「阿姆」和「白讓」等。丈夫關係的背後是兄弟關係，每個丈夫都可依據長幼獲得一個或數個專稱，認可了該成員在家庭中的特殊地位，也突出了以長兄為核心的兄弟關係。

四　歷史之巧合

雨崩村的婚姻形態和家庭結構在旅遊業的劇烈衝擊下正在發生變化。

如前所述，雨崩村現有 35 個家戶，男 95 人，女 80 人，計 175 人，平均每戶約為 4.97 人，等於是五口之家，男女比例約為 119:100。村中約 24%的人口處於前生育年齡階段（0-15 歲），其中男 21 人，女 21 人，男女持平；57.7%的人口處於生育年齡階段（16-45 歲），男 59 人，女 42 人，男比女多 17 人；18.3%人口處於後生育年齡階段（46 歲以上），男 15 人，女 16 人，女比男多 1 人。在三列資料中，有意義的是前兩列。第一列說明男女的出生率是守恆的，今後若出現兄弟共妻，可能性不應該是男女比例失調。第二列說明，目前村中兄弟共妻家庭的比例較大，剩餘婦女跑到外面去了。

35 戶除了 3 個殘缺家庭未進行統計，有 6 戶是兩個婚例，故 32 戶共有 38 個婚例，其婚姻形態為：27 例為一夫一妻婚，10 例為兄弟共妻婚，1 例為姊妹共夫婚。一夫一妻婚占全村婚姻總量的 71.05%；兄弟共妻婚占 26.32%，屬於流行性一妻多夫婚姻形態，且全為二兄共一妻，說明即使是共妻，其家庭規模依舊很小，適合現代社會的要求；姊妹共夫婚占 2.63%。在 6 戶存在兩個婚例的主幹家庭中，除了 1 戶為兩代行一夫一妻婚之外，另外 5 戶均為一代行單偶婚，一代行多偶婚，且 4 戶是卑代行多偶婚，尊代行單偶婚，只有 1 戶相反，尊

代行多偶婚，卑代行單偶婚。

雨崩村的婚姻形態有三個特點：一是三種婚制並存，體現了婚姻形態的多樣性；二是核心家庭與主幹家庭為主，體現了家庭趨於小型化的同時又保留了父母的生存空間；三是兄弟中出家者或單獨成家者居多，可能是核心家庭多和家庭趨於小型化的代價。以下以案例來證之。

個案四十八：

訪談對象：阿生。

> 19 號家庭的戶主叫做綠珠，他與 33 號家庭的戶主阿生是同胞。綠珠兄弟共 4 人，二弟（頓珠江村）早年上門，三弟（阿生）與四弟（安珠）是孿生兄弟。由於綠珠的叔父（20 號家庭的戶主）無子嗣，綠珠的父母同意讓四子（安珠）過繼給叔父。過繼在當地甚為常見，藏語稱為「布查」，繼子女可以承襲繼父母的家業。後來安珠成為 20 號家庭的家長；阿生也成家了，提出分家的要求，並從老家（19 號家庭）分得 4 畝土地和若干牲畜。有趣的是，阿生與安珠的婚姻是兄弟娶姊妹，兩人的妻子來自西藏察隅縣察瓦龍鄉，是一對孿生姊妹，姐姐叫做拉姆，妹妹叫做拉追。據藏族文化的價值觀，孿生兄弟若能與孿生姊妹搭配至為理想。更有趣的是，阿生娶了拉追後，以家中勞力不夠為由，把妻妹擁覺也娶了過來，組建成一個一夫二妻的家庭。據報導人介紹，假如行一夫多妻婚，最好娶髮妻的姊妹，可以降低她們發生矛盾的頻率，增強家庭團結。在雨崩和周邊的一些村子，除了實行一妻多夫制以外，一夫多妻制也是一種受到社會認可的婚姻形式，通常以姊妹共夫居多。

現在阿生一家一共養育了1子2女，家庭人口數為6人。

　　村中三種婚姻形態呈現出金字塔結構，底層是一夫一妻婚（71.05%），中層是一妻多夫婚（26.32%），頂層是一夫多妻婚（2.63%）。這個結構沒有起到吸納多餘婦女的作用，因為行一夫多妻婚才 1 例。所謂「一夫多妻制導致可婚婦女減少，使社會底層的人被迫共妻」[11]和雨崩村的情形毫無共同之處。相比之下，行兄弟共妻婚有 10 例，兩者的差距是巨大的，根本無法抵消。何況這 1 例姊妹共夫的婚例，兩個妻子都是從外地娶入的，並非內部消化。但可以這樣來認識問題，既然可以從外地娶妻，本村婦女同樣可以嫁到外地，因此，剩餘婦女的出路也就不言而喻了。

　　一夫一妻制婚姻依然是村中的主導型婚制。與所日（62.1%）、龍西（48%）兩村的情況一樣，雨崩村中一夫一妻制的比例達 71.05%；在韶明調查的 3 個村子中最高。3 個村子的婚姻形態都很多樣，各自比重不同。說明一妻一夫婚制的確是人類的共同偏好。[12]

　　一個村子並存三種婚制，可檢驗前人提出的觀點——社區並存多種婚姻形態，從生命周期考慮，其實是婚姻與家庭組織的一整套法則與信仰的體現。[13]考察三種婚姻形態之間的轉換，應該引入時間變數，才能獲得更為客觀的理解。例如，一個原來行一夫二妻的家庭，當一個妻子去世後，便可自然轉化為一夫一妻制家庭；同樣，一個一

---

11 Van den Berghe, P. L. Barash, P. D.Inclusive Fitness and Human Family Structure. *American Anthropologist*, 1977 (4):811.

12 Tervithick, A. On a Panhuman Preference for Monandry: Is Polyandry an Exception? *Journal of Comparative Family Studies*, 1997 (3):154-181.

13 Berreman, G. D. Himalayan Polyandry and the Domestic Circle. *American Ethnologist*, 1975 (1):127-138.

妻二夫的家庭中若一個丈夫去世，則該婚姻也自然轉化為一夫一妻制
家庭。反過來的說法亦能成立，即原來行一夫一妻的家庭，隨後加入
一個妻子便組成了一夫二妻的家庭；同樣，一個原來行一夫一妻的家
庭，隨後增加一個丈夫便組建成一妻二夫的家庭。這樣，在生命周期
的作用下，家庭組織所採用的三種婚制，實質可在內部動態地轉化。

按家庭分類，雨崩村的核心家庭有 14 戶（40%），主幹家庭有 18
戶（51.43%），單身家庭有 1 戶（2.86%），其它 2 戶（5.71%）。核心
家庭與主幹家庭占 90%強。核心家庭的夫妻多是行個體婚，主幹家庭
有一代的夫妻行多偶婚。在 3 個村子中，雨崩村主幹家庭的比例也是
最高的，甚至超出西藏昌都地區主幹家庭的平均水準。[14]

雨崩村的 10 例共妻婚，只有 1 例出現在核心家庭，另外 9 例無
一例外均出現在主幹家庭中。在第六、七章的分析中，所日、龍西兩
村的婚姻與家庭結構顯示出一個重要的關聯性：一夫一妻制與核心家
庭之間有著更為密切的聯繫；兄弟共妻制與主幹家庭有著更為密切的
聯繫。這種關聯性，在雨崩村的個案中再次得到證明，雨崩村的兄弟
妻家庭占村中主幹家庭總戶數的 50%。然而，雨崩村一夫一妻制占核
心家庭總數的 85.71%，比所日、龍西兩村的比例高出不少，後兩村
該比值分別為 66.67%和 73.08%。其原因前面已經指出，近年來由於
旅遊業的迅猛發展與劇烈衝擊，當地個體婚不僅數量逐漸增多，而且
呈現出加速發展的跡象；其家庭形式也由主幹家庭向核心家庭轉化
（見表 8-2）。

---

14 所日與龍西兩村主幹家庭的比例分別為38.81%和36%；昌都地區主幹家庭的平均水
  準為42%至48%。參見李廣文、楊松、格勒主編《西藏昌都——歷史・傳統・現代
  性》（重慶：重慶出版社，2000年），頁357。

表8-2　60年來雨崩村家戶的增長率（1948-2007年單位：戶、%）

年份	1948-1957	1958-1967	1968-1977	1978-1987	1988-1997	1998-2007
家戶	16	18	24	25	28	35
增長率	—	12.5	33.33	4	12	35
共妻戶	8	8	4	6	10	10
增長率	—	0	-50	50	66.67	0

　　表 8-2 說明，過去 60 年間，雨崩村由 16 戶增長到 35 戶，增長值為 118.75%，平均每 10 年增長 19.79%。如以 2007 年為終點，60 年間有兩個轉捩點，一個在第三個 10 年（1968-1977），原因是「文化大革命」期間實行「左」的政策，強行解散兄弟共妻家庭，使其回到一夫一妻制家庭；一個轉捩點在第六個 10 年（1998-2007），原因是旅遊熱驅動了經濟利益，小規模的家庭容易追求這種利益。若看第一個 10 年（1948-1957），50 年間，雨崩村由 16 戶增長到 28 戶，總增長比例為 75%，平均每 10 年增長 15%。相比之下，最近 10 年（1998—2007）間雨崩村由 28 戶增加到 35 戶，增長比例為 25%。這兩個轉捩點的平均值均高於上述提及的兩個平均增長值，表明這 20 年間戶數的增幅較大，增速較快。

　　表 8-2 的家戶包含共妻戶，表面數字掩蓋了深層原因。分家是實現家戶增長的途徑，推動這一惡作劇的是經濟泡沫，積纍家財不易，富裕家庭雖有能力承受分家帶來的困難，但普遍不願分割家產。貧窮的家庭不怕分家，人們一貧如洗，沒有什麼財產可以分割，也就無所謂害怕分家。然而，話又說回來，分家以後，困難確實增添了很多，生活更加潦倒，因此不願分家，再窮也願意合在一起過日子。所以說分家的恐懼是普遍的。分家除了經濟的原因，就是政治使然。「文革」時期，作為基層政權的人民公社用行政命令推行婚姻法（該法的

前提是一夫一妻制），以「扣工分」、「不分糧」、「勞動改造」等恐嚇
手段迫使兄弟分家，搞得妻離子散，同時強迫出家人還俗，逼迫從共
妻戶家庭分出來的兄弟以及回到老家的返俗喇嘛進入婚配市場擇偶，
在這樣的背景下個體家庭激增（增長 33%），共妻家庭銳減。黑格爾
有一句名言：可以說重大的歷史事變和人物都出現過兩次。[15]馬克思
接著說道：第一次是作為悲劇出現，第二次是作為喜劇出現。[16]「文
化大革命」造成多偶家庭的解體（負增長 50%），共妻家庭在 810 戶
間波動，也許這個數字是村內共妻家庭的基數。現在旅遊業又造成多
偶家庭的零增長。兩次劇變相隔 40 年，異曲同工，究竟何為悲，何
為喜？根據「利比克定律」的要求，研究必須建立在長期觀察的基礎
之上，否則難以發現起限製作用的極端因素。[17]其實，政治和旅遊因
素都是暫時的，雨崩村的共妻婚走過了多少年，誰也說不清，但基本
維持在穩定的水準，回溯它走過的歷程，可以看到存在的真正理由。

　　讓我們對比一下鄰國。20 世紀 50 年代初，尼泊爾王室開放珠峰
地區給外國人旅遊，帶旺了夏爾巴人的經濟，大量青年隨之脫離農牧
業生產，給登山隊員和旅遊者當嚮導、背夫，動搖了傳統的婚姻與家
庭制度，到 70 年代時兄弟共妻家庭大為減少。[18]戈爾斯坦在調研尼泊
爾西北部利米峽谷察安村的兄弟共妻制時，注意到這種家庭隨著經濟

---

15 原話為：「自古到今的一切時期內，假如一種政治革命再度發生的時候，人們就把
　　它認為是理所當然的了。也就是這樣，拿破崙遭到了兩次失敗，波旁王室遭到了兩
　　次放逐。經過重演以後，起初看來只是一種偶然的事情，便變作真實和正當的事情
　　了。」（參見黑格爾《歷史哲學》，王造時譯，上海書店出版社2001年版，第310
　　頁。）

16 參見馬克思：《路易·波拿巴的霧月十八日》，載《馬克思恩格斯全集》第11卷（北
　　京：人民出版社，1995年），頁131。

17 參見何國強：《政治人類學通論》（昆明：雲南大學出版社，2011年），頁93。

18 參見〔英〕海門道夫，吳澤霖譯：《喜馬拉雅山區的貿易者：尼泊爾高地的生活》
　　（中國社會科學院民族研究所，1979年7月油印本）。

收入的增長而衰落的跡象。[19]雨崩村發生的事情是不是歷史的巧合？現在斷言共妻家庭會隨著旅遊業的升溫和延續而很快消亡為時過早，因為這種現象僅出現了十來年，不足以反映這一根深蒂固的婚制發展的歷史前景。

　　對於 3 戶其它家庭（其中 2 戶為喪偶家庭，1 戶為單人戶），也要動態地看待，不久前它們還是核心家庭，如喪偶家庭就是這樣，否則村裏核心家庭的數量更多。至於村裏唯一的單身戶也有隱情，下面加以說明。

個案四十九：

訪談對象：達娃。

　　達娃的母親提布卓瑪原來是 4 號家庭卓瑪夫婦的長女，年輕時嫁給本村 13 號家庭白瑪頓珠（家名為熱巴），他們生育了達娃和多傑，兄弟倆相差 5 歲。後來白瑪頓珠決定留下妻兒出家學佛，這對提布卓瑪而言無異於離婚，她只好重新嫁人，與本村 17 號家庭的戶主頓珠江村再婚，組成一個新家庭。頓珠江村曾經結過兩次婚，兩任妻子均病故，她們給頓珠江村生育了 2 子 1 女，提布卓瑪有兩個「拖油瓶」（帶過來兩個孩子），新家的人口驟然增至 7 人。2006 年，達娃年滿 18 歲（當地認為是男孩步入成年的標誌），順理成章地提出分家要求，宣稱要繼承生父的家名——熱巴，全村人認可他的要求。近年旅遊業帶旺了騾馬的發展，參加馬隊的家庭 2003 年每戶收入 1.5 萬

---

19 參見〔美〕戈爾斯坦，堅贊才旦譯：〈利米半農半牧的藏語族群對喜馬拉雅山區的適應策略〉，載《西藏研究》2002年第3期，頁119。

元。根據村裏的規定，馬隊以戶數為編號，每戶只能提供兩匹來輪號。自立門戶的達娃獲得了此項權利。

雨崩村出家或以「嘎絜」婚入贅的男性較多，此風受環境的影響。德欽縣佛教傳統深厚，有佛寺 16 座，其中屬格魯派 11 座，屬寧瑪派 3 座，屬薩迦派 2 座。[20]這些寺廟遠近聞名，如飛來寺、德欽林寺、紅坡寺和東竹林寺等。

佛教對雨崩村的影響力顯而易見。從硬體來說，有白塔、一座供奉釋迦牟尼的小寺，下村北側賓陀山腰處搭建有一座修行的木楞房（日追），據悉是專門提供給外地來的活佛居住的，還計劃在通往神瀑的路口修建一座寺院。從軟體來說，村民全體信奉佛教，以往出家修行的情況很普遍，如今村中不少家庭還有人出家，甚至遠行印度。但多數村民出家都不會舍近求遠，而是選擇紅坡寺，少數人去燕門鄉，只有極少數人才去昌都、拉薩或印度。目前，雨崩村共有 9 人出家或朝佛，7 僧 2 尼，基本情況見表 8-3。

表8-3　雨崩村出家人數、年齡及性別（2007年）

年齡	11~20	21~30	31~40	41~50	51~60	61~70	人數
喇嘛	1	3	2	2	—	—	7
尼姑	—	—	—	—	1	1	2

表 8-3 說明，出家人中，男性是女性的 3.5 倍。若看年齡，兩名女性已過最佳生育期，而男性全部處於生育期之內，說明兄弟共妻制在降低人口方面主要是靠共妻的丈夫犧牲一部分授精權[21]，至於婦女

---

20 參見德欽縣志編纂委員會《德欽縣志》（昆明：雲南民族出版社，1997年），頁322。
21 參見堅贊才旦、許韶明：〈論多偶制和家庭文化特質的傳遞──兼談婚姻效用的協

因失婚而成為剩餘，她們犧牲了一部分妊娠權，她們的孩子死亡率較
高，由此起到降低人口的作用，這些不能全歸於兄弟共妻制所引起，
實際上佛教也為剩餘婦女的增加提供動力。表 8-3 隱藏著一點，7 名
男出家者當中，6 人是有兄弟的，占總數的 85.71%。如不含自我，其
中有兩個兄弟的 2 人，有一個兄弟的 4 人。前者家中的兩兄弟均行兄
弟共妻婚，後者家中的一兄弟均行個體婚。

下面是個案，分別說明了這種情況。

個案五十：

訪談對象：綠珠。

> 19 號家庭是個一代共妻型的主幹家庭，家人中，上一代人行
> 一夫一妻婚，下一代人行兄弟共妻婚。戶主為綠珠，他原有四
> 兄弟，二弟早年上門本村（17 號），老三過繼給了叔父（20
> 號），老四後來要求分家並另外組建了一個一夫二妻的家庭
> （33 號）。綠珠祖上有出家傳統，他的一個叔父在印度修行，
> 一個妹妹也削髮為尼，負責管理位於下村的些裏崩庵堂。綠珠
> 生育了 3 子 1 女，女兒出嫁到本村 30 號家庭，3 個兒子現在
> 各為 39 歲、36 歲和 29 歲。老三次仁自幼出家，在紅坡寺學
> 佛，老大和老二在父母要求下行兄弟共妻婚，他們生育了兩個
> 子女。

個案五十一：

訪談對象：阿姆。

> 30 號家庭為一夫一妻制主幹家庭，戶主阿南玉生，56 歲，早
> 年從本村上門，與妻子阿布瑪（50 歲）組建一夫一妻制家
> 庭。夫婦一共生育了 2 子 2 女。長女嫁給本村 21 號家庭的兩
> 兄弟，組成一個一妻二夫制家庭；次女嫁到本村 33 號家庭，
> 與該家庭二代成員的兩兄弟組成另外一個一妻二夫制家庭。兩
> 個兒子則珠和江村的年齡分別為 33 歲和 27 歲。長子則珠迎娶
> 了本村姑娘拉姆組建一夫一妻制家庭，現已生育 1 子 1 女。次
> 子江村 10 年前自願去紅坡寺出家。

可見，雨崩村的男性出家者客觀上對村子的家庭與社會結構造成
了兩種後果：一是減少了原本應行兄弟共妻制的丈夫數；二是增加了
村中行個體婚的家數。這些都從側面說明為何雨崩村中行一夫一妻制
的比例是最高的。

兄弟組成員中除了選擇出家以外，還可提出分家的要求。如果兄
弟不願合娶一妻，分家就具有了某種必然性。當地允許分家。正如在
本文分析雨崩村親屬稱謂中所指出的，從當地的親屬稱謂中可見端
倪。例如，如果稱呼自我的父親之哥哥為「阿烏加烏」，則表明該父
輩行兄弟共妻制婚；反之，如果稱呼其為「阿克加烏」，則表明其父
輩不行此婚。由此可以初步作出判斷：兄弟分家的情況曾相當普遍，
或者說至少不被嚴禁。

以往只有男性成員才能提出分家的要求，同時可分得自己應得的
財產。計算方法是按照家庭人口數均分。以一個生有兩個兒子的核心
家庭為例，若有一子要求分家，則他可獲得 1/4 的家產，除田地以

外，還應包括部分的牲畜和生活用品。目前，雨崩村兄弟分家僅有 2
例。除了個案四十八提及的 33 號家庭外，還有 32 號家庭。需要指出
的是，這兩個案例均發生在 15 年以前；以後則很少再出現同樣的情
況，說明這種現象現在並不普遍，或者說未能獲得社會輿論的鼓勵和
縱容。

共妻兄弟保持家產的不可分割性，共妻兄弟不能太多，否則家庭
關係不好處，這兩點促使不少男人為了獲得一份家產而去入贅。當地
稱上門女婿為「嘎紮」，嘎紮婚均行一夫一妻制，受到社會認可或鼓
勵。如果說分家時一名男子可要求索取自己應得的家產，選擇上門的
人可就迥然不同。通常，上門女婿能獲得女方的家產，他就放棄要求
老家的那一份家產了。正因為如此，人們鼓勵嘎紮婚，表 8-4 是村中
行嘎紮婚的人數與通婚半徑。

表8-4　雨崩村嘎紮人數和通婚半徑（2007年）

入贅	本村	本鄉鄰村	本縣鄰鎮	本省鄰縣	外省總數	
人數	7	4	1	4	—	16
%	43.75	25	6.25	25	—	100

由表 8-4 可知，雨崩村行嘎紮婚的比例很高，占全村婚姻總量的
42.11%，占一夫一妻婚總數的 76.19%。本村的入贅者有 7 人，占嘎
紮婚總數的 43.75%；外面入贅到本村 9 人，其中鄰村 4 人，占 25%；
鄰鎮 1 人，占 6.25%；鄰縣有 4 人，占 25%。共有 16 個贅婿。

近二三十年來雨崩村行兄弟共妻婚的家庭數保持在 810 戶之間，
加上男性出家者的人數，兩項增加了村裏剩餘婦女的數量，粗略估算
應在 812 人之間，因行共妻婚的兄弟大多數以兩兄弟為主，三兄弟為
輔。行嘎紮婚的贅婿，以本村的婦女為首選，這就消化了一部分剩餘

婦女。此外，行嘎紮婚還在相當程度上助長了個體婚流行。

分家的趨勢似乎伴隨著旅遊業的發展而發展。那些分家戶，均以嘎紮婚招婿成親，獨立成戶，獲取參與馬隊服務、向遊客提供食宿、經營小店鋪等權利，小家庭脫離了大家庭的呵護，獲得獨立的資源，能夠獨當一面。近 10 年間，雨崩村有 6 戶通過嘎紮婚達到分家的目的。以阿南主和頓珠江村兩家為例：阿南主原來兄妹 3 人，分家後兄弟倆共同經營客棧，妹妹招婿入村另建客棧；頓珠江村原來有 2 子 1 女，兩個兒子留在家中，共同迎娶了一個媳婦，組建了一個一妻二夫的家庭，女兒招婿入門另外分家。

這些實行了「分家」的家庭，通常無需再從原來的家庭獲得土地和牲畜。它們或是獨立成戶，或是以某種聯閭家庭的形式留在原來的家庭中，形成一種「形式分家，實際未分家」的特殊情況。以下用個案說明之。

個案五十二：

訪談對象：江村羅布。

> 15 號家庭為主幹家庭，戶主江村羅布（50 歲）是本村人，早年與妻子安宗（50 歲）行一夫一妻婚，共生育 2 子 1 女。兩個兒子次仁和那娃各為 25 歲、19 歲。2006 年，父母有意安排他們合娶本村姑娘次仁卓瑪（10 號家庭），行共妻婚，這個新婚家庭已生育出 1 女（訪問時剛滿月，未取名）。女兒阿其東（25 歲）則招贅婿，行嘎紮婚，其夫阿堅（28 歲），老家在維西，來雨崩打工認識了阿其東，夫婦另外成家（16 號家庭），從娘家獲得小塊土地和一些牲畜，現已生育了 1 對子女。

個案五十三：

訪談對象：繞丁。

2 號家庭亦為主幹家庭，戶主繞丁與長兄江初行共妻婚，妻於
2006 年去世。三人共生育 3 女。在 3 個女兒中，次女提布卓
瑪（31 歲）十餘年前招贅婿，夫為本村人，二人生育 2 子。
三女巴桑拉姆（27 歲），成都讀書畢業後留在當地工作，已成
家。長女次仁康珠（34 歲）一直未嫁，2005 年，結識了從燕
門鄉來雨崩打工的尼瑪（22 歲），兩人決定結婚，次仁康珠提
出了分家的要求，獲得另立門戶的資格（3 號家庭），但未從娘
家分到土地，夫婦二人在娘家的房子旁邊開了一間小賣部，平
時仍然與 2 號家庭同吃、同勞動、同商量，儼然一家，只是未
住在一起，實際上並未分家，處於過渡階段的依附型的家庭。

綜上所述，嘎絮婚在雨崩村表現出鮮明的特色。它是一種制度化
（甚至可以說是刻意安排）的婚姻形式，是對多餘婦女的一種調節機
制。嘎絮婚的流行，不僅讓本村男人最大限度地在內部消化掉村裏多
餘出來的婦女，而且使得那些原本無法成功出嫁的婦女，由於外部男
人的大量湧入而獲益。由此可見，當前旅遊業與外來文化帶來的衝
擊，不僅對村子的意識形態和政治經濟生活的變遷產生著積極的影
響，而且在一個較深的層面上對家庭的重組發揮著重要作用。

五　深層的原因

雨崩和龍西一山之隔，一個在梅裏雪山東麓，一個在西北麓，較
之於龍西，雨崩的土地資源相當豐富。全村耕地 303 畝，人均 1.73

畝，而龍西村人均才 0.99 畝。耕地稀缺，可能是龍西村民從事多種經營的壓力，自然分工促使他們愛生男，不愛生女，為了維持家庭的團結與穩定，增加男性成員的同時減少女性成員。相比之下，雨崩村的家庭規模較小，十口之家僅 1 戶（2.86%），三口至五口之家 16 戶（45.12%），戶均 3.81 人。六口至七口之家計 13 戶（37.14%），戶均 6.31 人。也就是說，三口至七口之家共 29 戶（82.86%），戶均 4.93 人，這組數值大大低於所日、龍西兩村，可見雨崩村的家庭趨於小型化。後兩者數依次為 7.45 人和 7.72 人。若以行共妻制家庭的人口數計算，所日、龍西兩村分別為 10.52 人和 9.36 人；相比之下，雨崩村僅為 6.7 人。更為顯著的差異是，在所日、龍西兩村行共妻婚的例子中，丈夫從 2 6 人不等，雨崩村則無一例外地都是 2 人。

雨崩村中行共妻婚的丈夫之所以為兄弟二人，可以有多種解釋，從各方面看，從當地特定的生產方式來解釋似乎更為恰當。如前所述，雨崩村民的傳統生計方式是半農半牧，兼顧採集，狩獵已經很少了。土地呈結構性的，而非單一的，包含著耕地（又分為坡地、水田）、牧場、林地、荒地等等，每一項生產的產品都是有限的，必須因地制宜，充分利用，把各項產品疊加起來，才能滿足全家一年的生活。一個村莊可以通過換工（社會分工的一種表現）來解決家庭對多樣化的勞力的需求，但不能完全解決，一定程度上還需要家庭自己具備較多的勞動力才能應付。長此以往，兄弟共妻戶中，除了兩個丈夫居多以外，仍然有三四個丈夫共一妻的家庭。但是，最近幾年發生了變化。由於外地人到梅裏雪山看自然景觀，村莊附近卡瓦格博峰南麓的價值凸顯，大批青年脫離農牧業生產，從事旅遊業，與此同時，改革開放的政策衝擊著當地的社會結構，動搖了原有的生產方式、婚姻與家庭制度，改變了傳統生產方式的表層結構。在以家庭為單位來分配旅遊資源的條件下，原來的大家庭分成小家庭便比較合算，可以多

佔有和利用資源，快速發家致富，青年成家也必須考慮邊際效益，小家庭具有靈活性、風險小的特點，共妻制具有積蓄勞力的優點，把兩者結合起來，便成為共妻家庭萎縮的動力。這種情景與海門道夫所描寫的 1957 至 197 年夏爾巴人面臨的社會變遷何其相似。[22]現在的共妻家庭降低到兩個丈夫，我們已可清楚地察覺出雨崩村新舊秩序動盪交替的苗頭，要是經濟繼續發展，或者出現新的動力因素，目前的兩夫共一妻可能就是一種過渡，下一步將是兄弟共妻制的徹底瓦解，全村迎來清一色的單偶婚家庭。

雨崩村民認為，行共妻婚既是維持生活之需，也是一種美德。這個看法說明他們的認識既包含經濟決定論的成分，也帶有意識形態相對獨立的色彩。前面說過，20 世紀 50 年代以前，村民皆為紅坡寺的佃戶，其中 11 戶為差巴，5 戶為農奴，全村 16 戶中，最多時曾有 8 戶（占 50%）行兄弟共妻婚。這個情況給韶明提供了一個維度，人口的自然增殖可能是變數中的引數，如果人口增長較快，共妻戶不可能整整齊齊地二兄共一妻。

雨崩村與龍西村一樣存在家名，每戶 1 個，16 戶有 16 個家名，它們是娘哇、羽蘭、巴哈、習德、讓瓜、立弱、永光、王頂、米巴、東古、門宗、習那、仁那、其那、米綮和書刮。兩個家名有所變動，更改家名的兩戶，一是由「門宗」改為「熱巴」；二是由「其那」改為「那丁」，再改為「布丁」。除此之外，其餘 14 個家名一直沿襲至今。現在是 35 戶了，比民主改革以前的戶數增長了 118.75%，但從16 個家名上還可以看見雨崩村的家庭基數。

---

22 參見〔英〕海門道夫，吳澤霖譯：《喜馬拉雅山區的貿易者：尼泊爾高地的生活》（中國社會科學院民族研究所，1979年7月油印本），請參看「導論」；還可參見克里斯托夫・馮・菲尤勒-海門道夫，何國強譯：《在印度部落中生活：一位人類學家的自傳（訃告）》（澳門：國際炎黃文化出版社，2009年版），頁5。

　　10 戶行共妻婚的家庭，有 7 戶繼承了過去的家名，3 戶則屬於新添的家名。可見，行共妻婚的家戶具有某種歷史聯繫。一個共妻家庭如果生育了兩個或更多男孩，很有可能讓其繼承共妻風俗，以便延續家名和家產。無子家庭以招贅婿方式來達此目的。分家是允許的，分家後的兄弟可共用一個家名，這就是為何村中家名重疊的原因。此外，發生過兩回替換家名的情況，原來的家庭遷走或絕戶，外地遷入者繼承了原來的房子和土地後更改了家名。

　　目前出現了某些家庭中的女性成員要求分家的新情況，她們另立新居後，一是分享原來的家名，二是另取新家名。

　　雨崩村民的俚語——「親人」有兩個意思，一為「榮尼龍」，指同吃、同住、同享悲歡的人；二為「宗書」，指屋門外面的人。前者指家人，後者指親戚。從「榮尼龍」與「宗書」的區分中可以看出房子的重要性。房子既是家庭成員一同生產勞作、共同棲息的場所（house），也是家名得以持續下去的載體（household），也就是說「家」是物質性的，又是制度性的。因此，人們有兩種期待，一是修建一棟寬敞美觀的房子，二是人丁興旺，家大業大。

　　村裏的房屋多為兩層式的樓房，甚為寬敞，空間佈局見圖 8-5。佔地面積大多超過 120 平方公尺，裏面設了數間耳房，父母一般選擇在火塘旁邊就寢，年輕的夫妻分開就寢，妻子獨佔一間耳房，丈夫與孩子則選擇在廳房裏臥榻。大多數房屋是最近 10 年間修建的，以往房子的建築規模要小很多。把房子修建得美觀大方、雕樑畫棟，一方面是旅遊帶來了可觀的收入，村裏人有能力開始修建新居；另一方面也是希望為遊客提供更好的住宿條件，從而賺取更多的收入。

　　以往都是平房，因旅遊需要，最近紛紛改建為兩層樓房，樓上可作倉庫，也可待客。許多家庭注重裝修。例如，神龕是家中神聖的場所，那裏通常要擱置一個大木櫃，外表雕刻著華美的圖案，染上五彩

的顏色，再把貴重之物品擱置在上面，因此，放神龕的地方也是展示家庭社會地位的空間。要做到這一點，不僅需要從外地聘請師傅（如木匠、畫匠等），師傅以來自大理州的居多，而且需要半年甚至一兩年的做工，因此支付給師傅的工錢不菲。由於遊客不斷遞增，一些有條件的家庭開始在自己房子旁邊修建一幢專門用於接待遊客住宿的客棧，或者乾脆另處選址修建客棧。以往的客棧最多能提供 10 餘張床位，現在的客棧則越建越大，有些客棧還配備了餐廳，村中有一個最大的客棧，安排了 80 張床位。

到 2007 年年底，雨崩上下村已有客棧 14 家，其中 6 家是行兄弟共妻的家庭，如果說後者的勞力可以支撐，那麼，另外 8 家的情形又怎麼樣呢？傳統的農牧業是否難以為繼？

前面說到家庭規模趨於小型化已經有所暗示，既然平時的農牧業生產一些家庭自顧不暇，尤其是在農忙季節，於是從外村招募幫工是最好的選擇，通常以親戚為首選，合得來的人家組織勞力換工的情景也有。

金錢的誘惑力是巨大的，提供騾馬馱運服務，每年能給每家帶來 1.5 萬元的收入，這就必須由專人照看騾馬。從西當村到雨崩村，騾馬走一個來回要 4 小時。旅遊旺季時，一頭騾馬每天要走兩三個來回，每日可賺取 260 至 440 元。因此，雨崩村對外來的勞力具有季節性的需求，外村、外鄉甚至外縣（維西縣）都有人來當馬夫。馬夫為雇傭性質，吃住與雇主家人相同，月薪五六百元。在輪值期間，如果雇主牽一匹馬，雇工牽一匹馬，每天可賺 1000 元，雖然這種情況不經常有，但拉平計算，利潤還是可觀的，因為只須拿出 1530 元支付給馬夫，馬料也花不了多少錢。這麼顯著的差距還有人幹，只能用工位緊缺來解釋。那些外來的幫工，牽騾馬、甩手走路，吃住全免，每月淨得數百元，在滇藏山區是打著燈籠無處覓的事，與其家中賦閒，

倒不如來此給人家打工痛快！即使受到剝削，畢竟勞力用不盡，井水挑不幹啊！何況做農牧業幫工不一定能掙這麼多。

在旅遊旺季，人們還會在旅遊景點開設小賣部。對於勞力缺乏的家庭，這是可望而不可及的，因小賣部需有專人經營，除非請外人來幫忙。如果家裏開設了客棧，需要投入更多的勞力，廚師、客房、洗衣、清潔等工作哪樣不需要人手？因此，請外人來照看小賣部是不合算的。以某戶有 80 張床位的客棧為例，請來雜工日薪 1015 元，技工（如廚工、電工等）日薪 20 元，掌勺的大師傅日薪 25 元，按床位單價 25 元一晚計，在客源充足的情形下，僅客房一項的毛利，每日就達 2000 元。

旅遊業不僅把雨崩村投擲到巨變中，而且對周邊村莊產生了震盪。雨崩村提供的就業機會成為周邊青年追蹤的熱點。俗語「窮居鬧市無人問，富在深山有遠親」，一些與雨崩村具有親戚關係的城鎮人口，甚至主動跑來雨崩村當起導遊，每日也能獲得些許收入。

外來勞力（以男性居多）湧入，給雨崩村帶來直接的影響：村內那些在婚姻市場處於不利的婦女，地位變得有利了，有的人還找到比自己年輕的對象。個案五十三的主人公——次仁康珠和尼瑪，一個是 34 歲的老處女，一個是 22 歲的小夥子，要是在過去，或者現在其它地方，他們能夠成家是不可思議的。2000-2007 年期間，雨崩村至少有 6 例剩餘婦女與外來工登記結婚的案例。

上述情形說明了一個重要的問題：家庭勞動力的多寡，只是主導家庭選擇一妻多夫婚的必要條件，家庭最終是否採取這一婚制，還需要一些充分條件，要把交通、貿易、就業率等因素考慮在內。明眼人很容易看到，一妻多夫制與住房、勞動力和土地資源的緊缺有關[23]，

---

23 參見張建世、土呷：〈軍擁村藏族家庭調查〉（下），載《中國藏學》2005年第4期，
　　頁115。

共妻制能為家庭提供較多的勞力，這些均為生產方式的題中之義。[24]
現在看來，解讀生產方式的內容，不應該只看到半農半牧，還要看到
新起的條件，比如處於茶馬古道上的藏族村莊，歷史上一直受到交
通、貿易、就業率的影響，村民對勞力有很高的需求。就雨崩村的情
形來說，當周邊存在大量廉價勞力時，即使村民的家庭規模小，勞力
不夠，也不一定非要行兄弟共妻婚來應對。

可見，雨崩村的兄弟共妻婚，不能僅從表面現象來解釋，認為它
是解決家庭勞力的手段，還應該看到深層的社會文化價值方面的原因。

以下 3 個個案分別說明了這種內在的社會文化的價值取向。

1 號家庭一代成員行兩兄共妻婚，家裏原有四位兄弟組成員，老
二、老四早年行嘎絮婚到本村別戶上門，剩下老大與老三留在家中。
老三曾在外就讀師範學校，回來後在雨崩村小學任教。在父母的強烈
要求下，老三與老大行兩兄共妻婚。儘管接受過正規教育，老三還是
覺得這是藏族的優良文化傳統，有必要加以維繫。

17 號家庭的情況有所不同，家中較早開設客棧，先富起來。戶
主行嘎絮婚，給兩姊妹做姑爺，兩個長大了的同父異母的兒子在他的
要求下舉行共妻婚，保住家產不分割。2006 年 12 月，戶主送二兒子
去縣城參軍，兒媳還有一夫在身邊，暫時與一夫別離不會給她帶來多
大的困難。

21 號家庭為兩兄共妻，該家庭也開設了一間規模頗大的客棧，
經濟效益可觀。2007 年前後，老大在家打理業務，老二前往印度學
習英語。近年前來雨崩村遊玩的外國遊客日漸增長，為了更好地把握
機會，家裏人經過協商後覺得送老二去印度學習英語，以便回來後更

---

24 參見堅贊才旦：〈論兄弟型限制性一妻多夫家庭組織與生態動因——以真曲河谷為
案例的實證研究〉，載《西藏研究》2000年第3期，頁922。

好地在客棧中發揮作用。出去一個丈夫在外學習，還有一個丈夫在家打理，不會給家庭帶來太多的不便。

　　雨崩村的兄弟共妻制，不能僅從單一原因來解釋，要考慮到多個因素的聯合作用。經濟學家貝克爾給婚姻定義說：婚姻是夫妻尋求效用最大化的約定。[25]雨崩村的個案，除了能說明這種約定具有經濟價值以外，還有來自社會文化價值方面等更為深刻的原因。

25　Becker, G. *A Treatise on the Family*. Cambridge, Ma: Harvard University Press, 1981.

第九章
比較和結論

　　兩位田野調查員帶領讀者風塵僕僕地在川、青、滇、藏交界處走了一圈，到處都是真情實景的流露，各地的兄弟共妻制雖有差異，實則略同。

　　本書以八章的篇幅來裝填材料，陳述事實，架構觀點，基調定在婚姻和土地的交互關係上。第一章注重學術史的梳理與本項實證研究的關係。從第二章到第八章，逐步推出川、青、滇、藏交界處五縣八鄉的兄弟共妻制實況。從 1996 年夏天開始，延至當前，通過 17 年斷斷續續的調研，其間穿插著深刻的思考，大體廓出這片廣闊的區域兄弟共妻制明暗相間的影像。現在該是整體比較、深入分析，匯出結論的時候了。

一　簡單的回顧

　　川、青、滇、藏交界區，河流縱橫，峽谷幽深，一向是民族文化的最佳保留地。在這個區域內，單一純粹的經濟形態不多見。例如，牧業縣屈指可數，一縣以內的鄉級純牧業區倒是有的，但數目也不多，左貢縣的「美玉」，芒康縣的昂多是例。人們為了充分利用多樣性的生態資源，開展了務農、放牧、採集、經商、做傭工等多種營生。在藏傳佛教產生之前，兄弟共妻婚從南亞次大陸傳播過來，便於家庭從事物質資料和人口的生產、積蓄勞力、減少生育、承擔賦稅、傳遞家產，抗擊災害。

　　民族學的調研可從兩個維度確定調查點，一是文化價值的保留程度，一是生活水準及交通狀況。前者是主導性的，決定著研究的價值，後者是從屬性的，關乎研究的深入與持續。川、青、滇、藏交界區所保留的原生態文化，越來越多地瀕臨現代化的衝擊，民族學工作者應該趕緊做搶救性的研究。然而既有文化價值，又方便工作的村落少之又少，因此，任何時候都要做好克服困難的心理準備。如果當地的生活水準及交通條件不好，那也可以考慮利用周邊的交通條件。田野調查員循序漸進，積少成多，鍥而不捨地研究，需多次深入實際，增加感悟，形成預設，發掘新材料，印證文獻，使結論富於普遍性。本項研究的選點運用了這一思維模式。五縣八鄉對於川、青、滇、藏的首府是同樣的偏僻，而對於它們的省界又不算太偏僻，可以利用四省（自治區）便利的交通條件，節約往返時間。

　　文化的常態與異態是相對的，內地和沿海的人們說起兄弟共妻制總覺得古怪離奇，然而在這一婚制流行的地方，人們認為它是再正常不過的，雖然各地的表現略有不同，但基本原理大都一致。科學的研究始於分類，根據特徵把個別對象歸類，再分別揭示其所代表的共同

性，這種類的共同性相對於更加抽象的普遍規則來說是特殊的，因為它們穿著一件具體的外衣。因此，選擇調查點還須考慮三條：第一，最好是普通的鄉村，其中所反映的兄弟共妻制具有不同層次的可比性，能夠提供「點—線—面—體」的參數；第二，調查點的空間分佈要大，也就是兩個調查點的直線距離不能太近，假如太近，也應該是地表折皺異常嚴重的區域，自然障礙（山川峽谷）起到保護作用，有點可望而不可及的意謂，這樣才可充分照顧各地的文化差異性；第三，反映了歷史的偶然性，村落要大一點，人口要多一點，從而體現出生存的持久性，畢竟文化絕大部分是傳播的產物，很少獨立發明，尤其是婚姻制度，各民族借用的可能性很大。

　　川、青、藏、滇交界區的各種婚俗是契合在一起的，有多偶婚的兩種形態（兄弟共妻與姊妹共夫），亦有多偶婚與單偶婚相契。就多偶婚而言，有時在某些村莊不見蹤影，有時又浮現出水面。就兄弟共妻婚而言，在某些村莊比例較大，在某些村莊比例小，但總體上所佔的比例是有限的，不同的時期有一些差異。正因為任何一種婚俗都不是孤立的，而是聯合起作用的，所以，兄弟共妻制是一面透鏡，可以反射其它婚制。由於兄弟共妻制以降低人口、多種經營、不分家產等方式來適應青藏高原的脆弱生態條件和藏族的長子繼承制度，以儲備勞力的方式來應付封建農奴制對稅賦、軍役等的需求，以入贅和出家的形式來調整共妻者的人數，以衛星家庭的形式庇護人生境遇中的各種單身人士（如離婚者、喪偶者、殘疾人、在家事佛者等），兄弟共妻制犧牲了丈夫的某些自由與權利，也就在某些時候喚醒了人性的基本要求，為其它社會制度（如情人制度、對待私生子的寬容心、雙邊家庭、藏傳佛教的分享觀念等）的運作起到推動作用，所以說它的確是一面鏡子，反射出社會變遷的動因和社會的結構性需求。

　　基於以上考慮，兩位調查員在地勢較為平緩、農業發達、信息通

暢，代表著藏文明搖籃的山南地區選取 1 個樣本——貢嘎縣江雄峽谷的傑德秀鎮、克西鄉和朗傑學鄉，又在青藏高原東緣與橫斷山脈相切的大江大河的上游峽谷區選取 5 個樣本，即西藏江達縣青泥洞鄉所日村、芒康縣宗西鄉和納西民族鄉、左貢縣碧土鄉龍西村和雲南省德欽縣雲嶺鄉雨崩村。在江河切割，山高壑深的區域，各民族（甚至於同一個民族的支系）居住分散、生活方式較為殊異，考慮到川、青、藏、滇交界區自古為民族走廊，古氐羌族南下、游牧民族的軍隊南征，不可避免地引起沿途居民的體質融合，追溯當地人的族源也許需要回顧到遙遠的過去。民族遷徙帶來文化的種子，區域文化積澱深厚，歷史上的通商貿易、軍事衝突、教派（苯教與東巴教、苯教與藏傳佛教寧瑪派、佛教內部各派系、藏傳佛教與天主教）競爭調節著文化變遷，生態條件限制著文化融合，各種因素聯合作用，推出一幕幕地方文化的重頭戲。

本書儘量體現類型學的特點。江雄代表藏南農業社會的案例。所日代表青藏牧業社會的案例，反映了兄弟共妻婚的特點。宗西和鹽井代表橫斷山脈的案例，兩地產業結構不同，社會抵禦外部的能力亦不同，開放的程度不同，因而傳統婚俗的表現不一樣。龍西代表深山峽谷的案例，折射了兄弟共妻婚同狩獵、採集、農牧生計，以及茶馬古道交易圈的關係。雨崩代表與現代社會碰撞的案例，代表了因交通、信息、旅遊等新興條件，過去一錢不值的自然景觀得到充分利用，兄弟共妻制在前所未有的張力面前瀕臨瓦解。各個樣本涉及的歷史境遇和行政隸屬關係大同小異，政治、經濟、貿易事件的影響力亦然，有 3 個樣本處在「卡瓦格博轉經圈」之中，其內聚力可增強彼此的可比性。

本書也考慮到一些描述方法。例如，穿插理論，敘議結合，有比較，也有對話，賦予學術價值，避免平面式的白描。又例如，動靜結

合，靜態描述先行，動態分析殿後，尋找變數，做動力學分析，避免
孤證式的研究，讀者可以回憶，江雄河谷、宗西鄉與所日村的描述較
多地停留於相對靜態的社會結構層面，鹽井側重於外來文化的碰撞，
龍西村傾向敘述婚姻與家庭的功能性互動，雨崩村則注重於旅遊文化
對傳統生計的主動影響以及村莊的應答式反應，但傳統的均等觀念並
未丟掉，而是滲透在旅遊資源的平均利用之中。又例如，歷史唯物論
的經典方法，查看婚制與人類基本生產活動的關係，試圖從兩種生產
來看婚制的運動趨勢和終極原因，幾個調查點的分析明顯地體現了這
一點。為了進一步把握問題的核心，還需深入、全面的分析比較，才
能引導出切合實際的結論。

　　本書沒有對生育力給以足夠的關心，只是在一些案例中涉及到生
育率。這是由於生育力作為人類自身能力的一個方面是不可計量的，
而生育率作為某一時間單位中人類的產子量是可以計量的。作者也沒
有討論生育率在高海拔地區和低海拔地區表現出來的差異。這是因為
本書的研究對象（五縣八鄉）處於大本體相同的高海拔環境，況且作
者本來就承認海拔高度與生育率之間的反比例關係。美國人類學界曾
於 1984 年討論了這個問題。討論者霍夫（Charles Hoff）在秘魯安第
斯山區的魯腦（Nunoa）村做過田野調查，他觀察到該村婦女的完全
生育率平均值為 6.7。[1]另一位討論者埃貝爾森（Andrew Abelson）列
舉了阿爾卑斯山山區居民生育率的一組數字為 6.7 至 7.7（平均值為
7.2）。[2]這次討論的發難者是戈爾斯坦等三人，戈氏曾經對尼泊爾西北

1　參見查理斯・霍夫〈生活在安第斯山區的土著，是否明顯地存在一個因缺氧而造成
　的生育力下降的問題：對戈爾斯坦、查隆和比爾的回應〉，載《青海民族研究》
　2009年第3期，頁9-11。

2　參見安德魯・埃貝爾森：〈同戈爾斯坦、查隆和比爾商榷〉，載《青海民族研究》
　2009年第3期，頁17-18。

角利米峽谷的察安村進行了觀察，資料是 6.3 至 7.4（平均值為 6.85）。看起來 6.7、7.26 和 6.85 這三個數字不謀而合，其間的差別小可以忽而不計。與此相應，低海拔地區人口的生育率可能超過 10 個生育點。表明海拔高度與生育率之間確實存在著一種反比例關係，造成生育差距的主要原因是自然條件（如缺氧等），社會文化條件也在起作用。對此詳細的瞭解可參看載於《美國人類學家》1984 年總 86 期，第 419-425 頁的六篇檄文。也可看由英文翻譯過來的漢文。[3]

二 五縣八鄉兄弟共妻婚的同一與殊異

在十個維度上觀察，六個田野作業點展現了某些共同性，也有一些差異性。在比較中把握三個空間尺度，近程同川青滇藏交界區各地相比，中程同整個青藏高原相比，遠端同鄰國（如印度、斯里蘭卡）相比。對同一性的第四個維度略微展開，對差異性的第五、六、七、八和九個維度適當展開。

（一）同一性

（1）從兄弟共妻家庭的數量來看，共妻制與財產和勞動力的多寡有關係，財產和勞動力越多，當父母的越不情願兒子們分門定居，反之，財產單薄，勞動力匱乏的家庭自感翻身無望，也就對分家抱無所謂的態度。

（2）從人口的性別比例來看，兄弟共妻家庭與婦女缺乏無關。

（3）從生態條件看，人們實行兄弟共妻主要有自然與社會壓

---

3 此六篇文章由何國強翻譯，冠以總標題——「海拔高度和文化：何者與人類生育力有關」，載《青海民族研究》2009 年第 3 期。

力。這種婚俗發生在自然環境脆弱的地區，與某種社會壓強相連，且與其它婚姻形態相維，共同起到適應環境的作用。在婚姻的調色盤中，任何時候它的比重都不占多數，有時甚至是一種點綴。

（4）從文化移動來看，傳播有兩層意思：一為橫向傳遞（空間分佈），一為縱向傳遞（代際傳承）。藏印之間很早就有了聯繫，成書於公元前 4 世紀的《摩訶婆羅多》說到黑公主的故事，五子合娶一妻。[4]白雷曼考察過巴哈裏的山地民族時發現鄰近尼泊爾地區的藏族同樣行該婚制，他猜測後者由前者傳入。[5]堅贊和韶明通過廣泛的分析比較進一步肯定了這個觀點。[6]

代際傳遞受經濟利益和價值標準的牽引也受到不同時代政治迫力的作用，在親屬鄰里的示範過程中，在日常生產、交換與消費的潛移默化中感受到這一婚制的長處和弱點。

借用威斯勒的文化特質綜合體[7]框架分析，家庭的文化特質內涵於三個基本層次：男女的結合——婚姻；性關係及其後果——生育；經濟的支撐——家產。這些特質通過人的灌輸和模仿，在時間流程和空間界域中傳遞。基本路向如下：「垂直型」——縱向地在父母子女間傳承；「水準型」——橫向地在同齡人之間移動；「傾斜型」——非親屬間，從上代人傳遞到下代人。為了避免重複第二章的敘述，特從江雄河谷的口述中抽取 7 個家庭經歷，以己身為敘述中心，編製成表

4　參見〔印度〕蘇克坦迦（V. S. Sukthankar）編，金克木、趙國華、席必莊譯：《摩訶婆羅多・初篇》（北京：中國社會科學出版社，1993年），頁494-504。

5　Berreman, G. D. Pahari Polyandry: A Comparison. *American Anthropologist*, 1962 (1): 60-75

6　參見堅贊才旦、許韶明：〈論青藏高原和南亞一妻多夫制的起源〉，見《中山大學學報》2006年第1期。

7　參見〔美〕克拉克・威斯勒著，錢崗南、傅志強譯：《人與文化》（北京：商務印書館，2004年），頁48-49。

9-1，通過這些直系親屬採用的婚制說明婚姻傳遞的走向。

　　1 號家庭的祖父和父親行兄弟共妻婚，戶主（己身）成年時，恰逢無產階級文化大革命爆發，縣、公社兩級革命委員會執行《中華人民共和國婚姻法》，解散了原來的多偶家庭，強制推行一夫一妻制。「文革」之後，「勞動致富」的政策啟動了古老的兄弟共妻制。為了積聚勞力和家產，1979 年，兩個兒子合娶一妻。孫子長大了，依然合娶一妻。對照表 9-1，可以看出 1 號家庭的行婚軌跡為「垂直—左斜—右斜—垂直」。

　　2 號家庭的祖父是從彼處來此入贅的，妻子是兩姊妹，他們生了多胎，只養活 3 子。3 子中一人早喪，兩人行兄弟共妻婚。己身成年時，政治環境不許行多偶婚，故行單偶婚，只得一子。子仍行一夫一妻婚。子又生孫。當地結婚早，為了發家致富，子讓 2 孫合娶一妻。2 號家庭的婚姻軌跡是「右斜—左斜—垂直—右斜」。

　　3 號家庭的祖父和 2 號家庭的祖父是同胞，從彼處流浪來此，經村裏人介紹，各自給兩家純女戶做上門女婿，均行姊妹共夫婚。3 號家庭的祖父未得子，盡得女，養活三女，一女出家為尼，兩女繼續招贅，生一子（己身），單獨娶妻。子又生孫，孫又生孫，子孫依舊行一夫一妻婚。本家的婚姻特質傳承軌跡為「垂直—左斜—垂直」。

　　4 號家庭和 5 號家庭都是按照「垂直—傾斜—傾斜」方式傳遞婚姻形態，但起點不同，傾斜方向相反。前者三代行共妻婚，後者三代行單偶婚。前者第四代由共妻婚變為單偶婚，第五代返回共妻婚。後者第四代由單偶婚變為共夫婚，第五代返回單偶婚。

　　6 號家庭行的是「左—右—左—右」的「之」形路線：祖父是單偶婚，父親是共妻婚，己身回到單偶婚，兒子又回到共妻婚，孫子繼續共妻婚。

　　7 號家庭代際間的婚姻路線呈馬鞍形：祖行單偶婚，父承襲，己

身急於發家，行兄弟共妻婚，子受「不分家利大於弊」的灌輸，承共妻婚。孫外出打工，思想開闊，追求獨立，不想繼續行共妻婚，而行一夫一妻婚，單獨成家。

從 7 個家庭的婚姻軌跡中可以推測：①雖然沒有離婚、喪偶、再婚的案例，但這些事情在各地是客觀存在的，離異人士再婚時，如果脫離原來的婚制，採用另一種婚制，婚姻形態便顯出水準傳遞的軌跡。②7 個家庭的婚姻形態是可逆反的。例如，1 號家庭父行共妻婚，己身行單偶婚，子又回到共妻婚。第 2、4、5、6 和 7 號家庭也有婚姻形態的回覆現象。③發家致富、積聚勞力成為 7 個家庭行多偶婚的共同原因。

人既是文化的創造者，又是它的搬運工。作為創造者，當每一代人進入預定的財產序列⋯⋯也就獲得了環境，他們在此條件下通過勞動、生產、生育等方式形成語言，滿足自己的需要。[8]馬克思說：「人們自己創造自己的歷史，但是他們並不是隨心所欲地創造，並不是在他們自己選定的條件下創造，而是在直接碰到的、既定的、從過去承繼下來的條件下創造。」[9]作為文化的搬運工，重視自身行為對他人的影響，力圖使文化代代傳承。7 個家庭的五代人以三種方式承襲並傳遞婚姻偏好，他們的觀點、態度、品位和目標，很大程度上是模仿父母、同伴、老師和鄰居的結果。人作為動物，重視自己的利益。而根據遺傳學定律，基因是「自私」的[10]，也是代代相傳的，其方向是垂直的，而不是傾斜和水準的，這與文化的垂直型傳遞相吻合。文化

8　Neale, R. S. *Writing Marxist History: British Society, Economy and Culture since 1700.* Oxford, UK: Basil Blackwell, 1985:17-18.

9　參見馬克思：《路易‧波拿巴的霧月十八日》，載《馬克思恩格斯全集》第11卷（北京：人民出版社，1995年），頁131-132。

10　參見〔美〕R. 道金斯著，盧允中、張岱雲譯：《自私的基因》（北京：科學出版社，1981年），頁90-120。

特質的垂直型傳遞和基因的先天定向，二者可能存在尋求契合點、互相鞏固的傾向，從而加強某種偏好的保留。

（5）從生產方式的影響來看，多偶制家庭（以共妻家庭為最）是保持家產，積聚勞力、有效協作的手段。「一個人的發展取決於和他直接或間接進行交往的其它一切人的發展；彼此發生關係的個人世世代代是相互聯繫的，後代肉體的存在是由他們的前代決定的，後代繼承著前代積纍起來的生產力和交往形式，這就決定了他們這一代人的相互關係。」[11]

（6）從婚儀形式看，兄弟共妻有兩套婚儀，雖有其特殊性，但基本上是與單偶婚相通的，也就是儀式上既有單獨的信息庫，也有共用的信息庫。

（7）從家庭發展的周期看，川、青、滇、藏交界區的兄弟共妻製表現為「一夫一妻制→一妻多夫制→一夫一妻制」，與印度的「一妻多夫制→多妻多夫制→一妻多夫制→一夫一妻制」的軌跡不同。造成差別的主因是家庭動力因素不同，在川滇藏交界區主要是經濟的需要，在印度除了經濟的需要，還有為家庭提供較多較好的社會伴侶和性伴侶的要求。

（8）從親屬制度來考察，川、青、滇、藏交界區的兄弟共妻制只能夠創造 9 種基本的親屬關係，即妻子、主夫、副夫、母親、父親、女兒、兒子、兄弟、姊妹。而印度的多妻多夫制可能包含 10 種基本的親屬關係（主妻、副妻、主夫、副夫、母親、父親、女兒、兒子、兄弟、姊妹），亦即多出一個「副妻」的親屬關係，完全可以用摩爾根視野中的群婚框架來解釋。

---

11 馬克思、恩格斯：《德意志意識形態》，載《馬克思恩格斯全集》第3卷（北京：人民出版社，1960年），頁515。

（9）從夫妻生活和生育、養育角度來看，兄弟共妻的家庭與房屋建築（如妻子有單間或隱蔽的寢處）、家庭分工（如兄弟經常外出）、孩子教育（顯性與隱性）、倫理道德（如兄弟謙讓、妻子賢慧等）內在聯繫。

（10）從降低人口的作用而言，兄弟共妻制具有限制生育的功能，但主要是犧牲丈夫的一部分授精權，造成一部分剩餘婦女，並且犧牲她們的妊娠權和降低她們的孩子存活率來實現，兄弟共妻家庭的妻子生育率和普通婦女沒有什麼區別，完全是正常的。兄弟共妻制限制人口的作用必須放到藏傳佛教的影響、情人制度和衛星家庭承擔的組合作用系統中才能持續地實現。

（二）差異性

一位先生曾經發問：「既然家庭生活的形式多種多樣，就不能說某種婚姻形式的出現是不可避免的，或者說它比另外的形式更加『自然』。」[12]事情難道不是明擺著嗎？不同的婚姻家庭代表著不同地方的人們對自然與社會的適應，有其特殊性。就八個鄉而言，它們處在崇山峻嶺之中，生態條件、生產方式、文化傳統相同，貌似各自獨立，井水不犯河水，但幾種婚姻形態都存在，任何一種都是必然的。

有三個鄉處在江雄河谷，北面谷口有一條高等級公路，西距貢嘎縣城不遠，附近還有航空港，但進入河谷如同鑽進口袋，路兩邊是山嶺，越往南走，山勢越高，直到爬上海拔 5100 公尺的加惹拉山啞口，可遠眺羊卓雍湖，山谷內部與外界完全隔絕，社會分工、生計模式按傳統自成一體。後五個鄉屬於青藏高原東部地帶，距江雄河谷較

---

12 Lévi-Strauss, C. The Family.ed. by Harry L. Shapiro *Man, Culture, and Society.* New York: Oxford University Press, 1971:34

遠，五個樣本也互有遠近。宗西鄉處於寧靜山中段，不屬峽谷區，但群山環抱，平均海拔 3200 公尺，夏天山野鬱鬱蔥蔥，冬天經常下雪。鹽井平均海拔 2400 公尺，屬於峽谷地帶。所日村靠近青海省玉樹地區，有些藏北草原的味道，海拔接近 4000 公尺，生計以畜牧為主，引入了小規模的農業種植技術（如元根），林業的比重開始攀升。龍西村地處怒江流域的玉曲河峽谷，緯度與海拔較低，空氣溫濕，農業為主，牧、林和商為輔。雨崩村地處藏族聚居區久負盛名的「卡瓦格博轉經文化圈」的核心區，傳統上半農半牧，近年旅遊業發展較快，村民的家庭結構、婚姻觀念、生計方式均發生了巨大的調適。

文化複合體與特定的生態條件相互作用，包括該複合體內部各種社會的、經濟的、宗教的和政治的因素相互影響。自然和社會都可以成為變數，究其變化的速率而言，二者相比，自然界的變化比社會的變化緩慢得多，所以，很大程度上可將人類的實踐活動作為引數，並且進一步把人口增長或降低作為引數，人類通過其所創造的文化中介來適應自然。不是簡單的、機械的適應，而是積極的、能動的適應；在適應過程中對文化中介有所繼承，有所改造，有所創新。婚姻家庭是人類應付環境、延續自身生命的一種文化中介，婚姻家庭的表現因時間、地點和條件而有所不同（雖然有時候是相同的），因此，不能貿然斷定婚姻形態的某一種比另一種更好、更自然或者更重要。

差異的方面主要是土地、人口、語言、婚姻形態、家庭類型與規模、親屬制度、妻子角色的扮演[13]、情人制度、佛教的作用和商品經濟。茲分別介紹。

---

13 妻子角色的扮演，指內部承擔家務、協調丈夫的關係，外部勞作與睦鄰關係，這兩項構成測量婦女地位的尺度。

1 土地

土地是結構性的，包括耕地、草場、林地、河流、道路、宅基地等，不同的成分有不同的效用。作為基本的生產資料，8 個鄉都存在土地的利用問題。所日村與龍西村土地缺乏，又以後者最為緊張。龍西何以成功應對耕地短缺所造成的窘境？村民生動地展示了他們解決矛盾的辦法——「勞動力成為稀有資本，有必要積蓄起來組織生產活動」，[14]同時印證了「一妻多夫與半農半牧聯繫最強」的結論。

2 人口

兩性比例失調究竟是兄弟共妻制的因還是它的果？根據五縣八鄉的情形，從統計學視角觀之，江雄河谷為女性略多於男性，宗西、鹽井亦然，這些鄉（鎮）都不存在性別比例不勻從而導致兄弟共妻的可能性。所日村的男女比例約為 100:97；龍西、雨崩的兩性比例呈現失衡的現象。兩村均為男多女少，分別為 100:112 和 100:119。8 個鄉（鎮）沒有人為的因素，如「溺嬰」或照 B 超決定墮胎的性別選擇。單從資料考慮，龍西、雨崩兩村似乎部分支持了「共妻制的流行源於男女比例失衡」的說法[15]，但江雄河谷、宗西、鹽井與所日的個案卻斷然否定了這個假說。

3 語言

語言是思維的物質外殼，由生產方式所決定並產生於反作用。在地域分佈上，貢嘎縣的三個樣本屬於拉薩方言區，音調較古，含有一

---

14 〔美〕巴伯若・尼姆裏・阿吉茲著，翟勝德譯：《藏邊人家——關於三代定日人的真實記述》（拉薩：西藏人民出版社，1987年），頁108-114。

15 Berreman, G. D. Pahari Polyandry: A Comparison. *American Anthropologist*, 1962 (1):71-72..

些特殊詞彙；芒康、江達、左貢、德欽四縣的五個樣本同屬康區方言區，只是所日村帶有明顯的青海南部牧區方言口音，而龍西、雨崩兩村接近藏東農區方言；五鄉無論從語音、語調到用詞，均呈現出較大的差異。所日村的語言與臨近昌都地區的語言基本相通，龍西、雨崩兩村卻與臨近的幾個村子有所不同；當地甚至還存在一些讓外人費解的「土話」。一個所日村民到了雨崩村或龍西村，可能完全聽不懂當地藏話，而龍西和雨崩的村民卻能基本聽懂這位人士的言談。究其原因，每年卡瓦格博神山的轉經者眾多，其中不少人來自牧區；龍西和雨崩的村民哪怕足不出戶，都能時常與外界人士接觸，潛移默化中熟悉了各地的方言。從語言的傳播可見其它文化特質的傳播方式，深山腹地的包容性不拒來者，但其封閉關係又使本身的特點不易向外傳播。

4 婚姻形態

自從默多克提出「限制性一妻多夫婚」和「流行性一妻多夫婚」的分類[16]以來，堅贊才旦將這一對概念引入江雄河谷的描述[17]，那裏的共妻家庭集中在秀吾叉谷，45 個共妻戶占秀吾行政村家庭總量的9.7%。以此看納西民族鄉，40 戶兄弟共妻家庭，分散到 4 個行政村，占每村總戶數的 5.9%。秀吾和鹽井的一妻多夫婚皆屬於限制性形態。雨崩村的兄弟共妻婚占 38 個婚例的 26.32%，所日村有 23 個兄弟共妻戶，占總戶數的 34.3%，龍西村的兄弟共妻家庭約占總戶數的一半，宗西鄉的兄弟共妻婚比例占全鄉家庭總數的 60%，以上 4 個調查點的一妻多夫婚屬於流行性形態。由於社區的大小不同，缺乏一

---

16 Murdock, G. P. *Ethnographic Atlas.* University of Pittsburgh Press, 1967:47.

17 參見〈論兄弟型限制性一妻多夫家庭組織與生態動因——以真曲河谷為案例的實證研究〉，載《西藏研究》2000年第3期，頁10。

個觀察平臺來做通約工作，因此降低了默多克的分類標準的適用性和
科學性，儘管如此，足以說明兄弟共妻文化事象在川、青、滇、藏交
界區的表現大體上是平衡的。宗西鄉在 8 個調查點中比例最高，該鄉
還有個別一夫多妻家庭的個案，雨崩村過去也出現 1 例，表明婚姻形
式的多樣化。

5　家庭的類型與規模

　　先談類型。按代際區分，有一代共妻、兩代共妻的類型。前者的
數量多於後者，至於三代共妻家庭，現實中未見活例，故存而不論。
凡是兩代共妻的家庭一定是主幹家庭，兩個共妻圈重疊，通常以最完
整的那個共妻圈為家庭的依託。只有一個共妻圈（一代人共妻）的家
庭可以是主幹的，也可以是核心的，二者之規模，主幹型的家庭要大
些，核心型的家庭要小些。兄弟共妻家庭的人口比較多，可稱為大家
庭，在傳統社會，尤其是在鄉村，一家之內，除夫妻子女外，往往有
其它親屬同居，而且是一件很平常的事情。鄉下人的血緣意識強，如
果自己生活優越而親屬境遇不好，則無形中生出責任心來，否則必給
人家議論。共妻家庭常有一兩顆「衛星」（寄人籬下者）的情形。家
庭類型與經濟環境相關，凡是經濟單一的地方，家庭便趨於小型化。
凡是多種經營的地方，家庭便趨於集聚勞力，以應付不同的需求，這
樣一來人就多了。江雄、宗西、鹽井、所日、龍西和雨崩，無不反映
了這個特徵，下鹽井、所日村的核心家庭與主幹家庭的比例大體相
當；雨崩村的核心家庭比主幹家庭高出了許多。兄弟共妻家庭是傳統
社會的中流砥柱。在社會轉型的過程中，緊跟潮流的是小家庭而非大
家庭。各種類型的家庭構成社會，家庭的職責是生產（兩種生產）和
消費，系統內部不同要素互相依賴，共同完成這個任務。兄弟共妻家
庭為人口與環境的平衡做出了犧牲──如降低生育率，減緩人口對資

源的壓力——它也需要其它家庭形式做出犧牲，例如，拋出多餘的人口——他們是殘缺家庭的來源之一，所日村的殘缺家庭比例明顯偏高，占總戶數的 18%，顯示殘缺家庭的位置，需要描述其所扮演的社會角色。龍西、雨崩極力維護家庭的完整，殘缺家庭的比例偏低，分別為 4% 和 8.57%。除此之外，8 個鄉都有未婚生子、單人戶、喪偶家庭和離異等情形。

再來談規模。剛才說主幹型和核心型的兄弟共妻家庭時已接觸到這個問題，現在換一個角度論之。按共妻圈的丈夫數目，有兩夫、三夫、四夫或更多兄弟共一妻的情況。數量上兩夫共一妻的家庭最多，也最名符其實。例如，江雄河谷的秀吾村，23 個共妻圈中有 49 位丈夫，除了 3 個圈中的 9 位丈夫，1 個圈中的 4 位丈夫以外，其餘 19 個圈各為 1.89 個丈夫（含有亡故的情形），實際等於兩兄共一妻。其它 5 鄉的情形類似，都是兩兄弟共妻的多，三四兄弟共妻的少，更多兄弟共妻的更少。宗西鄉的兄弟共妻家庭，多數是兩夫一妻（約占 45%），三夫的占二成半，四夫的占一成半，五夫的占半成，六夫的占一成。至於七夫共妻的家庭，堅贊親眼見到 1 戶（見版圖 3-1），據聞有 1 戶一妻八夫的家庭，可惜未曾目睹。

兄弟共妻，以二兄最多，三兄次之，四兄更少，五兄極為個別，六兄已徒具虛名，以此遞減。許多人不僅注意到這一現象，而且熱烈地討論。丈夫只有一個，不構成兄弟共妻；丈夫太多，又會產生家庭矛盾，原因何在？

吳叢眾的探討偏重於社會原因，他把兄弟共妻婚的出現與封建農奴制的出現結合起來，傾向於認為後者是因，前者是果。譬如，嘎廈規定每家凡有二子以上須出一人當喇嘛，獨子和純女戶免差。每家都要減少一名男青年，家中從事物質資料和人口生產受到影響，其彌補

方法便是兄弟共妻，一人去支喇嘛差，還有男勞力在家。[18]

　　劉龍初則強調自然原因：①兄弟少的人家比較多，兄弟多的人家比較少；②兄弟過多，如參與共妻者也多，則長兄和幼弟的年齡差距較大，不如年齡相近的兩兄共妻生活和諧；③參與共妻的兄弟多，當有的丈夫不能或不願同房時，實則仍為少數兄弟共妻。[19]三點都是自然生育率所致。就是說，兩兄弟共妻，由於人數少，兄弟年齡相近，關係較融洽，夫妻關係較牢靠。兄弟多時，可採取分組共妻的方式來克服生育率帶來的問題。

　　近有一種蜻蜓點水的觀點，本質上與吳叢眾的解釋方式相同，都是尋找社會原因，強調上層建築的作用，只不過是從消除這一婚制的角度來解釋。該觀點認為，從 1982 年起，國家對藏族實行優惠政策，每對夫妻可生 3 胎，一些家庭既想獲得生育指標，又不願放棄兄弟共妻制的益處，便採取折衷方法，減少共妻兄弟的數目，客觀上降低了共妻丈夫的數目，迫使個別有生育力的丈夫離開老家，另組新家，老家便萎縮了[20]，兄弟共妻制可能會在這一政策的作用下繼續式微。這個論點聽似新穎，但需要時間的檢驗。多偶制具有悠久的歷史，這項政策僅實行了一代，目前缺乏長時段的考察和大面積的追蹤，單憑一點點跡象是不足以反映家庭發展趨勢的，因此現在下斷言尚為時過早。

　　以上三種觀點其實為兩種，並且純粹是從單因素來解釋，應多方補充。

---

18 參見吳從眾：〈民族改革前西藏藏族的婚姻與家庭——兼論農奴制度下存在群婚殘餘的原因〉，載《民族研究》1981年第4期，頁31。

19 參見劉龍初：〈四川省木裏縣俄亞納西族一妻多夫制婚姻家庭試析〉，載《民族研究》1986年第4期，頁27。

20 參見尹侖：〈從空間角度論一妻多夫制家庭——以佳碧村為案例〉，載《中南民族大學學報》2006年第5期，頁37。

　　這裏用新材料說話，從組織行為的角度補充：第一，理論上兩兄共妻的家庭結構最為穩定，無論是法理或是風俗，丈夫無論多寡，與妻子相對而言，均各為一方，由此構成夫妻的對稱性，然而這種對稱性的實際運作受到丈夫數目的影響，如果以夫妻人數為單位，兩夫加一妻，三人構成三足鼎立之勢，利用幾何學解析，可畫為等腰三角形（妻為底，夫為腰，這種結構至為穩定），如果是三個或者更多個丈夫共妻，幾何學的解析是四角形、五角形……多邊形是不夠穩定的；第二，破壞穩定的根源在於家庭結構出了問題，第六章第四部分第三點提到格拉丘納斯構建的組織模型，在一個系統內部，當人員按算術級數增加時，關係數量依幾何級數增加，可見丈夫數目的增多對於家庭並不是無妨，而是有弊端──給系統帶來非平衡的因素，增大內耗。最近一位研究者專門就此作了分析[21]，這裏就不展開了；第三，在實踐中，無論是兩男共一女，還是兩女共一男，藏族的整個多偶婚最普遍的安排都是「薩松」制──由三位元配偶組成的家庭單元[22]。兩個丈夫是共妻家庭的基本需要，在川、青、滇、藏交界區，一家沒有兩個男人是難以支撐的。我們自己的社會何嘗不是這樣，誰都知道沒有男人的家庭窘境。但男人過多，妻子窮於應付，要是一個社會存在大量的家庭內耗，就會出現群體性的危機，因此，人們等不到災難出現便會尋求自我解決的辦法。在第二章的敘述中，24 號家庭的大丈夫格勒出走，等於將三兄共妻的形式轉化為兩兄共妻，待到他認為家庭已渡過難關才返回，這個案例從反面說明了二兄共妻的經濟靈活性和安全保障性，利於家庭良性運轉。第八章講到雨崩村以前三四兄

21 參見王天玉：《論多偶婚制度下藏族婦女的角色與地位：以滇西北德欽縣尼村為例》，中山大學人類學系2012年博士論文。

22 參見米勒：《西藏的婦女地位》，載《國外藏學研究論文集》第三集（拉薩：西藏人民出版社1987年），頁338。

弟共妻的事象不少，待到發展了旅遊，共妻兄弟的數目陡然就降了下來，代之而起的基本是兩兄共妻，也屬類似的例子。共妻兄弟多，丈夫雖然徒有虛名，卻是維持輿論和家財的完整性所必需的，但由於降低了同房的平均值，提高了禮儀丈夫的幅度，容易促使情人風俗氾濫。雨崩村的事例意味深長，可視作對於家庭原理的補充。剛才提到家庭類型與經濟環境有關，其實家庭規模（具體到丈夫的數目）也與此有關。人們不能抽象地看待丈夫的數目，一廂情願地認為兩夫最好，或者三夫最好……如此類推，而是要把家庭面臨的經濟條件和其採取的有效策略統一起來下結論。

堅贊在田野調查中隨身攜帶了攝影器材，他拍的家庭照可謂一種隨機抽樣。在前面第二章至八章展示的照片中，同樣是兩兄共妻的多，三四兄弟共妻的少，更多兄弟共妻的更少，下面再以 8 幀照片襯托真實，即共妻家庭的規模隨著丈夫數目的遞增而擴大，共妻家庭的數目則隨之遞減。

6 親屬制度

摩爾根提出親屬稱謂制度的分類和意義已 142 年了[23]，他認為親屬稱謂反映了婚姻、血緣和其它社會習俗的觀點至今仍然正確。自從默多克為 6 種基本親屬稱謂制度劃出分佈圖[24]，親屬稱謂體系的實用性提高了。「人類學家對親屬稱謂緊盯不捨，因為研究結果經常條理

---

23 路易士・亨利・摩爾根的《人類家庭的血親和姻親製度》是1871年出版的，至今未有中譯本。

24 6種基本的親屬稱謂為愛斯基摩、蘇丹、易洛魁、夏威夷、克勞和奧馬哈，它們每一種命名的借用了最先發現實行該制度的部族或民族的名稱。參見Murdock, G. P. *Ethnographic Atlas*. Pittsburgh: University of Pittsburgh Press, 1969

分明，不像社會生活淩亂不堪的方面。」[25]此言不假，8 個鄉（鎮）的親屬稱謂都有所涉及。對於納西民族鄉，討論了換親和兄弟娶姊妹引起的稱謂變化問題；對於江雄河谷，發表了親屬稱謂制的論文[26]；對於其餘 4 個鄉的親屬稱謂，作成圖表（詳見圖 6-5、圖 7-4 和圖 8-3），從「自我」（男性）擴展出家譜網路。讀者可從這幾張系譜座標圖中任意選擇，在選出的圖表中確定兩個世代（自我和其平輩為一代，父輩或子輩為一代），周邊的網路看成「自我」的背景，就可運用親屬稱謂的一般知識來比較。

　　五縣八鄉的親屬稱謂總體上屬於說明式，每一種親屬關係在稱謂鏈上各有其位，各司其職（社會責任），只不過有的位置比較明確，故享受專名；有的位置比較暗淡，因而享受共名的待遇。例如，江雄河谷的稱謂制裏面混雜著類別式的成分，它不是粹純的說明式。所日村的稱謂制包含有夏威夷式的遺跡，反映了嚴格的骨係觀念，它強調輩分和血緣，不容父方或母方交表婚。龍西村的稱謂制帶有奧馬哈式的殘餘，傾向於母方交表婚，藏語稱「次席尼姆」，反映出骨系觀念不如所日村的強烈。雨崩村的親屬制打上了愛斯基摩式的印跡，強調核心家庭，一定程度上區分血親與姻親，不注重區分某些親屬——如姨母、姑母、叔、伯、舅、從兄弟姊妹等，而用共名統之。愛斯基摩式常出現於強調直系，但雙邊親屬又有一定支配地位的社會，此與雨崩村骨系觀念異常鬆懈相應，該村流行父方和母方的交表婚（姑舅表優先婚），行婚雙方力圖拉攏後代親上加親，藏語稱為「阿擁伯姆」，意謂「舅家之女不能嫁給外人」。所日、龍西行共妻婚的丈夫數目少

---

25 〔美〕羅伯特・F. 墨菲著，王卓君、呂道基譯：《文化與社會人類學引論》（北京：商務印書館，1994年），頁147。

26 參見堅贊才旦：〈真曲河谷親屬稱謂制探微〉，載《西藏研究》2001年第4期，頁10-18。

到 2 人，多至 6 人，二村均強調長兄做大丈夫以及有資格接受「阿帕」專稱的權利，其它兄弟只能接受「阿喝」或「阿克」（叔父）的稱謂。雨崩村行共妻婚的兄弟無一例外為 2 人，但村民能說出 5 個「父親」級的長幼關係，說明以前本村兄弟共妻家庭的規模較大，曾經出現五兄共一妻的事例。

兄弟親情血濃於水。在共妻制的家庭，「兄弟」一詞包含了四層含義：①同一骨係的成員；②終生的家庭成員；③同一位妻子的丈夫；④所有子女的共同父親。這種類似於同生共死的感情，又是基於三種核心關係：第一，血親體系；第二，居住模式；第三，對性愛的分享與同炊共爨。三種關係可簡潔地概括為三句話：以貫穿父方血緣的骨係概念來強化兄弟之間的認同；以從父居的形式來維持不分家的傳統；以共妻的原則來縮小嫡出的差異性，擴大共同的後代數目。三者歸結為一點，兄弟之間，加強合作，鞏固團結，建設家庭。

7 婦女的地位

主要的檢測指標是婦女在生產和家務中作出的貢獻，特別是「生」與「育」的數量與品質。這條標準是從具體的社會條件出發所確定的，考察傳統社會的普通婦女，不能動輒就要看其是否掌握公共權力，是否出頭露面，一呼百應。社會分工不發達，人們依照性別與年齡參加勞動，因此要多看自然分工。8 個調查點都體現了「男主外，女主內」的原則。婦女承擔家務，燒茶、做飯、喂豬狗、放家畜、收拾房間、洗滌、侍奉老人、教育孩子，還要製酪、取酥油、炒青稞、磨炒麵，婦女經常野外作業（如積肥、除草、收割、打場、放牧、採集等），很難想像沒有婦女的家庭怎麼度日。江雄河谷是邦典（藏式圍裙）、氆氌、毯子和卡墊的產地，男子做縫紉、硝皮、制鞋等，有些工作——如用刷子梳理羊毛或犛牛毛、撚毛線、織帳篷

等——不分男女。社會在進步，角色也在調換，過去有「女撚線，男織機」的諺語，現在可以看見男人用紡錘撚線，女人上織機，男女共同染色的情景。

以上勞動，有的是集約性的，比如打場、播種、收穫，有的是零散性的，如照管牧群、積肥、修渠、割草、鋤草、驅雀等。集約性的勞動有技術含量，協作性較強，如犁田，對深度和溝壟都有要求，通常由稱為「漢子」的成年男性來做。為使牲口集中精力，需專人來牽引（這一活計可由孩子承擔）。寡婦家庭，需以換工或雇傭方式請「犁田漢」。犁田只是播種前的一道工序，之前是施肥，將肥料均勻地撒到地裏，通過翻耕埋入土下。之後是播種，由婦女來完成。播種時用布袋盛入種子，挎在肩上，在田間行邊，出左步，右手撒；邁右步，左手播，動作協調，雙手一起做。犁是尖的，代表男性，田地接受犁耕，代表女性，婦女撒種代表繁衍，這些都具有象徵的意義。播種之後是耙田，以尖形或小方形的木鋤或耙將土壤蓋住種子，防止鳥雀危害。中耕期間要清除雜草，常見婦女頂著烈日蹲在田裏拔草，帶著泥土芬芳的野草拋到空曠的地面很快就被太陽曬死，用來漚肥。到了秋收，男女揮動著鐮刀，或割，或捆，或曬，或運輸，或打場。

因時與地的不同，婦女承擔的工作也有一些差異。農區除牽牛掌犁、開鐮收割等力氣活外，其它農作都由婦女承擔。牧區，婦女要放牧，加工肉乾、優酪乳、奶渣等產品，梳理牛羊毛。鹽區婦女每天清晨趕往鹽場，背起木桶從獨木梯下到鹽井，直接用空桶舀起半桶鹵水，再用瓜瓢一勺勺把鹵水舀進桶裏，繼而背著沉重的木桶爬出井口，艱難地行走在陡峭的羊腸小路上。常常，她們先將鹵水倒進鹽樓下面的儲鹵池，趁著鹽井裏的鹵水多時再背一些。晌午啃幾口乾糧。江風勁吹，烈日暴曬，曬鹽女整天佝腰躬背地勞作，她們的青春是短暫的。現在有了抽水機汲鹵，但把鹵水背到鹽田仍賴人力，一個人平

均每天要背六七十桶。

不少鹽戶既有鹽田又有農田。農耕與製鹽，二者都是靠天吃飯的營生，具有互補性：「天旱時鹽業豐收農業損，雨多時農業豐收鹽業損。」第四章提到次仁林珍，她家有 7 塊鹽田、幾畝地，屋後是核桃樹，庭院裏栽了葡萄和石榴，鹽田收入僅占家庭收入的 1/3。人力是重要的資源。夫婦仨生育了 2 子 3 女。次子在家種地，二兒媳開了一家小商店，三女在昌都讀高中。次仁林珍不想讓三女去鹽田，全家對她寄予厚望。鹽場很少見到男人，除非豎立柱子，搭建鹽臺，給鹽鹵池和鹽田抹灰泥，給牲畜裝卸馱子等，這些活計費力且技術含量高，婦女做不了，才由男人做。運鹽通常是傍晚，婦女把幾天的收穫集中，等待著男人趕牲口來馱鹽。鹽先運回家儲存，再銷往遠近一帶，換回糧食與日用品。如果家裏人口多，除了製鹽與販鹽，還可以照應地裏的莊稼。如果家裏勞力少，只好放棄地裏的活計，完全依賴鹽業為生。

檢測婦女的地位要有男性襯托，大男子主義在五縣八鄉各有表現。江雄河谷的男女地位較為平等。所日村較為失衡，村民認為這種情結天經地義，因此，他們在生育上有「重男輕女」的傾向。龍西村注重姻親，認為母方的直系親屬可靠，賦予婦女較高的地位。雨崩村的情形更加如此，生男生女沒有講究，有些家長甚至認為生女孩比男孩要好。村裏時興嘎訾婚，贅婿可提出分家，甚至分居後可以繼承岳父的家名，這在其它地方實屬罕見。伴隨著大男子主義情結，有人相信「男人是天生的情種」或者「女人是男人的附庸」，這種觀點各村都有，某一丈夫外出時，另一丈夫留守家中，全部丈夫蒞臨時，情人風俗提供了感情與性欲宣洩的管道。人的兩性關係體現了文化規則與生物規則，八鄉有著各自的社會文化表達方式。

8 情人風俗的作用

在兄弟共妻制流行的鄉村，剩餘婦女較多，在這一婚制受限制的鄉村，剩餘婦女較少，於是後者可能參與到消化前一類鄉村的剩餘婦女中來。8 個鄉（鎮）的剩餘婦女數量不同，生存壓力亦不同，但都給予出路，這一機制呈現出差異性。江雄河谷適當保留了情人制度，宗西鄉對情人風俗有所排斥；納西鄉和所日村對待情人風俗比較寬容，前者還接納了現代社會的性工作者。龍西村限制結交情人，曾有一對男女殉情。雨崩村沒有情人風俗的立錐之地，而是一方面擴大交表婚，使「嘎絮婚」制度化，另一方面發展旅遊業，提高婦女的經濟地位，改善婦女婚配條件，保障其嫁人的機會，鮮有人以出家來逃避現實。現實中存在著一個悖論：一方面人們企圖使情人風俗制度化，使婚外情合法化，另一方面輿論卻難以接受私生子，當然否定的程度也有差異。例如，龍西、雨崩兩村極力反對情人制的存在，但對私生子給予寬容的對待。此外，龍西、雨崩兩村大力推行「波色」或「嘎絮」婚姻，作為兄弟共妻制的補充，所日村則對性質相同的「瑪巴」婚採取謹慎的態度。

9 宗教的作用

清末川、滇、藏邊區改土歸流，官方派員清戶口，定捐稅，取得一些可靠的資料，以此湊合大量公文撰寫的縣志，正可稽考。經梳理舊志，製成見表 9-2 和表 9-3 作為參照，個別資料不齊，用短連字號（「─」）彌補，無礙大局。

表 9-2 說明藏滇交界區的兄弟共妻制與男性多於女性的假設無關，右邊第一二列反映，9 縣的兩性比例為 100（女）：95.37（男），女性多出男性 2234 人。將 9 縣劃為三等，察雅、寧靜、昌都和武成

（三岩）為大縣，人口均超過 2.2 萬；鹽井、同普和科麥為中縣，人口在 1 萬以上、1.53 萬以下；察隅和貢縣為小縣，人口不超過 8000。大小平均，即每縣 16075 人，其中男 7839 人，女 9380 人，女比男多，如果包含喇嘛和尼姑，則每縣 16359 人，換言之，每縣有喇嘛 991 人，尼姑 35 人，於是看到一個數字，即每縣有 6.83%的人口脫離物質資料和人口的生產，不事勞動，需要親屬或他人豢養。這就提出一個問題，什麼樣的婚姻與家庭形式最能夠滿足藏傳佛教對於人口和衣食之需？

表9-2　藏東九縣人口資料（191年前後單位：人）

類別 縣份	庶民						出家人		總人口			
	丁	%	口	%	計	%	僧	尼	人數	%	男女 比例	對比 值
昌都	8313	36.73	11521	50.9	19834	87.63	2800	—	22364	100	100:96.46	+408
武成	9974	44.24	12120	53.76	22094	98.00	400	50	22544	100	100:84.18	+1796
貢縣	2705	42.96	3152	50.06	5857	93.13	420	20	6297	100	100:98.51	+47
察隅	—	—	—	—	—	—	300	—	7824	—	—	—
科麥	—	—	—	—	—	—	400	—	10243			
同普	4921	42.64	5619	48.69	10540	91.33	1000	—	11540	100	100:105.37	-302
察雅	11093	43.38	12478	48.8	23571	92.17	200	—	25571		100:104.92	-615
鹽井	6111	39.86	8421	54.92	14532	94.78	1200	—	25302		100:82.07	+1510
寧靜	11756	46.46	12346	48.8	24102	95.25	1200	—	25302		100:95.06	-610
總計	54873		65657		112530		8920	70	147287			+2234
平均	7839	12.32	9380	50.85	16076	93.18	991	35	16365		100:95.37	

注：根據劉贊廷《邊藏芻言》所涉資料統計，見《中國地方志集成・西藏府縣志輯》：巴蜀書社1995 年版，第91、9899、119、124125，141、151152、189、209211、262、268270、287、306307、338，347350、387388、613614頁和第620621頁。

現在來看表 9-3。川、滇、藏交界區人口分散，地域廣闊，每縣僅 103 村，每村僅 35 戶，可見大村少，小村多。每縣有 25 至 26 個佛寺，平均 4 個村莊供養 1 個寺廟，反過來說 1 個寺廟為 4 個村莊提供整合性的服務（如婚喪禮儀、節日慶典、心理諮詢、調解糾紛、孩子取名等）。寺多庵少，與表 9-2 的圖景——僧多尼少、二者相差 28 倍——相吻合。於是又提出一個問題：同一種信仰會使男女的接受程度明顯不同嗎？藏傳佛教的性別歧視基於男女生理和精神的差別，女性比男性執著，但身體比男性弱，吃苦耐勞能力較差，意志不如男性堅定，因此多建佛寺，少造庵堂，形成僧多尼少的局面。表 9-3 還說明了家庭的規模，無論出家與否，均為五口之家，小家庭吃不開，必須依附大家庭才行。這裏的數位意味深長，有理由斷定蘊涵著大量兄弟共妻制家庭的可能。表 9-3 提供了客籍戶（漢人居多）的信息，509 戶客籍主要分佈在鹽井，僅憑這一點就加強了第五章的論證——外來文化對傳統婚俗有衝擊作用。寧靜有 80 餘戶，貢縣和察隅也有一點，說明 100 多年前漢文化已躋身於藏地。

表9-3　藏東九縣寺庵、村落、家戶與人口
（191 年前後，單位：個、戶、人）

類別	出家場所		聚落與家戶		戶籍情況			
縣份	寺	庵	村莊	戶數	本地戶	戶均丁口（含出家人）	戶均丁口（不含出家人）	客籍戶
昌都	21	—	155	25.59	3967	5.7	5	—
武成	7	1	50	95	4752	4.73	4.65	—
貢縣	10	1	76	18.53	1408	4.47	4.16	20
察隅	24	—	74	19.4	1436	5.66	5.45	
科麥	28	—	108	19.97	2037	5.23	5.03	—

類別	出家場所		聚落與家戶		戶籍情況			
縣份	寺	庵	村莊	戶數	本地戶	戶均丁口（含出家人）	戶均丁口（不含出家人）	客籍戶
同普	50	—	97	21.69	2104	4.44	4.16	—
察雅	47	—64	86.14	5513	4.64	4.28	22	
鹽井	19	—	135	15.24	2057	7.46	7.06	384
寧靜	23	—	172	15.24	4462	5.67	5.4	83
總計	229	2	925	316.8	27736			509
平均	25.4	1	102.8	35.2	3081.8	5.3	5.02	

　　有兩種宗教（藏傳佛教和天主教）在五縣八鄉的調查點起作用。藏傳佛教對於 7 個樣本有積極的影響，唯獨在龍西村的樣本中隱身不見，這倒不稀奇，至於原因後面將會提及。天主教對 1 個樣本有消極的影響，那就是上鹽井，但其作用委實有限。就前者而論，可從出家人與在家居士的分類上看到影響。就出家者而論，許多村莊的喇嘛超過了尼姑。就在家居士而論，情況截然相反，覺嫫的數目超過紮巴。1996 年，在傑德秀鎮的山坡，堅贊看見山腳有個女孩在剃度，一位婦女在幫助她。儀式很簡單，頭髮剪光就算是覺嫫了。龍西村沒有出家人，在家居士還是有的。以前有碧土寺，藏語稱「多宏貢布」，附近村民到此出家。清末劉贊廷筆下的畢土寺即此，當時有僧眾 50 餘人。蘇國柱和高永欣描寫了該寺與 14 軍 42 師 126 團對抗的情景，以及二活佛張汪汪的情況。碧土寺在整合玉曲河谷的民心、協調聖俗事務方面起到積極的作用，不幸的是十餘年前，碧土寺垮掉了，先是主樓坍塌，繼而僧房的屋頂和樓板陷落。僧人不知所向，僅剩一座大殿。以下是 2005 年 8 月 9 日，堅贊和韶明所看到的淒涼景象。

　　藏傳佛教對兄弟共妻是認可的，因為喇嘛要向農民徵收實物稅和徭役稅，就得引導人民開源節流，增加生產，抑制人口，免於陷入赤

貧。同時，寺廟需要經常有皈依者填補，就要把悲觀厭世的情緒再生產出來，使得有人願意出家。[27]五縣八鄉的調查揭示了軟環境與硬環境的作用。藏傳佛教的意識形態——如兼愛、寬容的觀念——促進了社區的團結與人們的共用心態，這是兄弟共妻制所需要的軟環境，結果與條件良性互動：共妻為其一，共產、共子為其二，家庭和睦為其三，社會好評為其四。互動的指針是雙向的。藏傳佛教的寺廟制度需要從鄉間吸收信眾，這是兄弟共妻制所需要的硬環境，兄弟過多就無法過共妻生活，必須走掉幾個，分流的途徑有多種，出家、入贅、在家居士等等都行。男性如此，對於多餘的女性亦如此，女性可出家為尼，亦可姊妹招贅，還可呆在家裏做女居士（覺嫫）。佛教把修道人分為兩種狀態——出家與在家。出家人過清貧生活，在家則不然，親情與天倫、出世與遁入共存，一個人因身體或其它原因不便入寺，同時又篤信涅槃，可心安理得地在家裏事佛，這是佛教寬容的表現。

出家制度是為全職信佛者而設的，以減少家庭人口（尤其是男性）為代價，離家者留下的責任由留守者擔負。居士制度是為在家修行的人而設的。人口的減少使父母和兄弟姊妹更要考慮婚姻的成本與家財的傳遞，增大了共妻婚、共夫婚、招贅婚和居家事佛的可能性。藏人的頂樓一般設有經堂，在家居士制度使那些既不能出家也不願生育的人能夠安心事佛，又可繼續參加生產勞動，在轉嫁一部分多餘人口給家庭消化的同時，又減輕了家庭的負擔，佛教亦減少了住寺的壓力，家庭成為變相的佛寺分支。藏傳佛教和兄弟共妻製造成多餘的婦女，同時解決了遺留問題，不至於引發社會的震盪，以上皆表明在家修道的方式是家庭與寺廟良性互動的紐帶。

---

27 Steward, E. W. *Evovlving Life Styles: An Introduction to Cultural Anthropology*. New York: McGraw Hill，1973:268.

10　商品觀念

8 個鄉（鎮）當中，至少有 6 個處於交通要道或其輻射範圍。江雄峽谷的朗傑學、傑德秀毛織業發達，過去是拉薩貴族徵收實物稅和定點採購的村落，一定程度上萌發了商品觀念。納西民族鄉在滇藏公路線上，唯宗西鄉和碧土鄉較為偏僻，即使如此，它們也受到茶馬古道的輻射，貿易早就滲入當地的日常生活，宗西與寧靜和巴塘交易。鹽井與德欽、察瓦龍、左貢等縣交易。龍西村的商品交換意識較強，歷史上多次組織馬幫參加察瓦龍墟市的交易，利用地緣優勢捲入地區市場，克服自身資源的短缺，改革開放以後村民組織各種生產活動，追求經濟效益的最大化成為家庭活動的重心。在旅遊的開發下，雨崩村發展出一套平衡社區鄰里關係的馬隊制度，不過僅為最近 10 年的事情。所日村民參與一定範圍的商品交換活動，更多人則將此看成位於家庭與宗教之下的事，認為錢多少無所謂，重要的是兄弟不分家和信守宗教的訓導。

傑瑞爾德・白雷曼曾感慨地說：「一妻多夫制不是一種單一的形態，因此，作者不能奢望有一套放之四海而皆準的解釋術語。」[28]上述 8 個鄉（鎮）的條件不同，它們在展現差異性的同時，當地人也在追求共同的目標，這個目標的表層是個人與家庭的幸福，深層是人與環境（自然與社會）的良性互動。

三　追尋兄弟共妻婚的動因

婚俗與多種因素交織。特定的自然條件、傳統農牧生計模式、封建農奴制的社會條件、貿易與交換等等，都是瞭解兄弟共妻、共產、

---

28 Berreman, G. D. Pahari Polyandry: A Comparison. *American Anthropologist*, 1962 (1):72.

共育的形式，包括土地的共同佔有和共同使用（即摩爾根的「土地保有權」和「生活中的共產製」[29]）、婚後居住模式、家庭組織生產、生活的途徑，同時它們一道構成婚姻的動因系統。在川、青、滇、藏交界區的東緣、北端，氏族（骨係）是一個動因，在南部也存在，但不太嚴重，人們行婚時很在意血族的外婚標準。例如，在所日、宗西和碧土等鄉村，一個男子若婚後無嗣，氏族成員會推動他再娶，而再娶的對象很可能就是原配的姊妹，如果還生不出男嬰，有可能是他自己的問題，於是要求他的兄弟加入夫妻行列，在這兩種情形下，原來的家庭均由單偶婚過渡為多偶婚。

在 8 個鄉（鎮），很少有人說得清當地發生久遠的人物和事件，文獻也難以查到，這是我們無法清晰地描述調查地的難點，因此兄弟共妻制如何傳入各村是不易回答的問題。根據環境與交通條件，傑德秀、克西、朗傑學、宗西、鹽井、碧土等鄉早就有可能接受外部的傳播，近現代又受到外部的撞擊，這一古俗在某些鄉衰落了。根據神話傳說，雨崩村的兄弟共妻制可以和戰神卡瓦格博和格薩爾王的戰役相聯繫。根據口傳，所日村的族源顯示蒙古族認同藏族的過程，表明隨軍人員以外來人的身份接受了西藏的婚姻制度，是主動選擇的結果。鹽井的納西族也是這樣，其祖先是替木氏土司開疆拓土的軍人，他們定居下來以後，逐漸認同藏族的風習。龍西村的老人能耳熟能詳土地、賦稅與婚制的關係，說明特定的社會制度與特定的階層（差巴、堆窮）和婚俗相關[30]，可見階級壓迫是兄弟共妻制的動因之一。

---

29 參見〔美〕保羅·博安南（Paul Bohannan），秦學聖、汪季琦、顧憲成譯：〈為摩爾根《印第安人的房屋建築與家室生活》而寫的導論〉，見〈印第安人的房屋建築與家室生活〉（北京：文物出版社，1992年），頁78。

30 參見Goldstein, M. C. Stratification, Polyandry, and Family Structure in Central Tibet. *Southwestern Journal of Anthropology*, 1971 (1):64-74.

　　8 個鄉（鎮）的兄弟共妻婚，限制性與流行性為 1:1，地域界限和歷史事件可能是主要原因。至於僅宗西鄉發現兄弟共妻制的亞型（如朋友共妻、甥舅、叔侄和父子共妻等），另外 7 個鄉（鎮）沒有發現的原因，還有兄弟共妻制不能孤立地存在，須與其它婚制（如一妻一夫制和一夫多妻制等）並存且相互轉化，其傳遞邏輯是什麼？上述兩個問題需要適當分析。

　　借助許烺光的觀點解釋第一個問題。親屬集團（如家庭、宗族）是瞭解社會文化現象的始基，為此要從親屬關係入手，通過核心家庭可看到 8 種佔優勢的親屬關係：父子、母子、父女、母女、夫妻、兄弟、姊妹、兄妹（姊弟）。核心家庭不同，這 8 種關係的比例也不同。每一種基本關係都代表一種行為態度，8 種親屬關係中有 4 種特別佔優勢，即夫妻、父子、母子、兄弟，其行為態度為「優勢屬性」[31]。

　　優勢親屬關係和優勢屬性的對應構成 4 組[32]，一個親屬體系中，優勢關係的優勢屬性決定著成員對內對外的態度。例如，漢藏民族的傳統家庭以父子關係為根基，強調父系傳承的「連續性」、兒孫滿堂的「包容性」、長幼尊卑的「權威性」及傳宗接代的「非性性」[33]。至於男人性愛對象的解決，可通過納妾（漢人如此）和情人（藏人如此）的管道。總而言之，親屬關係中必有一種優勢關係，優勢關係中必有優勢屬性，優勢關係的優勢屬性決定個體的行為態度。非優勢關

31　參見許烺光：〈親屬、社會與文化〉，載《徹底個人主義的省思》（臺北：南天書局，2002 年），頁 269-270。

32　譬如，夫妻——不連續性、獨佔性、性欲取向、自願性；父子——連續性、包容性、權威性、非性性；母子——不連續性、包容性、依賴性、擴散性、原欲性；兄弟——不連續性、包容性、平等性、競爭性。

33　參見許烺光：〈親屬、社會與文化〉，載《徹底個人主義的省思》（臺北：南天書局，2002 年）頁 271-272。

係是從優勢關係發展而來的。[34]

許多人以為，惡劣的自然條件促進了藏族的同胞關係——所謂「優勢親屬關係」——因而兄弟傾向於不分家，婚後居於一處，建立聯閫家庭，甚至於合娶一妻，發展出兄弟共妻的模式。這個推論過於簡單。首先，現實中聯閫家庭相當稀少，不足為論；其次，兄弟共妻制不是人類對環境的機械適應，行婚者及其父母的主觀選擇背後隱藏著物質因素；再次，這種物質因素自覺地表現為生產方式和上層建築與自然的互動，或者說人們以生產關係來過濾生態適應行為，賦予其更加高級的意義；最後，應該看到，不僅人適應自然，自然也適應人（人對自然的認識與改造），還應該看到人類不自覺地被自然的盲目性所推動，兄弟共妻的主觀選擇是發家致富，客觀效果則降低了生育總量，舒緩了人口對環境的壓力，只不過他們沒有意識到。

另有人假設，藏族以超自然為中心的「文化傳統取向」使得人們淡化血緣關係，促成一妻多夫婚俗的存在。這個論斷採取逆向方法：藏族的一妻多夫大多是兄弟型，前提是兄弟不分家，這是「優勢親屬關係」的表現。結合了環境的壓力和宗教的影響，強化了原先的血緣認同，使夫妻關係的「獨佔欲」被弱化了，從而促成一妻多夫制的產生[35]。這個觀點同樣似是而非，如果它能成為一條規則，那麼凡是講究父系血緣的民族，對兄弟關係的看重甚過姊妹關係，有些民族的生存環境比川、青、滇、藏交界區更加艱苦，但沒有採納兄弟共妻制。

上述兩種假說頗具想像力，但實證與個案不夠，最近有 3 篇博士論文（見本書第一章第四部分）對此作了點評，此處不再贅言，不過優勢親屬關係的確是有的。

---

34 原文採用了「親屬軸」的說法，此處為統一措辭，改為「關係」。見朱明忠、尚會鵬：《印度教：宗教與社會》（北京：世界知識出版社，2003年），頁212。

35 參見徐揚、尚會鵬：〈藏族一妻多夫婚俗：一項文化人類學分析〉，載《青海民族研究》，2009年第1期，頁614。

　　家庭與社區的市場發育相關。邊疆多民族地區，較為封閉，家庭傾向於相對完整的分工，以便減少對外依賴，增大自給自足的能力[36]。在國家鞭長莫及之地，血緣、姻緣的作用明顯。在川、青、滇、藏交界區，高山峽谷，生態多樣，環境脆弱，特別需要人口以及吃苦耐勞的品質，多個男子分營一兩個生產門類成為必需。兄弟共妻、共產、共育——這種集中有限的人力資源的形式尤其適應環境。世代從事某種生計並以共妻方式行婚的人們，對這種婚俗的依戀是不言而喻的，8個鄉（鎮）的全部家庭一年中的基本活動指向三個目標：一是五穀豐登——重農情結；二是六畜興旺——以「犛牛情結」為表徵；三是兄弟情誼。兄弟共妻制家庭正是為這三個意象服務的。

　　俗語「打虎需要親兄弟，戰場不離父子兵」。任何社會都會發生偷盜、搶劫、械鬥等事件。而有挑戰必有應戰，把握這些不確定的非安全因素，必須依靠兄弟關係。他們在非常事件中為戰鬥員，和平時期為生產者，同甘共苦更能加強兄弟友誼。在安全和團結為上的價值體系中，行兄弟共妻婚的家庭能夠集聚男性應付困難，所以該婚制可視為家庭策略。家庭人手多、兄弟團結，此乃分工的前提，勞力轉化為財產，家庭經濟更為保障。

　　在江雄河谷，38個兄弟共妻家庭養育了173個孩子，平均每個家庭4.55個孩子，其中，兩兄弟共妻的家庭每位丈夫擁有2.275個孩子，三兄弟共妻的家庭每位丈夫擁有1.517個孩子。[37]資料表明，兄弟共妻家庭生育的孩子與一夫一妻家庭差不多，但前者的孩子獲得良好的照顧。姊妹共夫家庭和一夫一妻制家庭，男勞力缺乏，孩子經常

36　參見王文長：〈對藏東藏族家庭婚姻結構的經濟分析〉，載《西藏研究》2000年第2期，頁56-60。

37　參見堅贊才旦：〈真曲河谷一妻多夫家庭組織探微〉，載《西藏研究》2001年第3期，頁32。

輟學。人力資本具有提高家庭收入、鞏固地位、增進個人和家庭福利的價值。偏僻山區的青少年到城鎮打工，成為家庭財富增長的源泉。農牧區的孩子能吃苦，身體素質好，重要的是識字，能/會說漢話。因此，希拉德的「品質—數量」交易公式[38]在這類家庭中通過「正常出生率—高成長率」表現出來

兄弟共妻制是以一種優勢的親屬關係為始基組織起來的婚姻家庭，是自然生態、社會分層、文化複合體聯合作用的結果，強調兄弟的血緣認同而淡化其它血緣關係，同時有效地壓制夫妻之間的獨佔性，與藏傳佛教的寬容理念相一致。與其說該婚制是對脆弱的生態條件和分工不足的機械反應，毋寧是對傳統生產方式（其中應包含相當程度的牧業）的有效適應。

關於第二個問題，即一妻多夫制不能孤立地存在，必須與其它婚制（如一妻一夫制）並存並相互轉化，這裏既與人的生物屬性和文化屬性有關，也有來自生態方面的原因。

婚姻體現了人際合作關係。人類關於婚姻的決策與選擇，首先在親屬選擇的層面上就受「親緣相關係數」的作用。漢密爾頓於1964年提出親緣選擇理論，把「親緣相關係數」定義為兩個個體之間由於共同祖先或直系親屬的關係而具有同源基因的概率。[39]這種關係系數可以從交配模式的不同情景中計算出來。在雙性基因結構的物種的有性繁殖過程中，人類的親緣關係見表 9-4。[40]

---

38 這是個反比公式，子女愈多的家長，對孩子成年期的教育水準和家庭給予資助的期望值愈低，表明高「品質」並不必然地引起高生育率。參見Kaplan, H. Lancaster, J. and Johnson, S. Does Observed Fertility Maximize Fitness among New Mexican Men? *Human Nature*, 1995 (6):435-350

39 Hamilton, W. D. The Genetical Evolution of Social Behavior, i & ii. *Journal of Theoretical Biology*, 1964 (7):20.

40 參見R. 道金斯著，盧允中、張岱雲譯：《自私的基因》（北京：科學出版社，1981年），頁126-129。

表9-4 親屬序數排位

親緣關係（雙邊世系）	親緣系數
父母和孩子	1/2
同胞兄弟姊妹	1/2
祖父母、外祖父母和孫男孫女	1/4
同父異母或同母異父兄弟姊妹	1/4
叔伯舅姑姨和侄、甥	1/4
一夫一妻制度下的第一代從表兄弟姊妹	1/8
一夫一妻制度下的第二代從表兄弟姊妹	1/32
一夫一妻制度下的第三代從表兄弟姊妹	1/128

　　川、青、滇、藏交界區的兄弟共妻制表明兄弟間的「親緣相關係數」較高，婚姻形式偏愛親屬選擇的層面。生物性對人類婚姻的作用不僅於此。威廉·達拉謨認為，一個家庭若有兩個以上的兒子，成人之後，各娶一妻，分家析產，自謀生路，雖然第一代生育了較多的孩子，但是，若干代之後，該家庭後代數比恪守同代單一婚配原則（即一妻多夫制）的家庭要少許多。換言之，三種婚制下的家庭，總體死亡率最低的是一妻多夫制家庭。因此，要是下一代成員（兒子）採取父母所實踐的婚姻方式，實行同代單一婚配原則的做法就會流傳下來。為此他以數學模型（見圖 9-1）來論證。假設有 4 戶，每戶有 3 個兒子，1 公頃土地（其中 10 畝是耕地），均行半農半牧生計，以 M 代表每戶（含衍生的新家庭）每代的成婚比數，該比數是滾動的，縱軸表示人口數，橫軸表示代際或輩分，以 1 代成人為起點，起點是十口之家。4 戶採納不同的婚姻，各顯一條軌跡。第一戶（M=3），讓三子各娶一妻，分門定居，只需 1 代，便發展到 28 口人，家庭持有土地的面積相對減少，因分割家產，土地被碎化的情形顯得嚴重，再

1 代，新增加的人口不能從土地中得到足夠的支出，無以為繼之下，這個家庭淪落了。第二戶（M=2），讓一子入贅，二子各娶一妻、分門定居，1 代以後，達到 20 人，再過 1 代，增至 24 人，再 1 代，其結果與第一戶相同，跌落至谷底。第三戶（M=1.3），將三子分為兩組，一組共妻，另一組單獨娶妻，兩組不分家，構成聯闔家庭，好處是勞力多，人口增長緩慢，弊端是矛盾多、內耗大，過了 1 代，有 13 口人，再過 1 代，增至 18 人，又過 1 代，達到 23 人，又過了 1 代，發展到 27 人，5 代以後，已屬裹足不前（僅增加 1 人），到 6 代（對齊橫軸上的「7」），降至 20 人，7 代（橫軸「8」）時降為 8 人，8 代（橫軸「9」）跌至谷底。第四戶（M=1），世代一個家，平穩地發展，實際上是一條波紋線，圍繞著 M=1 的橫軸上下波動。前三戶先後瀕臨絕境，陷入維谷的速度與其採取的婚姻形式，並進而造成人口數量呈正比。唯獨三兄弟共妻的家庭採用同代單一婚配原則，結果經歷了 8 個代際，人口維持衡量，不增不減，立於不敗之地，使大家庭的適應性達到最大的邊際效率[41]。

　　可見兄弟共妻制的生命力旺盛，有其生物學原因。[42]描述生物規律與社會規律的交融是人類學不可迴避的難點，既然把兄弟共妻制喻為一面鏡子，多少是反射了這個難點的。

　　五縣八鄉都有兄弟共妻婚和一夫一妻婚的互相轉化，沒有發現兄弟共妻婚和姊妹共夫婚的互相轉化。個體家庭能給婚姻當事人帶來更大的自由度與經濟獨立性，夫妻擁有更強的凝聚力，前提是必要的經濟支持，否則一切免談。因此，兄弟分家的情況是經常發生的。分家的兄弟通常面臨兩種可能：一種是分家析產、單獨成家，不然就到他

---

41 Durham, W. *Coevolution*. Berkeley: University of California Press, 1991:83-86.

42 參見潘光旦：〈人文選擇與中華民族——兩個制度的討論〉，載《人文史觀》（上海：三聯書店，2008年），頁136。

處當「瑪巴」，所日村便如此；一種是女方家庭要有一定的經濟實力，傾向於「嘎紮」婚的雨崩村就是這樣，由於旅遊業的發展和家庭經濟的改觀，實行嘎紮婚的對象已由原先的村民轉變為外鄉來本村謀生的男性。龍西和雨崩一樣，也不容許兄弟分家，因此它面臨著和雨崩相同的選擇，該村鼓勵行「波色」婚，兄弟不能帶走家產，只能象徵性地分一點動產。

單一婚配原則受水準傳遞趨勢的影響（見表 9-1 及文字說明），主要是通過榜樣的力量及自我模仿。最近 10 餘年來，川、青、滇、藏交界區分家析產的現象日盛一日，表徵著大家庭的瓦解不可避免。也有一些小家庭逆潮流而動，散夥的兄弟嘗到生活的艱辛，回想起大家庭的甜蜜，看到它還在穩步發展，原有的信念徹底動搖，巴望回到它的懷抱，出現兄弟共妻制的復興。[43]

由此看來，在人與自然互動的系統中，婚姻選擇是多樣的，絕不可能單一化。多種婚俗之所以並存，也是它們本身的需要。借助蹺蹺板的原理，一妻多夫制坐在蹺板的一頭，一夫一妻制坐在另一頭，二者此起彼伏，有升有降，只看一個片斷，好像是失衡的，連貫起來看，則是動態的平衡。這種有趣的「蹺蹺板」現象正是合力的作用，包括川、青、滇、藏交界區的地理和人文等因素，借用一句套話，我們完全「可以把這種作用想像為一種向實在和變化的狀態的適應的過程」[44]。蹺蹺板模型不是三十年河東，三十河西的循環論，而是螺旋形上陞的前進論，在調整轉型的過程中有所回覆，有所提高。

---

43 Ben Jiao. *Socio.economic and Cultural Factors Underlying the Contemporary Revival of Fraternal Polyandry in Tibet.* Case Western Reserve University, 2001.
44 〔美〕戈爾斯坦撰，堅贊才旦譯：〈利米半農半牧的藏語族群對喜馬拉雅山區的適應策略〉，載《西藏研究》2002年第3期，頁119。

四 兄弟共妻婚的動力學基礎

當前，不論是幅員遼闊的川、青、滇、藏交界區，還是更加廣闊的藏族區域，兄弟共妻制都是以不同的價值為取向的家庭策略，所以看到各地婚姻形態的比值既同一又殊異時，無須驚奇，也許過一陣同一和殊異的比值又變了。兄弟共妻制很難求得社會的一致評價，有人愛，有人恨，有人怕。愛者認可它是方便的選擇，實屬正常；恨者感到厭惡，不願與之為伍；怕者與自己的利益相關，且大多是女性，認為兄弟共妻奪走了她們應有的配偶。

在川、青、滇、藏交界區，該婚制在各地的差異整體上反而與遙遠區域（如川西、甘南、昌都等地）的同類現象有些異曲同工，甚至於和尼泊爾、北印度、斯里蘭卡的一妻多夫制有同根關係。兄弟共妻制發展的辯證法便如此，形式與內容都是逐級上陞，每一個臺階都可能出現從同一走向差異，復由差異回歸同一，但每一次回歸都不是倒回原點，而是帶著新特徵的邁進，故看似回覆，實則是前進。在歷史的長河中，使兄弟共妻制呈現出差異和同一的相向運動是兩種生產[45]所需的各種因素間的互動。

承擔這些因素的基礎是什麼？我們可以從一個健全結構來考察家庭。最簡單的為核心家庭，最複雜的為聯闔家庭（當其包含主幹家庭時尤為如此）。為何川、青、滇、藏交界區的農牧民不喜歡聯闔家庭？前面已經說了一些自然和社會的原因，在此條件下，家庭不可能

---

45 恩格斯在《家庭、私有制與國家的起源》第一版序言中寫道：「根據唯物主義的觀點，歷史中的決定性因素，歸根結蒂是直接生活的生產和再生產。但是，生產本身又有兩種。一方面是生活資料即食物、衣服、住房以及為此所必需的工具的生產；另一方面是人類自身的生產，即種的繁衍。一定歷史時代和一定地區內的人們生活於其下的社會制度，受著兩種生產的制約；一方面受勞動的發展階段的制約，另一方面受家庭的發展階段的制約。」

生產出較多的產品。從組織行為的維度視之，這樣做同樣不可取，因為容易鬧家庭矛盾。要提高產量就要增加人口，而人口的增長就會帶來家庭的擴大，乍一看似乎人口的增長是家庭複雜化的原動力。恰恰相反，組織的升級或複雜化才是家庭人口增長的原動力。例如，兄弟共妻家庭或姊妹共夫家庭的形成。換言之，家庭人口的增殖是以共同佔有生產資料，分工協作，增產節約，邊際效益高的情形下才有意義。而要共同佔有生產資料，又要避免內耗，行兄弟共妻婚或使姊妹共夫婚則是最佳的選擇。因此，兄弟共妻制看似對環境的適應就演變為反面——本質上不是對生存環境的適應，而是對生產力和經濟水準導致的社會結果的適應。於是本書的答案也就出來了，作為兄弟共妻制的各種互動因素的基礎設施是生產方式。

白雷曼對印度巴哈裏山區的多夫多妻制的基本變異作了許多解釋，那裏有一種兄弟共妻制的孿生物：最初兩兄弟合娶一妻，幾年之後，又續娶一妻，於是由父系的一妻多夫家庭演變為父系的多夫多妻家庭；再後來，一個兄弟去世了，這個多夫多妻的家庭演變為一夫多妻的家庭；繼而，一個妻子逝世了，這個一夫多妻的家庭遂演變為一夫一妻的核心家庭。西藏社會並不認可這一婚制。不僅處於佛教光環之下人們的思想感情與巴哈裏的山民不同，更重要的是它不便於生活，它的主要目的不是保持家產，而是佔有更多的勞力，附帶滿足性欲，而家庭勞力多，佔有土地的欲望必然強烈，土地市場與此相關。家庭由小變大，由鼎盛走向衰落，土地是重要的測量尺規。當家庭開始變賣、抵押或者租賃土地時，便顯露出衰落的跡象。西藏沒有這種婚制存在的條件，倒不是兄弟共妻的家庭周期不能支配土地規模，也不是家庭人口的變化和變化著的家庭人口對土地的需求這兩條拋物線不夠平行，而是兩條拋物線較為舒坦、平緩，不像巴哈裏山區那麼激越高昂。因為土地的稀少決定了人口的增殖十分緩慢。

　　白雷曼分析的意義在於指出兄弟共妻制家庭自然發展的周期性結果。[46]他的動態觀點值得肯定，需要補充的是兄弟共妻家庭離不開幾代人依次交替的努力，每一代都在利用前代遺留下來的材料、資金、信息從事家產積纍的活動。

　　根據傳播論的觀點，兄弟共妻制的原生地應是一元的，而不是多元的。印度史詩《摩訶婆羅多》是世界上關於共妻制的最早文獻，記錄了公元前4世紀至公元4世紀印度從原始部落社會轉化為國家社會的情況。雅利安人原是居於歐亞分界的烏拉爾山脈的古代部落，其中一支於公元前15世紀進入北印度，兄弟共妻制不太可能是雅利安人帶來的婚俗，有可能是雅利安文化與古印度文化融合以後出現的新要素，與公元前12世紀至公元前10世紀所產生的種姓制度相生相伴，種姓制度猶如一架巨型人字梯，社會成員爭相攀登，造成普遍的競爭、擠壓現象；兄弟共妻制與財產的增殖掛鉤，具有鞏固家庭地位，扶持親屬渡過難關的作用，在這種情形下受到青睞也是自然的。我國的《舊唐書》和《新唐書》載有西女、東女二國的軼事，當時當地的人們有行此俗的風氣。前者地處?嶺（帕米爾高原及崑崙山、喀喇崑崙山西部諸山）以西，距離中原異常遙遠，史書隻言片語，語焉不詳。後者是公元6至7世紀出現的政權，位元於今西藏昌都地區與四川甘孜州，與中原接觸較多，即使如此，文獻記載也很零碎，集中起來不過幾頁。由於地理原因，西女國與天竺（古印度）聯繫便利，但東女國仍與天竺有聯繫，文字就是一例。[47]

---

46 參見G. 白雷曼用英文撰寫的三篇論文：〈巴哈裏的一妻多夫制：一種類比〉，載《美國人類學家》（1962）第64期，頁60-75；〈喜馬拉雅山的一妻多夫制和家庭的迴圈圈〉，載《美國民族學家》1975年第2期，第127-139頁；〈喜馬拉雅山脈西部的生態學、人口統計學和社會策略：個案研究〉，為1977年在巴黎召開題為「生活科學」的喜馬拉雅山脈生態學國際會議提交的論文。

47 參見《舊唐書・卷一百九十七・東女國》、《新唐書・卷一百二十一・西域・疏

　　如果說早先發明了這一婚制是應付天災人禍（也就是適應環境），那麼後人在採用這種婚姻並使之成為一種習俗時，肯定會有新的考慮，難免加入一些時代因素，婚姻屬於上層建築，我們不能忽略它和經濟基礎（占統治地位的生產關係的總和）的周期性矛盾，簡單社會的人們可能會看重兄弟共妻抵禦災難的作用，隨著社會複雜性的增加，其它因素就會加入婚姻發展的動力學系統，而成為原動力。例如，保持家產的完整對於防止在社會分層中跌落到底具有哪些重要的意義，這時新的因素就取代了舊的東西而成為原動力？五縣八鄉的樣本提供的證據沒有削弱，反而加強了生產方式作為人類適應環境的中介地位。

　　家庭承擔了生產方式的一部分內容與形式。8 個樣本顯示兄弟共妻制有主幹家庭（包括一代兄弟共妻、一代一夫一妻的主幹家庭，以及二代兄弟共妻的主幹家庭），也有核心家庭。前者作為大家庭，後者作為小家庭。大家庭通常與經濟、技術不發達相配。大家庭的觀念根深蒂固，小家庭是 18 世紀末至 19 世紀初，隨著醫療衛生的發展、嬰兒死亡率下降，而首先在歐美出現的。20 世紀初，亞洲大部分地區也出現了小家庭。因此，說到家庭的作用，重點應放在主幹家庭上面，因為主幹家庭的一個重要功能是保持家產的整體傳遞。

　　凱陶基曾例舉了日本的主幹家庭來分析問題，他說：「兩個或者兩個以上的兄弟婚後也許不會同時呆在本家，只是一個已婚的兄弟連同他的妻子被指定呆在本家，承擔家長的職位。這種遴選制度可以通過長子繼承規則，也可以通過幼子繼承規則來體現。於是，在家長職位的遴選和繼承過程中，主幹家庭經過一代又一代的傳遞，始終保持

　　勒》，載《景印文淵四庫全書》（臺北：臺灣商務印書館，1986年）第二七一冊，頁742-743；第二七六冊，第369、379頁。

著原先的模樣。從這個意義上抽象地說，主幹家庭是永恆的社會組織。」[48]

川、青、滇、藏交界區的兄弟共妻制的主幹式家庭也是一樣的，永遠保持著主幹的特點。不過這種家庭與其它類型的主幹家庭不同，它採取將幾個兒子留在老家，讓其合娶一妻的方式來延續家業。這麼做需要兩個條件：一是土地匱乏，戈歐斯切米德特在比較農民家庭結構時發現，父系主幹家庭常常伴隨著土地的不足以及財產的不可分割性[49]，這一觀點和西藏歷史所呈現的情形相一致；二是藏族人崇尚財產不可分割的觀念，在他們的價值體系中，名義上允許家產按照男性成員的要求加以分配，實際上提倡兄弟數人作為集體繼承人共同承襲產業，婚姻法和舊婚俗對立的焦點恰在於此。法官必須恪守法律的精神，才有可能正確解讀條款，如果停留在字面解釋，不能靈活變通，就永遠不能使法律服務於經濟基礎。婚姻本來需要兩個對稱的主體，在兄弟共妻制下，妻子構成一方，同胞兄弟共同構成另一方，不必抓住雙方究竟是單數還是複數做文章。執法者需要考慮的是減少分割家產的窘境，擴大勞動力集中的優點，這就是法律服務於經濟基礎的表現。

由於名與實的矛盾，也由於兩個婚姻主體，一為單數個體，一為複數個體，這樣的家庭不可能風平浪靜，各種矛盾中有兩對矛盾特別明顯：一是價值觀與現實利益的衝突，一是丈夫間及其圍繞著妻子而發生的微妙關係。

---

48 H. 凱陶基：〈日本家庭的結構〉，載《美國人類學家》1971年第73期，頁1050。Kitaoji, H. The structure of Japanese Farnily. *American Anthropologist*, 1971(5):1036-1057.

49 參見W. 戈歐斯切米德特，E. J. 昆科爾：〈農民家庭的結構〉，載《美國人類學家》1971年第73期，頁1069。Goldschmidt, W, Kunkel, E. J. The Structure of the Peasant Fanruily. *American Anthro pologist*, 1971 (5):1058-1076.

　　藏族人並不認為兄弟共妻制具有至高無上的價值，但他們全都相信同胞兄弟的團結具有無上的價值，這一信念某種程度上助長了共妻制的實行。藏族人知道這種婚制好處良多，他們也很清楚這一婚制不可避免的種種弊端。因此他們認為兄弟共妻制不是十全十美的。由於家庭以兄為主，弟為從，年輕的兄弟要俯就於長兄，他們對改變自己的地位希望渺茫。即便如此，一些兄弟仍然會表現出叛逆的性格和自私的言行。一旦發生這樣的事情，兄弟間的關係便趨於緊張，進而家庭危機四伏。

　　還有一點是很多文章、著作避而不談的，偏卻又是非常重要的，那就是性愛，一種原動力。在兄弟共妻制中，性關係的偏疏會激發因家庭瑣事而積纍起來的張力。長兄是家庭權威的化身，妻子通常與他配合密切，兩人有責任讓年輕的兄弟獲得性愛，如果感情處理不慎，忽略了讓其它兄弟與妻子同房的機會，日積月累，不用多久，家庭結構就會發生微妙的變化，直到張力斷裂，衝突浮上水面，最後以年輕兄弟的出走收場。

　　幸好有三個調節器在起作用，一是與生態條件相契合的多種經營要求兄弟經常外出，這就給在家的兄弟提供了輪流同房的便利；二是根據藏傳佛教的處世理念，無論對人對己，性愛的分配要公正無私，長兄經常在家，外出的年輕兄弟歸來，他應該主動謙讓，弟弟更應該尊重哥哥，漢族人稱之謂「悌」（平輩同胞間幼對長的關係），兄弟以平等的資格參與夫妻生活，他們內部的協調更加重要，在藏傳佛教的薰陶下，仍會出現偏離軸心的態度，儘管比較隱蔽，尤其是在婚姻當事人的年齡差距較大的家庭，特別容易發生；三是妻子的賢慧和家政技巧的糅合具有特殊的意義，在夫妻生活中，諸夫要聽從妻子安排，尊重她的決定，接受誰或者拒絕誰，妻子要「一碗水端平」，盡可能地克服偏私。調查中發現，許多家庭承認親子關係，且丈夫們擁有的

子女數目大體相等，佐證了長兄的寬容與妻子的賢慧。

以往，有的研究者對待夫妻生活要麼缺乏實證材料，道聽塗説；要麼稍微做了一丁點兒田野調查，便浮想聯翩，漫然下筆。譬如說，夫妻同房之前，要在門上掛條皮帶或一串鑰匙，或者在門口放上一雙鞋子，以防不知情者闖入；又如，離婚時按奇偶數對分孩子；等等。多半屬於捕風捉影，無稽之談不置可否。人們不懷疑某些家庭會有一些設置標記的特殊方法供兄弟間辨認，但行婚者若是到了這步田地，已全然失去智商和情商。如果說懷著獵奇心理推而廣之不是更傻的話，那麼就是故意炒作，不值得一駁。田野工作者，即使技能嫻熟，又能敬業，調查房事也很為難，因為它是隱私性極強的狹小領域。可以採用充分參與到研究對象的生活場景中去的「完全性成員角色」的方法，這就是阿德勒夫婦在近著第四章宣講的主題[50]，住在當事人家裏，從房屋結構和家庭成員的生活習慣來瞭解，創造良好的詢問氣氛。堅贊為了獲得第一手材料，有時簡直就像偵察員在做「臥底」。兩位調查員把當地人的話語做前置處理，讓他們講自己的故事，注意主位解釋，力求周到合理，概括出婚姻當事人以平均同房為手段，達到平均得子之目的，而平均得子又是妻子為了平衡丈夫（兄弟）間的關係，穩定家庭的手段，說明婦女在協調工作上當之無愧的能力。

兄弟共妻制雖然為理解某種文化問題提供了一把鑰匙，卻也產生了其它的問題。例如，沒有土地的人或貧窮者是不會行共妻婚的，性格剛烈、不堪受辱、追求個性的青年同樣不會實行這一婚制。性愛本身具有排他性，有位學者說得好：歸根到底不能依靠兄弟謙讓的傳統道德來緩和，更不是諸夫另覓情人所能解決的。[51]

---

50 參見〔美〕派特麗夏‧安‧阿德勒、彼得‧阿德勒，范濤譯：《田野研究中的成員角色》（澳門：國際炎黃文化出版社，2010年），頁117-147。

51 參見宋恩常：〈藏族中的群婚殘餘〉，載《民族學研究》第2輯（中國民族學研究會，1981），頁224。

　　財富永遠是生活的基礎。川、青、滇、藏交界區的兄弟共妻制明顯地與經濟因素相關。W. 道格拉斯在談論調節人口的動機時指出：財富能夠給人帶來地位和特權，所以人們關心社會資源的匱乏勝過關心人口自身的生產。[52]從這個道理出發，人們選擇一妻多夫婚首先是為了財富，進而是為了獲得他們認為等值的社會資源和社會尊重。

　　可以把藏族人實行的繼承模式作為通向他們的決策結構的中介來考慮。藏族人的繼承規則允許家庭的男性成員分割家產，也就是說，理論上老家的每一個男性有權要求均分土地和牲畜。不過，在家庭實際運作的大多數場合，這些規則似乎並不暢通。婦女也有繼承權，女兒從她們的本家繼承財產通過兩種方式：第一，在缺乏兄弟（男性繼承人）的場合，可以讓一位女兒留在本家，通過招贅方式，收養一個男孩給這個女兒作丈夫；第二，外嫁的女兒在出嫁的時候從本家接受一份財物，形式上這份財物常常被稱為「嫁妝」，藏語的意思就是「分享」，從娘家帶走一部分財產，如幾件衣服，一兩頭母牛，保留小塊土地（或給她作葬地）的收益。然而，這種分享不包括土地與房屋。過去，貴族家庭的女兒可能會得到一兩套鑲嵌著珠寶的裝飾品，以及各式各樣的衣服作為她的嫁妝，娘家有時還會送一個使女給她，社會地位較高的「堆窮」（中農）家庭，以及社會地位較低，但家景較好的農奴（差巴）家庭，也流行類似的做法，不過衣服、寶石的數量與價值遠遠不及貴族家庭罷了。

　　川、青、滇、藏交界區的兄弟共妻制是人口調整網路系統的組成部分，是對資本稀少的資源條件的有效適應。當人們所需要的資源甚少，或者掙錢的機會不多，以及社會缺乏資金時，他們熱衷於實行兄

---

52 參見〔美〕M.道格拉斯：〈原始族群的人口控制〉，載《英國社會學雜誌》1966年第17期，頁268。Douglas, M. Population Control in Primitiue Groups. *The British Gournal of Sociology*, 1996 (17):263-273.

弟共妻制。當掙錢的機會增加時，對一妻多夫制的背離便流行起來。反過來看，背離一妻多夫制行為的加劇將引起生育力的全面增長，先前沒有結婚，而且被排擠出人口再生產的婦女現在結了婚，她們被拉回到一種高懷孕率的境地。生育力和人口的增長使有限的資源更加有限，最後導致保守觀點東山再起，在分家問題上強調機會成本。於是，選擇兄弟共妻婚的行為獲得鼓勵，這也就是剛才所提到的「蹺蹺板」原理的體現。在這一婚制的變化過程中，至關重要的因素是具有實用價值的經濟資源所產生的效益太少，而且社會資金匱乏。

另一個現象同樣不應忽視：伴隨著分家以及綿羊、犛牛的增加，8 個樣本中的村民年收入增加了，他們的伙食、衣著、住房等的品質提高了，醫療衛生條件改善了，因果鏈條的下一環是死亡率下降。上述所有因素在刺激人口快速增長方面扮演著重要的角色。而人口的增長可能會劇烈地改變傳統經濟與資源儲備的平衡，引起水土流失、草原鼠害、植被退化。現在人們只是關注人與草原和森林的關係，還沒有關注到人口統計學和社會過渡意義上的新型婚姻、家庭和人口再生產模式的展開。

五　一總八分的結論

前面介紹了川、青、滇、藏交界區的雅魯藏布江、金沙江、瀾滄江和怒江四條流域的兄弟共妻制及其結構性連結的若干主因。8 個樣點獲得的資料證明，古老的兄弟共妻制現在還在煥發生機，絕非無根基的「遊戲」或「藝術」，而是能夠滿足人的基本需要，同時也建構新需要，並聯合其它制度（如財產、居住、資源利用與人口增長要求等）來滿足新的需要。

基本需要有三種，每種錨在一個基本事實上面：第一，自然環境

脆弱，家庭必須採取多種生產策略才能應付，種植、放牧、採集、跑馬幫（做生意）、打短工等應運而生，這就需要家庭積蓄充足的勞力來從事物質生活資料的生產，每個方面貢獻一點，湊成總數就能滿足家庭一年的生活消費和生產消費，同時對環境的攫取也不太嚴重；第二，在封建農奴制下，絕大部分耕地和草場為貴族、寺廟和噶廈所攫取，占人口絕大多數的勞動人民僅佔有少量土地，他們必須向「三位一體」的剝削者和壓迫者繳納各種稅賦，承擔差役，因此，家庭必須準備額外的勞力來滿足國家的需求，這使得兄弟共妻制的好處格外突出；第三，在前二者的作用下，養活一個人不易，給每個子女一筆財物更難，因此幾兄弟共娶一妻，保持家產的完整，減少生育，使生下來的人口都能夠養活顯得十分重要。第三點當然是相對的，應該看到兒女為自己嫁娶而攢錢的行為，他們的錢財當中也許包含有父母的支持，其餘才是自己打工所得，兒女是父母養大的，他們欠父母很多，正因為如此，孩子們從懂事之日起就幫助家裏幹活，他們並不是白吃白住。可以說，某種程度上，父母和子女共同支付婚事的費用。

通過研究流行於五縣八鄉的兄弟共妻婚，得出八點具體結論和一個總觀點。結論如下：

（1）川、青、滇、藏交界區的兄弟共妻制與性別比例失調無關，8 個樣本的人口統計不是男多女少，而是女性略比男性多，一百年前辛亥革命時期藏東 9 縣的人口資料也證明了這一點（見表 9-2）。

（2）川、青、滇、藏交界區的多偶制主要表現為兄弟共妻型，姊妹共夫型的比例較小，此與北印度的多偶婚相同，所不同的是川、青、滇、藏交界區的多偶制的配偶雙方只有一方為複數個體，另一方為單數個體，也就是說當一方為兄弟時，另一方即只有一個女人，當一方為姊妹時，另一方只有一個男人，共妻的兄弟只共一妻，共夫的姊妹亦只共一夫，任何時候配偶雙方只有一方為複數，整個青藏高原

的兄弟共妻制亦如此[53]，至於究竟採取嫁娶式還是入贅（或招贅）式獲得配偶並不改變這一特徵。北印度的多偶制存在著一定比例的多夫多妻制，在這個範圍內，配偶雙方均為複數個體，丈夫互為兄弟，與此相應，妻子互為姊妹。

（3）川、青、滇、藏交界區作為複數個體的婚姻當事人，多數是兩人，三人以上的情況隨著人數的增多逐漸遞減，配偶一方為複數的個體，彼此為同胞（不是兄弟，就是姊妹），沒有血親關係的男女絕對不能共妻（或共夫），行多偶婚是兩個家庭的事情，不會涉及三個以上的家庭。此與漢族地區的一妻多夫制（東北林區的拉幫套舊俗、陝甘寧邊區的招新夫養舊夫舊俗、朋友共妻舊俗等等）[54]存在結構性的差別。

（4）8 個樣本表明制度性的風俗滿足了人的需要，也就滿足了社會生活的需要，社會越封閉，風俗間的聯結越明顯，形成有機體，牽一髮而動全身。分析中要盯緊引數，人口最愛扮演這一角色。人口壓力增大，所有人都想獲得一塊賴以維持生存的土地，促使人們以血緣或地緣關係形成紐結，保住有限的土地資源，於是鬥爭開始了。兄弟共妻強調優勢親屬關係，血親是它的背景，村莊是它的道具，人們對本村的共妻家庭大多持認同態度，多餘的家庭成員入贅繼嗣或過獨身生活（出家住寺、在家修行）。引數與因變數的關係是結構性的，

---

53 作為常例當然如此，作為特例則不盡然，班覺提到一個例子，有一個一妻四夫的家庭，妻子梅朵為了攏住兩位年輕的丈夫（四兄弟中最小的兩人），主動讓她自己的胞妹進入原來的共妻圈，形成兩姊妹共四兄弟的婚姻組合（見《太陽下的日子》頁160-161）。這種情況可謂少之又少。

54 參見民國司法部編《中國民事習慣大全》（陝西條目），上海法政學社民國十三年（1924）版；南京國民政府司法行政部編印《民商事習慣調查報告錄》，民國十九年（1930）印行，第四編之「親屬繼承制度」目；武文《招「夫」養夫的調查與研究》，載《民俗研究》1993年第2期。

文化複合體（婚姻制度、情人風俗、宗教理念、選擇標準等）是它的結晶。在滿足需要又建構需要的過程中，自然是基礎，制度是底座，文化複合體是信息傳送帶，人（父母、兄弟、姊妹）是穿梭其間的行動者，四者缺一不可。

以往的同類研究不太關注入贅婚，沒有將其看成共妻家庭的結構性事件。在說明兄弟數目較多的家庭時，抓緊這一點是有必要的。可從兩方面剖析：一方面指出兄弟不分家合娶一妻是以個別兄弟離家出走（不是出家入寺，而是做上門女婿）為代價的，並且他們以放棄家產繼承權為代價，從而交換到獲取另一個家庭（岳父家庭）的家產繼承權；另一方面肯定這一環的實現必須依靠妻子，突出婦女在家產傳遞上的作用，本質上是她們把自己的財產繼承權讓渡給丈夫。

（5）不同的婚姻形態具有不同的家政權力，不同的家政權力經營著不同的生計模式。例如，小家庭就不可能做大家庭的事情。國家權力對婚姻家庭有能動的反作用，兄弟共妻制圍繞社會分層體系，伴隨著生產方式和社會地位展開，當它與國家權力發生關係時，產生的張力與方向並不總是一致的。西藏神權政治時代，噶廈對多偶制既不鼓勵，也不反對，採取默許態度。不鼓勵是擔心它搞混血親關係，擾亂父系社會的單系繼承制，不反對是它適合封建農奴制的生產關係和上層建築，實行者有貴族、堆窮、差巴，後兩者人數眾多，是西藏地方政府的社會基礎。土地扮演著支配婚姻選擇與財產繼承的角色。貴族佔有蹊卡（大莊園），不願在社會陞降梯上遭受排擠，生怕跌落到積木的底層，因而樂於實行這一婚制。擁有小塊土地的堆窮更加願意這麼做，他們的家產微薄，距離社會積木的底層僅咫尺之遙，因而害怕分家而跌落下去。寺廟是西藏地方政權的化身，為上下隸屬的級系體制，兩位最大的活佛——達賴喇嘛和班禪喇嘛賜予寺廟大片土地，其中不少土地來自中央王朝的賜封，兄弟共妻家庭是可靠的納稅單

位。1959 年，西藏的權力體制變更了，由於法律、意識形態的限
制，這一婚俗變得敏感起來，經過半個世紀的建設，許多地方的交通
條件和投資環境大為改觀，大家庭不再是個人生存的方式，兄弟共妻
無可挽回地衰敗了。但撇開國家制度來看，藏滇交界區的生態環境沒
有變化，以傳統方式組織生產，生育人口自有其益處，備受非議的兄
弟共妻制在鄧小平的勤勞致富，「讓一部分人先富起來」的政策引導下
復活了。施行該婚制之目的，與其是對自然條件和社會分工的應答式
反應，毋寧是對傳統生產方式（包括相當程度的牧業）的有效適應。

（6）歷史為川、青、滇、藏交界區的居民提供了婚姻選擇的自
由，一部分人行兄弟共妻婚，另一部分人行一夫一妻婚，更少的一些
人行姊妹共夫婚。在家庭發展的周期中，婚姻形態並非一成不變，存
在多偶制和單偶制的相向運動，這就是「蹺蹺板」模式，婚姻選擇、
財產傳遞在代際關係中受三種邏輯（垂直、水準和傾斜）支配。在個
人生命期中，婚姻選擇受制於許多因素，如果說共妻行為高尚，無非
是將它與「共子」和「共產」等個人利益掛鉤的認識，其實人們無意
以共妻方式成家立業來保持人口與環境的平衡，人們關心的只是個人
的利益。控制人口快速增長的代價是什麼？對每一個男女來說，就是
「犧牲了自己的部分授精權[55]和妊娠權」，由於沒有點破，行婚者也就
蒙在鼓中。6 個調查點表明，人們只是意識到一些功利性的因素，譬
如，這麼做能發家致富，抵禦天災人禍，活得輕鬆、瀟灑和舒適⋯⋯
可見無意識的必然性通過人們有意識地選擇為自己開路。擴大來說，
公眾輿論的認同體現著這種婚制的正效應。此處仍用極地海洋的冰山
比喻：輿論看到的是家庭和睦的一面，此乃冰山一角，看不見該婚制

---

55 Beall, C. M. Goldstein, M.C.Tibetan Fraternal Polyandry: A Test of Sociobiological
Theory.. *American Anthropologist*, 1981 (1):6-11.

降低人口生育率的作用——此乃潛伏於水下的巨大冰體，但冰山一角和巨大的冰體是相連的，意識所把握的表層現象和無意識直覺到的深層本質互為表裏。對圖 2-10 的解析一定程度上表明兄弟共妻制控制人口的秘密，從而證明拉達謨假說（見圖 9-1）的有效性，從社會結構上補充了該假說純粹以生物關係為立腳點的不足。生物屬性和文化屬性的內在統一是川、青、滇、藏交界區的人們婚姻選擇的結構性存在，推動著兄弟共妻婚和其它婚制的傳遞，任何時代的人們都要尊重這種結構性存在。

（7）五縣八鄉的兄弟共妻家庭沒有獨特的親屬稱謂，而是與其它婚制共用一套稱謂制度，但保留著一些特點。最明顯的特點就是只有九種親屬關係。19 世紀 6070 年代，摩爾根指出人類在群婚（舊譯為「普那路亞婚」，今譯為「夥婚」）狀態下，一個血緣親屬群內部可能存在十種基本的親屬關係，即主妻、副妻、主夫、副夫、母親、父親、女兒、兒子、兄弟、姊妹。20 世紀 70 年代，白雷曼在喜馬拉雅山脈南坡西段的潔柳薩—白瓦山區（Janusar-Bawar）找到了保留著類似婚俗的群體，他們的核心家庭保持著 10 種親屬關係，從而證明摩爾根的觀點是正確的。我們的研究分辨了白雷曼研究的婚制和川、青、滇、藏交界區兄弟共妻制的聯繫與區別，確定行多偶婚（兄弟共妻和姊妹共夫）的核心家庭共有 9 種親屬關係（沒有副妻），為深入分析家庭成員的關係，特別是婦女的地位指出了一條途徑。

（8）堅贊指出藏傳佛教加重了多餘婦女的數量，任何時候都是男性出家人的數量多於女性，所以婦女出家不是她們的真正出路。[56]經過深入研究，撇開以往忽視在家居士的偏向，把出家和在家兩套修

---

56 參見堅贊才旦：〈論兄弟型限制性一妻多夫家庭組織與生態動因——以真曲河谷為案例的實證研究〉，載《西藏研究》2000 年第 3 期，頁 17。

道模式聯繫起來看待，結果發現出家系列中的確是喇嘛多於尼姑，而在家系列中卻是覺嫫多於紮巴，男性出家人與男性在家居士的數目相加等於女性出家人與女性在家居士的數目。換言之，男女數目相等，二者互相抵消，於是問題迎刃而解。解鈴還須繫鈴人，兄弟共妻制和藏傳佛教共同營造的婦女剩余問題，為它們自行解決了。

　　下面用線條圖示互補原則的奧秘（見圖 9-2）。設定兩個等腰三角形 ABC 和 DBC，使底邊 AB=CD，並使 BC 等於△ABC 和△DBC 的公共邊，於是合成為一個平行四邊形（菱形）ABCD，已知 ABC 和 DBC 是等腰三角形，並且共同使用一條邊 BC，所以這個菱形也是一個傾斜的平行四邊形。現在以 ad 為縱軸，分出男性象限I和III，女性象限II和IV，符合中國文化崇尚的男左女右空間區位觀，再以 cb 為橫軸，分出顯性和隱性兩個領域，借用佛洛德的術語，cb 為潛意識，只有薄薄的一層，作用是分隔顯性和隱性，在 cb 之上為意識，之下為潛意識（無意識）。我們看到三角形 ABC 是左傾的，而且顯性的面積大，隱性的面積小，這個三角形代表男性。我們又看到三角形 DBC 是右傾的，隱性的面積大，顯性的面積小，該三角形代表女性。繼續以冰山為喻，女性事佛的群體猶如冰海中的一座冰山，暴露於水面的僅為極小部分，巨大的冰體以懸浮的方式沉溺於水面下，一般人是看不到的。例如，象限I和象限IV是對立的兩極，象限I完全處於顯性狀態，象限IV則完全居於隱性，這就是日常我們看到喇嘛多、尼姑少的原因。到了鄉村，如果沒有人點撥，我們也不會專注於覺嫫（「ObDd」）和紮巴（「OcC」）的多寡。我們還看到象限II和象限III同樣處在對立的兩極，象限II完全居於顯性，象限III完全居於隱性狀態，由於代表男性的等腰三角形 ABC 和代表女性的等腰三角形 DBC 所規範，各自正好拿走這兩個象限的顯性的一半和隱性的一半，因此，男性和女性在象限II和象限III所取得的位置是平等的，不平等表

現在象限I和象限IV，前者是顯性，後者是隱性。顯性在「互補」的解釋框架中表示出家人，隱性表示在家居士，兩者的數目相當（見圖9-2中「ObDd」和「ocAa」的面積相等）OBAc是喇嘛佔據的位置，ObDC是覺嫫佔據的位置，兩者的人數相當（面積相等）。在顯性區域，即象限II，三角形 OaB 和三角形 ObB 互相抵消，在隱性區域，即象限III，三角形 OcC 和三角形 Ocd 互相抵消，這樣我們就突出地看到多餘婦女通過在家居士的途徑得到消化，也看到藏傳佛教和家庭（其中包括兄弟共妻的家庭）共同消化多餘婦女的原理。

「互補」原則是成立的。首先，五縣八鄉的調查獲得大量的觀感，例如，第二章的 12 號家庭，央金就是覺嫫。第三章講宗西鄉提到 240 餘名尼姑和覺嫫，後者占大多數。在敘述高度型的兄弟共妻制時，列舉了一個兩代混合多偶婚的案例，女戶主擁宗就是覺嫫，終身未嫁。在敘述特殊的共妻家庭時，提到 70 號家庭，戶主的女兒次央卓瑪也是覺嫫。第五章講到所日村的兄弟共妻制和嫁妝制，把適齡婦女置於競爭激烈的婚配市場，造成一些婦女嫁不出去，永遠呆在閨中。那些生理缺陷、體質孱弱、容貌不好，已預見覓夫之路艱難的女性，適時宣佈當覺嫫；一些年齡偏大者也這麼做了。全村有 36 個覺嫫，個案十六曲登的大女兒、個案十九的阿吉、個案二十四的宗擁、個案二十八的母女倆、個案三十和個案三十三的兩對姊妹都是覺嫫。

其次，地方史料提供了佐證。清末三岩有 7 寺 1 庵，除 1 寺的喇嘛人數未統計以外，其餘 6 寺共有喇嘛 640 人[57]，1 庵有尼姑 50 人。屬於 7 寺 1 庵的佛教女弟子還有 700 餘人，劉贊廷寫道：「有組織者矮屋蓬居，無組織者沿門托缽，亦有與人為奴者……富者依其父母，

---

57 前者為雄松南面的白日根寺，後五者為南格寺、色熱寺、察拉寺、渴清寺、熱熱寺和俄熱寺。載《武成縣志·寺院》。

貧者入寺苦修，亦可生子，名曰天賜行，以為常也。」[58]有充分的理
由推測這些佛教女弟子十之八九就是覺嫫。她們一年中大半時間在
家，僅在這些矮屋蓬居住上兩三個月。750 個女人對 640 個男人，很
明顯，就算未統計 1 寺的喇嘛人數，也是女多男少的。還有一例，清
末貢覺有 10 寺 1 庵，寺有喇嘛 420 人，庵有尼姑 20 餘人。雖然作者
沒有提到覺嫫有多少人，但根據該志的「鄉鎮」目所曰：「本縣設治
分為三路保正，共管大小七十六村，並為十一村，計一千肆百零八
戶，男貳千七百零五丁，女三千一百五十二口。」總人口 5857 人，
女比男多 447 人，這些多餘的婦女哪裏去了？在當時的條件下，除了
作為覺嫫，她們還有什麼生存之道嗎？果真如此，447 人加上 20 餘
人，女佛教徒就有 467 人，超過喇嘛人數的 420 人，差額為 47 人，
她們都是多餘的婦女。

　　因上述兩志未提到紮巴的人數，暫不好判斷職業佛教徒當中男女
比例究竟是否持平。但從兩志都未提到紮巴這一點來分析，可能當時
紮巴的數目不太明顯，未引起充分注意。至少可以判斷，呆在家裏的
佛徒，男的要比女的少得多。

　　互補預設受到田野感悟的啟發，有一個鄉的抽樣問卷支持，與地
方史的記錄相吻合。2005 年冬季，堅贊抽查了宗西鄉達拉和宗西兩
個行政村的數據。達拉的 152 個家庭有覺嫫 81 人，紮巴 22 人；宗西
的 198 個家庭有覺嫫 65 人，紮巴 34 人。共有 146 個覺嫫、56 個紮
巴，二者之比為 1:0.38，覺嫫比紮巴多 90 人。由於未做大範圍的抽
樣，缺乏區域性的統計學資料，目前還不能說究竟該預設有多大的普
適性，期待著進一步的調研。

　　本書就要告結束了。不禁想起兩幕令人唏噓的場景。第五章第一

58　參見《武成縣志・寺院》一目的相關論述。

部分中記述了一件田野趣事：一位報導人振振有詞地講述兄弟共妻婚，將其提到藏文化精粹的高度來看待，認為是藏族區別於漢族乃至其它民族的一個文化符號（見第五章）。堅贊聽到此話，感覺到是民族自我意識的覺醒。可是，堅贊碰到另一個情況。1999 年，他在貢嘎機場與一位 60 多歲的藏族學者交談，對方是語言學教授，在中央民族大學教藏語。堅贊告訴他目前在西藏農牧區還有不少兄弟共妻的現象，他聽了以後感到很難為情，一迭聲地否認：「不可能，絕對不可能！」堅贊猜測，他究竟真的不知道還是假裝不知道呢？對方在拉薩長大，久住北京，與漢族和其它少數民族的知識分子朝夕相處，已經丟掉了自身原有的價值觀，形成了另一種思維定式。他可能將一夫一妻制看成高級文明的象徵，把兄弟共妻制當作群婚的殘餘，於是，他的思想感情產生了錯位，羞於承認該婚俗存在的事實。

　　至此提出全書的總觀點：兄弟共妻制是風俗和意識的連貫，風俗是有形的外衣，可以用諸如潛力、關聯性、影響力、效力、意義等術語評價，意識是無形的內核，可以用理性、智力程度等術語衡量，一方面，由於意識的預測和引導，共妻的風俗才有源；另一方面，由於共妻行動和效果的客觀性，意識才可信，因此，兄弟共妻制存在於「文化演示」中，它影響並形塑了藏族的文化和社會結構，使一部分人得到薰陶，形成並認識到本民族的氣質。現實中兄弟共妻制的風俗和意識是渾然一體的，邏輯上是疊加的，可以剝離，因此在方法論上應該把兄弟共妻製作為一個二維運動來討論，一方面觀察社會的政治經濟變化對思想意識的影響，並推動意識去作用於婚姻家庭；另一方面觀察婚姻家庭對政治經濟的影響及其與思想意識的互動，調整自己，適應社會的變化。

　　川、青、滇、藏交界區的兄弟共妻制不是哪一個階級的思想意識，而是幾個階級共有的意識，不是哪一個政治法律上層建築的社會

基礎，而是好幾個政治法律上層建築的社會基礎，過去包括一部分農奴（差巴和堆窮）、少量貴族和商人，現在包括想迅速發家的農牧民都在分享它。猶如許多文化事象，一旦發明出來以後，便突破了時代、階級和國家的局限，推廣開去，成為各民族的共同財富，長期為不同民族的人們所受用，儘管在社會發展的洪流面前它們顯得有些滯後，縮手縮腳，但是仍然能夠解決問題，一些先進的東西反而不能產生這樣的效應。我們應該深思熟慮，更好地體察民情，瞭解群眾的需要，切勿動輒指責，大動干戈，用行政手段和法律手段來禁止。川、青、滇、藏交界區乃至整個青藏高原的兄弟共妻制便如此，它涉及執政黨如何看待民族文化的問題。

新中國成立初期開展民族識別和少數民族社會歷史調查，黨和政府積極捍衛少數民族的文化，後來大漢族主義的思想逐漸抬頭，有些人的態度發生了變化，少數民族文化與官方舉辦的各種文化活動搭不上邊。經常讀到類似的報導：少數民族努力提高生產力，同時拋棄了傳統文化的「腐朽」因素。西藏自治區人民代表大會常務委員會通過一項單行條例，對《中華人民共和國婚姻法》加以變通執行，主要變通的是婚齡條款，降低法定的結婚年限、保障離婚和實行一夫一妻制。平心而論，少數民族也在某種程度上自覺地這麼做，但不是上層建築引導經濟基礎的發展，而是經濟基礎推動上層建築做出有利於自己發展的決定，因為少數民族「自發」地認識到早婚、多偶制的弊端，要求實行一夫一妻制和在法律條款中認可離婚。這一點連外國學者也注意到了。[59]

我國有 56 個民族，我們的文化應該是民族的、大眾的、多元

---

59 參見〔美〕費鶴立，何國強、許韶明譯：《中國少數民族舞蹈的採集、保護和傳播：20世紀80年代初期的一項社會人類學調研》（昆明：雲南大學出版社，2010年），頁18。

的，絕不是單一的。在青藏高原，兄弟共妻的婚制不僅保持了家庭勞力，而且使自然分工與社會分工渾然一體，增加了物質生活資料的生產，降低了人口的生育，在不同時代都承擔了國家要求公民履行的職責，延緩了自然環境的衰退。它助長了某些風俗習慣和文化規則，同時又藉重於這些文化事象，與其劃界限，彼此通約或共融。例如，多偶制與單偶制、配偶與情人、固定的多偶制與流動的多偶婚[60]，諸如此類，不一而足。對這類古老而常新的文化制度，不能簡單地否定，而是要積極地揚棄。

社會主義國家處理民族問題與封建農奴制的西藏地方政權不同。導論提及兄弟共妻制對不同的階層和社會集團產生了不同的利益，因而受到不同的評價：平民喜歡，喇嘛讚賞，官方苛責。平民喜歡，因為它能夠幫助應付各種差役。喇嘛讚賞，因為它能夠再生產出不滿分子，以出家的形式拋給寺廟，並且在寺廟汲取人口之後還能夠為藏傳佛教組織保持稅源，以覺嫫和絷巴的方式承擔寺庵無力豢養的僧尼。官方苛責，因為怕它攪亂血緣親情關係，逃避按家庭數目徵收的捐稅。可見，文化是個整體，各部分有機地聯結，絕不能形而上學地思考，企圖保持好的成分，消除不好的雜質，「好」與「不好」是相對而言的。

即使我們的社會不主張多偶婚，更沒有兄弟共妻制，但是某些兄弟民族有這個傳統，我們就要尊重它們，因為尊重一個民族就是尊重他們的歷史和文化，科學與偏私是對立的，我們不能只為本民族著想，在各民族共同發展的過程中，舊婚俗的拋棄，新婚俗的接受，應該是實行者自己的事情。

---

60 此係堅贊和韶明用民族學方法觀察現代婚戀現象得出來的觀點，當某人在特定時期不斷地結婚與離婚，就可看作此人在實踐多偶婚。

參考文獻

一 專著

（一）英文

Becker, G. *A Treatise on the Family.*　Cambridge, Ma: Harvard University Press, 1981.

Ben Jiao.　*Socio-economic and Cultural Factors Underlying the Contemporary Revival of Fraternal Polyandry in Tibet.*　Case Western Reserve University, 2001.

Bohannan, P. *Social Anthropology.*　New York: Holt, Rinehart and Winston, 1963.

Elliot, R. *The Family: Changing or Continuity?* Houndmills: Macmillan Education Ltd., 1986.

Fox, R. *Reproduction and Succession.*　New Brunswick: Transaction Publishers, 1993.

Fürer-Haimendorf, C. *The Sherpas of Nepal, Buddhist Highlanders.*　Berkeley and Los Angeles: University of California Press, 1964.

Fürer-Haimendorf, C. *Himalayan Traders.*　New York: St.　Martin's Press, 1975.

Fürer-Haimendorf, C. *A Himalayan Tribe; from Cattle to Cash.*　Berkeley: University of California Press, 1980.

Lévi Strauss, C. *The Elementary Structures of Kinship.* Boston: Beacon Press, 1969.

Levine, N. E. *The Dynamics of Polyandry: Kinship, Domesticity, and Population on the Tibetan Border.* Chicago and London: The University of Chicago Press, 1988.

Tn Madan & Gopala Sarana (eds.). *Indian Anthropology: Essays in Memory of dn Majumdar.* New York: 1962

McLennan, J. R. *Studies in Ancient History Comprising a Reprint of "Primitive Marriage An Inquiry into the Origin of the Form of Capture in Marriage Ceremonies".* London and New York, 1886.

Michael Banton. *Anthropological Approaches to the Study of Religion.* London: Tavistock Publications, 1966.

Murdock, G. P. *Social Structure.* New York: The Free Press, 1947.

Murdock, G. P. *Social Structure in Southeast Asia.* Chicago: Quadrangle Books, 1960.

Murdock, G. P. *Ethnographic Atlas* Pittsburgh: University of Pittsburgh Press, 1969.

Neale, R. S. *Writing Marxist History : British Society, Economy and Culture Since 1700.* Oxford, UK: Basil Blackwell, 1985.

Netting, R. M. *Cultural Ecolog.* Prospect Heights: Waveland Press, 1986.

Olga Lang. *Chinese Family and Society.* New Haven, Yale University Press, 1946.

Prince Peter, H. R. H. *A Study of Polyandry.* Mouton Netherlands. The Hague, The Netherlands: Mouton & Co, 1963.

Queen, S.   ,Habenstein, R., Quadagno, J. S. *The Family in Various Cultures* New York: Harper & Row, 1985.

Raha, M.   K.   *Polyandry in India/Demographic, Economic, Social, Religious and Psychological Concomitants of Plural Marriages in Wome.*   South Asia Books, 1997.

Razi Zvi, Smith R,(eds.). *Medieval Society and the Manor Court.*   Oxford, 1996.

Ronald G.   R. *Population and Development.*   Baltimore: John Hopkins University Press, 1976.

Royal Anthropological Institute of Great and Ireland. *Notes and Queries on Anthropology.*   London: Routledge and Kegan Paul Ltd, 1951.

Saksena, N. R. *Social Economy of A polyandrous People (Second Edition).* New York: Asia Publishing House, 1962.

Schuler, S.R. *The Other Side of Polyandry: Property, Stratification and Nonmarriage in the Nepal Himalaya.*   Westview Press, 1987.

Shapiro, H. L. *Man, Culture, and Society.*   New York: Oxford University Press, 1971.

Steward, E. W. *Evolving Life Styles: An Introduction to Cultural Anthropology.*   New York: McGraw-Hill Inc., 1973.

Thorner, D. Peasant Economy as a Category in Economic History, in Shanin, T, (ed.). *Peasants and Peasant Societies*, Penguin Books, 1971.

William D. *Coevolution.*   Berkeley: University of California Press, 1991.

Wolf, E. R. *Peastants,* New York, 1966.

（二）中文

A. R. 拉德克利夫－布朗著，潘蛟、王賢海、劉文遠、知寒譯：
《原始社會結構與功能》 （北京：中央民族大學出版社，
1999 年）

愛彌爾・涂爾幹著，汲喆、付德根、渠東譯：《宗教生活的基本形
式》 （上海：上海人民出版社，1999 年）

埃文斯・普裏查德著，褚建芳、閻書昌、趙東旭譯：《努爾人——對
尼羅河畔一個人群的生活方式和政治制度的描述》 （北
京：華夏出版社，2002 年）

安德列・比爾基埃，克利斯蒂亞娜・克拉比什－朱伯爾，瑪爾蒂娜・
雪伽蘭，弗朗索瓦茲・佐納邦德主編，袁樹仁、姚靜、肖桂
譯：《家庭史：遙遠的世界，古老的世界》 （北京：三聯
書店，1998 年）

巴伯若・尼姆裏・阿吉茲著，翟勝德譯：《藏邊人家——關於三代定
日人的真實記述》（拉薩：西藏人民出版社，1987 年）

巴蜀書社：《中國地方志集成・西藏府縣志輯》（成都：巴蜀書社，
1995 年）

班覺著，班覺、王旭輝譯：《太陽下的日子：西藏農區典型婚姻的人
類學研究》 （北京：中國藏學出版社，2012 年）

陳長平、陳勝利著：《中國少數民族生育文化》上冊 （北京：中國
人口出版社，2004 年）

陳慶英著： 《國外藏學研究譯文集・第十三集》 （拉薩：西藏人
民出版社，1997 年）

陳照遠著：《中國婚姻史》 （上海：上海文藝出版社，1987 年）

F. 普洛格，D. G. 貝茨著，吳愛明、鄧勇譯：《文化演進與人類行為》
（瀋陽：遼寧人民出版社，1988 年）

費鶴立著，何國強、許韶明譯：《中國少數民族舞蹈的採集、保護和
　　傳播：20 世紀 80 年代初期的一項社會人類學調研》　（昆
　　明：雲南大學出版社，2010 年）

伏爾泰著，梁守鏘、吳模信、謝戊申、邱公南譯：《風俗論》中冊
　　（北京：商務印書館，2003 年）

傅嵩炑著：《西康建省記》　（臺北：成文出版社，1912 年）

格勒、劉一民、張建世、安才旦著：《藏北牧民──西藏那曲地區社
　　會調查報告》　（北京：中國藏學出版社，1989 年）

河口慧海著，孫濃清譯：《西藏秘行》　（烏魯木齊：新疆人民出版
　　社，1998 年）

何國強著：《政治人類學通論》　（昆明：雲南大學出版社，2011
　　年）

黃春高著：《分化與突破：14-16 世紀英國農民經濟》　（北京：北京
　　大學出版社，2011 年）

克拉克・威斯勒著，錢崗南、傅志強譯：《人與文化》　（北京：商
　　務印書館，2004 年）

克里斯托夫・馮・菲尤勒─海門道夫著，吳澤霖譯：《喜馬拉雅山區
　　的貿易者：尼泊爾高地的生活》油印本，前三章半　（北
　　京：中國社會科學院民族研究所，1979 年）

克里斯托夫・馮・菲尤勒─海門道夫著，何國強譯：《在印度部落中
　　生活：一位人類學家的自傳》　（香港：國際炎黃文化出版
　　社，2009 年）

柯利弗德・格爾茨著，韓莉譯：《文化的解釋》　（南京：譯林出版
　　社，1999 年）

李安宅著：《李安宅文集》　（北京：中國藏學出版社，1992 年）

李廣文、楊松、格勒著：《西藏昌都──歷史・傳統・現代性》
　　（重慶：重慶出版社，2000 年）

李志龍著：《中國養羊學》　（北京：農業出版社，1993 年）

盧梭著，李平漚譯：《論人與人之間不平等的起因和基礎》　（北京：商務印書館，2012 年）

盧梭著，李平漚譯：《社會契約論》　（北京：商務印書館，2012 年）

路易士・H 亨利・摩爾根著，秦學聖、汪季琦、顧憲成譯：《印第安人的房屋建築與家室生活》　（北京：文物出版社，1992 年）

路易士・亨利・摩爾根著，楊東蓴、馬雍、馬巨譯：《古代社會》上、下冊　（北京：商務印書館，1995 年）

《馬克思恩格斯全集》第 3 卷　（北京：人民出版社，1960 年）

《馬克思恩格斯全集》第 28 卷　（北京：人民出版社，1973 年）

《馬克思恩格斯全集》第 45 卷　（北京：人民出版社，1985 年）

《馬克思恩格斯全集》第 4 卷　（北京：人民出版社，1995 年）

《馬克思恩格斯全集》第 11 卷　（北京：人民出版社，1995 年）

馬林諾夫斯基著，王啟龍、鄧小詠譯：《原始的性愛》上、下冊（北京：中國社會出版社，1990 年）

馬林諾夫斯基著，費孝通等譯：《文化論》　（北京：中國民間文藝出版社，1987 年）

馬戎：《西藏的人口與社會》　（北京：同心出版社，1995 年）

馬文・哈里斯著，李培茱、高地譯：《文化人類學》　（臺北：東方出版社，1988 年）

梅爾文・C. 戈爾茨坦、辛西婭・M. 比爾著，肅文譯：《今日西藏牧民──美國人眼中的西藏》　（上海：上海譯文出版公司，1991 年）

孟德斯鳩著，張雁深譯：《論法的精神》上、下冊　（北京：商務印書館，1982 年）

蜜雪兒・泰勒著，耿昇譯：《發現西藏》　（北京：中國藏學出版
　　　社，2005 年）

皮德羅・卡拉斯科著，陳永國譯：《西藏的土地與政體》　（拉薩：
　　　西藏社會科學院西藏學漢文文獻編輯室編印，1985 年）

青海省編輯組：《青海省藏族蒙古族社會歷史調查》　（西寧：青海
　　　人民出版社，1985 年）

R. 道金斯著，盧允中、張岱雲譯：《自私的基因》　（北京：科學出
　　　版社，1981 年）

石泰安著，耿升譯：《西藏的文明》　（北京：中國藏學出版社，
　　　2005 年）

四川省編輯組：《四川省阿壩州藏族社會調查歷史調查》　（成都：
　　　四川省社會科學院出版社，1985 年）

沈已堯著：《西藏問題探索》　（中山大學亞太研究中心編輯部內部
　　　發行，2002 年）

蘇克坦迦著，金克木、趙國華、席必莊譯：《摩訶婆羅多・初篇》
　　　（北京：中國社會科學出版社，1993 年）

湯瑪斯・C. 派特森著，何國強譯：《馬克思的幽靈：和考古學家會
　　　話》　（北京：社會科學文獻出版社，2011 年）

王堯、黃維忠著：《藏族與長江文化》　（武漢：湖北教育出版社，
　　　2004 年）

韋斯特馬克著，王亞南譯：《人類婚姻史》　（上海：上海文藝出版
　　　社，1988 年）

韋斯特馬克著，劉小幸、李彬譯：《人類婚姻簡史》　（北京：商務
　　　印書局，1992 年）

王天玉著：《論多偶婚制度下藏族婦女的角色與地位：以滇西北德欽
　　　縣尼村為例》　（廣州；中山大學人類學系，2012 年）

吳豐培著：《西藏志・衛藏通志》　（拉薩：西藏人民出版社，1982
　　　　年）

西藏自治區社會科學院：《近代康藏重大事件史料選編・第一編》下
　　　　（拉薩：西藏古籍出版社，2001年）

西藏自治區統計局：《西藏統計年鑒》　（北京：中國統計年鑒出版
　　　　社，1991年）

徐紀敏、程同著：《性科學》　（長沙：湖南人民出版社，1988年）

許烺光著：《徹底個人主義的省思》　（臺北：南天書局，2002年）

許韶明著：《差異與動因——青藏高原東部三江並流地區兄弟型一妻
　　　　多夫研究》　（廣州：中山大學人類學系，2009年）

嚴汝嫻、宋兆麟著：《永寧納西族的母系制》　（昆明：雲南人民出
　　　　版社，1983年）

張天路著：《中國少數民族社區人口研究》　（北京：中國藏學出版
　　　　社，1991年）

中國社會科學院民族研究所：《西藏錯那縣勒布區門巴族社會歷史調
　　　　查報告：門巴族調查材料之二》　（中國社會科學院民族研
　　　　究所內部資料，1978年）

中國社會科學院民族研究所：《西藏墨脫縣門巴族社會歷史調查報
　　　　告：門巴族調查材料之一》　（中國社會科學院民族研究所
　　　　內部資料，1978年）

中國社會科學院民族研究所西藏少數民族社會歷史調查組：《黑河縣
　　　　桑雄地區阿巴部落調查報告》　（中國社會科學院民族研究
　　　　所，1964年）

二 論文

（一）英文

Basu Amitabha and Gupta Ranjan.Comments on "Hihg Altitude Hypoxia, Culture, and Human Fecundity/Fertility". *American Anthropologist*, 1984 (86):994-996.

Andrew Abelson. Comment on Goldstein, Tsarong, and Beall. *American Anthropologist*, 1984 (86):702-703.

Beall, C M, Goldstein, M C. Tibetan Fraternal Polyandry: A Test of Sociobiological Theory. *American Anthropologist*, 1981 (1):6-11.

Denedict, B.. Social Regulation of Fertility, in *The Structure of Human Populations*, Oxford: Clarendon Press, 1922:73-89.

Benedict, P K. Tibetan and Chinese Kinship Terms. *Harvard Journal of Asiatic Studies*, 1942 (6):313-337.

Bergstrom, T C. On the Evolution of Altruistic Ethical Rules for Siblings. *American Economic Review*, 1995 (1):58-81.

Bergstrom, T C. Economics in a Family Way. *Journal of Economic Literature*, 1996 (4):1903-1934

Berreman, G D. Pahari Polyandry: A Comparison. *American Anthropologist*, 1962 (1):60-75.

Berreman, G D. Himalayan Polyandry and the Domestic Cycle *American Ethnologist*, 1975 (1):127-138.

Hoff Charles. Is There Significant Hypoxic Depression of Fertility among Andean Natives? A Reply to Goldstein, Tsarong, and Beall. *American Anthropologist*, 1984 (86): 417-419.

Douglas, M. Populatcon Contrel in Primitine Groups. *The British Gournal of Sociology*, 1966 (17):263-273.

Garber, C M. Eskimo Infanticide. *Scientific Monthly*, 1947 (2):98-102.

Goldshmidt, W. Kunkel, E. J.. The Struchure of the Peasant Family. *American Anthropologist*, 1971(5):1058-1076.

Goldstein, C M. Fraternal Polyandry and Fertility in a High Himalayan Valley in Northeast Nepal. *Human Ecology*,1962 (3):223-233.

Goldstein, M C. Stratification, Polyandry, and Family Structure in Central Tibet. *Southwestern Journal of Anthropology*, 1971 (1):64-74

Goldstein, M C. Taxation and the Structure of a Tibetan Village. *Central Asiatic Journal*, 1971 (15):1-27.

Goldstein, M C. The Circulation of Eatates in Tibet: Reincarnation, Land and Politics. *The Journal of Asian Studies*, 1973, 32(3):1-27.

Goldstein, M C. Tibetan Speaking Agro-pastoralists of Limi: A Cultural Ecological Overview of High Altitude Adaptation in the Northwest Himalayan. *The Tibet Society Bulletin*, 1976 (10): 17-28.

Goldstein, M C. Population, Social Structure and Strategic Behaviour: An Essay on Polyandry, Fertility and Change in Limi Panchayat *TINAS Journal*, 1977 (4):47-62.

Goldstein, C M. Pahari and Tibetan Polyandry Revisited. *Ethnology*, 1978 (3):325-337.

Goldstein C. Melvyn, Beall M. Cynthia and Tsarong Paljor. On Studying Fertility at High Altitude: A Rejoinder to Hoff. *American Anthropologist*, 1984 (86):419-425.

Goldstein C. Melvyn, Beall M. Cynthia and Tsarong Paljor. Response to Abelson's Comment on Goldstein, Tsarong and Beall. *American Anthropologist*, 1984 (86):703-705.

Goldstein C. Melvyn, Beall M. Cynthia and Tsarong Paljor. Response to Basu and Gupta. *American Anthropologist*, 1984 (86):996-997.

Gough, E. K. The Nayars and the Definition of Marriage. *Journal of the Royal Anthropological Institute of Great Britain and Ireland*, 1952 (1):23-34.

Gough, E. K. A Comparison of Incest Prohibitions and the Rules of Exogamy in three Matrilineal Groups of the Malabar Coast. *Internationales Archiv Fèur Ethnographie*, 1952, 16(1):82-105.

Gough, E. K. Changing Kinship Usages in the Setting of Political and Economic Change Among the Nayars of Malabar. *Journal of the Royal Anthropological Institute of Great Britain and Ireland*, 1952, 82(1):71-88.

Graicunas, V. A. Relationship in Organization. *Bulletin of the International Management Institute*, 1933 (3):39-42.

Hamilton, W. D. The Genetical Evolution of Social Behavior: i & ii *Journal of Theoretical Biology*, 1964 (1):17-52.

Kitaoji, H. The Structurl of the Japanese Family. *American Anthropologist*, 1971 (5):1036-1057.

Leach, E. R. Polyandry, Inheritance and the Definition of Marriage: with Particular Reference to Sinhalese Customary Law. *Man*, 1955 (4):182-186.

Levine, N. E. Nyinba Polyandry and the Allocation of Paternity. *Journal of Comparative Family Studies*, 1980:283-298.

Levine, N. E. Differential Child Care in Three Tibetan Communities: Beyond Son Preference *Population and Development Review*, 1987 (2):292-293.

Levine, N. E. Fathers and Sons: Kinship Value and Validation in Tibetan Polyandry. *Man*, 1987 (2):267-286.

Li An-Che. Dege: A Study of Tibetan Population. *Southwestern Journal of Anthropology*, 1947 (4):279-293.

Majumdar, D. G. Polyandry in Kota Society. *American Anthropologist*, 1938 (40):574-583.

Majumdar, D. G. Some of the Cultural Life of the Khasas of the Cis-Himalayan Region Journal Royal Asiatic Society of Bengal (JRASBL) Letters, 1940 (6):1-44.

Majumdar, D. G. Family and Marriage in a Polyandrous Society. *The Eastern Anthropologist*, 1955 (8):85-110

Mukherji, A. The Pattern of a Polyandrous Society with Particular Reference to Tribal Crime. Man in India, 1950, 30(2-3):56-65

Peter, Prince of Greece and Denmark, H. R. H. The Polyandry of Tibet. *Actes du IVeme Congres International des Sciences Anthroplogiques*, 1952 (2):176-184.

Peter, Prince of Greece and Denmark, H. R. H. Polyandry and the Kinship Group. *Man*, 1955 (98):179-182

Peter, Prince of Greece and Denmark, H. R. H. The Todas: Some Additions and Corrections to W. H. R. Rivers's Book, as Observed in the Field. *Man*, 1955 (106):89-93.

Radcliffe Brown. The Study of Kinship Systems. *Journal of Royal Anthropology Institute of Great Britain and Ireland*, 1941 (1/2):1-18.

Smith E. A.　Is Tibetan Polyandry Adaptive? Methodology and Metatheoretical Analyses.　*Human Nature,* 1998 (3):225-261.

Stephens, M. E.　Half of a Wife Is Better Than None: A Practical Approach to Nonadelphic Polyandry.　*Current Anthropology*, 1988 (2):354-356.

Steward J. H.　Shoshoni Polyandry.　*American Anthropologist*, 1936 (38):561-564

Sun, H, and Li, X.　The Evolution and Current Status of China's Tibet Population.　*Chinese Journal of Population Science*, 1996 (2):221-229.

Tervithick, A.　On a Panhuman Preference for Monandry: Is Polyandry an Exception? *Journal of Comparative Family Studies*, 1997 (3):154-181.

Tew, M.　A　Form of Polyandry Among THE Lele of the Kasai.　*Africa*, 1951 (21):1-12.

Van den Berghe, P. L.　Barash, P. D.　Inclusive Fitness and Human Family Structure.　*American Anthropologist*,1977 (4):809-823.

（二）中文

何國強：〈居山農耕的基本生計方式——客家族群生存策略研究系列之二〉,《廣西民族研究》2002 年第 3 期。

戈爾斯坦著,堅贊才旦譯：〈利米半農半牧的藏語族群對喜馬拉雅山區的適應策略〉,《西藏研究》2002 年第 2 期。

戈爾斯坦著,何國強譯：〈巴哈裏與西藏的一妻多夫制度新探〉,《西藏研究》2003 年第 2 期。堅贊才旦：〈論兄弟型限制性一妻多夫家庭組織與生態動因——以真曲河谷為案例的實證研究〉,《西藏研究》2000 年第 3 三期。

堅贊才旦：〈真曲河谷一妻多夫家庭組織探微〉，《西藏研究》2001 第
　　3 期。

堅贊才旦：〈真曲河谷親屬稱謂制探微〉2001 年第 4 期。

堅贊才旦、許韶明：〈論青藏高原和南亞一妻多夫制的起源〉，《中山
　　大學學報》2006 年第 1 期。

堅贊才旦、許韶明：〈論多偶制和家庭文化特質的傳遞：兼談婚姻效
　　用的協商分配理論〉，《西南邊疆民族研究》2009 年 6 月。

劉龍初：〈四川省木裏縣俄亞納西族一妻多夫制婚姻家庭試析〉，《民
　　族研究》1986 年第 4 期。

呂昌林：〈昌都地區一夫多妻、一妻多夫婚姻陋習的現狀、成因及對
　　策〉，《西藏研究》1999 年第 4 期。

馬　戎：〈試論藏族的「一妻多夫」婚姻〉，《民族研究》2000 年第 6
　　期。

梅爾文・C. 戈德斯坦著，黨措譯：〈當兄弟們共用一個妻子時〉，《世
　　界民族》2005 年第 2 期。

歐潮泉：〈論藏族的一妻多夫〉，《西藏研究》1985 年第 2 期。

仁真洛色：〈試論康區藏族中的一妻多夫制〉，《民族學研究》1986 第
　　7 期。

蘇國柱、高永欣：〈從南線進軍西藏 —— 兼憶老團長高建興〉，《縱
　　橫》2000 年第 9 期。

吳從眾：〈民族改革前西藏藏族的婚姻與家庭 —— 兼論農奴制度下存
　　在群婚殘餘的原因〉，《民族研究》1981 年第 4 期。

許韶明：〈全球視角下的朋友共妻制〉，《康定民族師範高等專科學校
　　學報》2009 年第 1 期。

徐揚、尚會鵬：〈藏族一妻多夫婚俗：一項文化人類學分析〉，《青海
　　民族研究》2009 年第 1 期。

嚴汝嫻：〈藏族的著桑婚〉，《社會科學戰線》1986 年第 3 期。

〔20〕于式玉：〈藏民婦女〉，《新中華》1943 年 1 月。

尹侖：〈從空間角度論一妻多夫制家庭——以佳碧村為案例〉，《中南
　　民族大學學報》2006 年第 5 期。

張建世：〈康區藏族的一妻多夫制家庭〉，《西藏研究》，2000 年第 1
　　期。

張建世：〈20 世紀藏族多偶家庭調查研究述論〉，《中國藏學》，2002
　　年第 1 期。

張建世、土呷：〈軍擁村藏族家庭調查（下）〉，《中國藏學》，2005 年
　　第 4 期。

後記

　　本書付梓之際已近年尾，西藏許多地方冰封雪飄，廣州卻風暖氣和，滿目春光。此刻我的思緒像插上雙翅，又飛到 14 年前在江雄河谷做田野調查的情景中。

　　那天正午，我和嚮導紮西次旺沿著朗傑學鄉的一條叉谷，越過海拔 5100 公尺的加惹拉山隘。人在分水嶺上，腳踏兩縣地界，目睹一座座大小相間的瑪尼堆，前方是浪卡子縣，身後是貢嘎縣，羊卓雍湖沉睡在腳下，平似鏡面。天空一碧如洗。南面的乃欽康桑雪峰映入眼簾，直線距離 50 多公里，海拔 7191 公尺，高處不勝寒啊！而我也站在一個頂天立地之處，卻芳草戚戚，和風拂面。在萬賴靜寂之中，我忽然產生了一種釋重感，好像超脫塵世間一切羈絆，達到天人合一的境界。「登高必自卑，行遠必自邇」的古語不禁浮上心頭。回顧現實，痛感人生短促，剛才的輕鬆感頓時無影無蹤，只覺得時不我待，該做的事情要抓緊，沒有理由為攀登上這個高度沾沾自喜，趕緊忘掉它，去迎接新的工作。於是和嚮導往山下走去。

　　那條羊腸小路連接張達鄉和朗傑學鄉，山隘扼住來往通道，據說一些歹人偶而光顧這個特殊的位置，專幹掠財的勾當，早晨路過一個村莊時有人奉勸我們小心。但當時只想勇往直前，毫無恐懼，終於獲得一種頓悟。今天這種解脫之感再次掠上心頭，情緒自然比上次還要輕鬆得多，畢竟償還了一筆人生的債務。

　　本人長期在西藏田野工作，去過的窮山溝多得數不清；本人也有兩次訪學經歷，去過世界上所謂最富裕的地方。這種情形下我對各地

文化的差異是有所瞭解的。就中西學術著作的體裁而言，西文書慣於以謝辭開頭，這是我極為欣賞的。由於我們的研究成果以中文來呈現，因此照例要把感謝壓到最後。所以，值本書付梓之際，正是我們要向善良的人們表達謝意之時。

藉此，我們要向所有幫助過自己的人致以誠摯的謝意。如果沒有諸多藏漢朋友的幫助，個人儘管本事再大也難以完成這本書的調查重任。

我在江雄河谷做調查時，得到嘎瑪次仁、貢嘎堅贊、達娃、尼瑪、班久、頓珠次仁等藏族幹部，以及羅布、紮西次旺等藏族群眾的幫助。在探尋調查點時途徑芒康、左貢和昌都三縣時，幫助過我的人有白瑪央宗和旺堆夫婦、澤仁彭措、土呷、達娃次仁、王斌、張朝俊和楊正文。在芒康縣宗西鄉調查時，得到江成、頓珠、克珠、晉美的幫助；到該縣納西民族鄉調查時，得到鄧登、紮西、歐珠、丹增、旺姆、貢秋次仁、斯朗珠紮、陳必貴父女和黎向夔的幫助。在左貢縣碧土鄉調查時，獲得拉巴、陳平原、李貴龍、巴頓、姚平江、格桑拉措的幫助。韶明在江達縣青泥洞鄉和德欽縣雲嶺鄉調查時，得到彭措多傑、紮西拉姆、顏國立、魯茸丁巴、阿茸老師和魯茸吾堆等人的大力協助。謹對以上人士深表謝誠。

《西藏研究》期刊的編輯李登貴、尊珠朗傑、倉決卓瑪認真處理我們的投稿，西藏自治區民族宗教事務委員會的李浩給予工作之便，謹記於此，以志心感。

還有一些友好人士，由於我們工作的疏忽而沒有記下名字，懇請你們給予原諒。作為田野調查員，我們從你們身上學到很多有益的知識，我們將時刻牢記你們的無量功德。

拙著是「芄野東南的民族叢書」之一，也是本人組織團隊到青藏高原做調研的先鋒之作。因此必須提到一件要事：本套叢書是系列課

題的最終成果，先後獲得三個基金會的鼎力資助，具體如下：①香港中山大學高等研究基金，2004-2005，「青藏高原的兄弟共妻制研究：以衛藏和康的五個社區為例」；②教育部人文社會科學重點研究基地，2007-2009，「青藏高原東部三江並流地區民族文化的歷史人類學研究」；③國家社會科學基金，2007-2009，「三江並流峽谷的民族文化和社會結構變遷研究」。在致謝的順序上，謹以壓軸戲的方式向香港中山大學高等學術研究基金會、教育部人文社會科學基金會和國家社會科學基金會表示衷心的感謝！

中山大學出版社的嵇春霞、鍾永源、周建華等同志為本書的成型做了大量工作，尤其是鍾永源、周建華對本書稿進行了認真、細緻的審讀加工，體現了出版人對出版事業的高度責任感，謹向他們致以真誠的謝意！

科學研究是人類的一項最崇高而艱險的工作，馬克思在《資本論》的第一卷序言以攀登者來比喻，他說：只有不畏艱難險阻的人才有希望到達光輝的頂點。兩位作者經歷過一件事。2005 年 8 月下旬的一天，下午 4 點鐘光景，我和韶明離開了龍西村。我們背著背包，下高坡，過弔橋，復上高坡，在一段地形複雜的雜木林中，不知不覺地迷路了，可是我們全然不知。龍西村就在對岸，我們歇下給村莊照全景，依稀聽見對岸有人吆喝，聽不清喊什麼。我們繼續行走，前面是懸崖，路斷了——原來這是放牧之所，牲畜在這裏不會走失。這時我才意識到方才人家可能是喊我們走錯了路。天色漸晚，如果倒退到岔路口，估計會耽誤 1 小時。我直覺到頭頂上方就是正道，遂將行李卸下，上去探望，未果而返。為了追回那 1 個小時，我們決定不管三七二十一，徑直往上爬。地勢越來越陡，爬了 200 多公尺，還是不見路，天漸漸暗下來。剛才退回岔路口去還來得及，現在真的晚了！我安慰韶明，其實也是給自己鼓虛勁。我心裏明白，天色擦黑，如不趕

　　緊自救，等一會兒看不見路，只好在留在原地，這就更加危險。
屆時如果要走，容易跌下深谷，如果呆在原地，夜晚寒冷，容易凍
壞，可能還會碰到狗熊。只好咬緊牙關，繼續往上爬。韶明遠遠落在
後面。我讓他慢慢上來，自己放下行李，徒手爬上懸崖邊一條陡峭的
小徑。天無絕人之路，終於探索到迷失的小道。我返身正了懸崖，背
上行李，招呼韶明，再次爬上 80 度的峭壁。遙見正道，我們似乎恢
復了力氣，步履變輕盈了，到達歇腳的山村時，汗水早已濕透內衣。

　　我們這個研究團隊內部主要是師生關係，老實說，由於我長期在
青藏高原做調研，心甘情願地跟隨我的學生是很少的。我所實行的模
式——導師申請課題，招研究生，培養做科研的能力，指導他們完成
論文，爭取學位——是與美、英等西方國家接軌的。導師無一例外地
給予每個學生指導和支持，扶上馬，送一程，但個人的造化不同，目
標各異，大浪淘沙，各得所需。因此，在這個專案完成之際，我有一
些遺憾——有人得到支持，獲得了學位，畢業離校，便忘掉當初的承
諾，徹底脫離這項研究了。但我心中更多的是慶幸，始終有那麼幾位
中堅分子，不棄不離，追求真知，他們也得到了更多的鍛鍊。總之，
我相信，講誠信、有毅力、不怕困難、知恩圖報的人在任何時候都會
得到命運的眷念，某種意義而言，這不正是一種嘉獎和褒揚嗎？

　　最後需要交待本書的分工。緒論、正文第二、三、四、五章是堅
贊用他收集的材料撰寫的；第六、七、八章也是堅贊執筆，但材料有
九成之多來自韶明，其中「成品」材料有三成，「半成品」材料有六
成，另外不到一成的材料是堅贊尋找的；第一章和第九章是兩人共同
取得的材料，在討論與思考的基礎上，由堅贊執筆完成。書中所有照
片都是堅贊拍攝的。第二、三、四、五章的圖表是堅贊繪製和設計
的，第六、七、八章的圖表，除了圖 6-7 由中山醫學院提供，圖 7-5
由堅贊改作之外，全部都是韶明繪製和設計的。表中資料分別來自兩

人的採集和統計。

　　12 年前，我在美國的一所大學做訪問學者的時候首次見到丹麥和希臘的王子彼得的傳世之作──《一妻多夫制研究》。它是世界上這個研究領域的權威之作，我愛不釋手，看了又看，暗暗下了決心，趕超這座高峰。今天，我們的書就要出版了，這只是「趕超」途中的第一步，希望海內外同行不吝賜教，幫助我們更加穩健地邁出下一步。

　　　　　　　　　　　　　　　　　　　　　　　堅贊才旦

　　　　　　　　　　　　　　　　　　　　　2013年10月6日

　　　　　　　　　　　　　　　　　　　　於廣州中山大學

芫野東南民族叢書 A0202013

青藏高原的婚姻和土地：引入兄弟共妻制的分析　下冊

作　者	堅贊才旦、許韶明
主　編	何國強
責任編輯	蔡雅如

發 行 人	陳滿銘
總 經 理	梁錦興
總 編 輯	陳滿銘
副總編輯	張晏瑞
編 輯 所	萬卷樓圖書股份有限公司
排　版	林曉敏
印　刷	百通科技股份有限公司
封面設計	曾詠霓

出　版　昌明文化有限公司
桃園市龜山區中原街 32 號
電話　(02)23216565
發　行　萬卷樓圖書股份有限公司
臺北市羅斯福路二段 41 號 6 樓之 3
電話　(02)23216565
傳真　(02)23218698
電郵　SERVICE@WANJUAN.COM.TW
大陸經銷
廈門外圖臺灣書店有限公司
電郵　JKB188@188.COM

ISBN 978-986-94605-7-6
2018 年 1 月初版二刷
2017 年 3 月初版
定價：新臺幣 380 元

如何購買本書：

1. 劃撥購書，請透過以下郵政劃撥帳號：
　　帳號：15624015
　　戶名：萬卷樓圖書股份有限公司
2. 轉帳購書，請透過以下帳戶
　　合作金庫銀行　古亭分行
　　戶名：萬卷樓圖書股份有限公司
　　帳號：0877717092596
3. 網路購書，請透過萬卷樓網站
　　網址 WWW.WANJUAN.COM.TW

大量購書，請直接聯繫我們，將有專人為您
服務。客服：(02)23216565 分機 10

如有缺頁、破損或裝訂錯誤，請寄回更換
版權所有·翻印必究
Copyright©2018 by WanJuanLou Books CO., Ltd.
All Right Reserved　　　　Printed in Taiwan

國家圖書館出版品預行編目資料

青藏高原的婚姻和土地：引入兄弟共妻制的
分析 / 堅贊才旦, 許韶明著. -- 初版. -- 桃園
市：昌明文化出版；臺北市：萬卷樓發行,
2017.03　冊；　公分. -- (芫野東南民族叢
書; A0202013)

ISBN 978-986-94605-7-6(下冊：平裝)

1.少數民族 2.民族研究

535.408　　　　　　　　　　106004094

本著作物經廈門墨客知識產權代理有限公司代理，由廣州中山大學出版社有限公司授
權萬卷樓圖書股份有限公司出版、發行中文繁體字版版權。